# オペレーショナル・リスク管理高度化への挑戦

小林孝明／清水真一郎
西口健二／森永　聡
［編著］

**最先端の実務と規制の全貌**

Operational Risk
Management

社団法人 金融財政事情研究会

# はじめに

　本書は、オペレーショナル・リスク管理の規制と実務を紹介するものである。2007年3月期より、銀行の自己資本規制の対象にオペレーショナル・リスクが追加されたわけだが、本書では、規制で認められる手法のうち、最も先進的なものを詳論し、本邦全体でのオペレーショナル・リスク管理の高度化に貢献したいというのが著者たちの願いである。

〈本書のねらい〉

　本書で用いるオペレーショナル・リスクの定義だが、正確には本文に譲るとして、ここでは、事故・訴訟や不正に係ることの全般とご理解いただきたい。要は、「よからぬ事態」全般であり、また、だれでも関係するリスクだ。そして、これまでは「何がなんでもなくせ」という精神論で片付けられることが多かったリスクでもある。

　ところがこのようなリスクに対しても、多くの人たちの努力により、最近、新たな考え方が導入され、管理手法や規制が飛躍的に発展してきている。どうやら大きな波が到来しようとしているといえるだろう。ただ残念なことには、その先進的な考え方を紹介している類書が現状見当たらないことだ。そこで、少しでもこのあたりを皆様にお伝えできればと考え、微力ながら筆をとった次第である。

　本書の源流をたどると、10年前にさかのぼる。それは、国会議事堂を見下ろす会議室でのやりとりだ。

　「邦銀を苦しめたBIS規制の見直しが、いよいよ始まるらしい（注）」

　「日本からは、どこを攻めるのが一番いいのか」

　「信用リスクだ。日本は不良債権に苦しめられている」

　「いや株だ。持合いはまだまだ続く。株に対しいまより厳しくなってはだ

はじめに　1

めだ」

「信用や市場以外のリスクにも資本を課すことも候補らしい。定義はまだはっきりしないが、オペレーショナル・リスクといい、事務リスクなんかが対象らしい。邦銀は、勘定が1円でも合わなければ帰れない文化だ。ここは、世界的に優位に立てる領域だ。それが反映される規制にしよう」

(注) 本文第1章でも紹介されているが、1998年2月にNY連銀で開催された官民交えての国際会議「岐路に立つ金融サービス、21世紀の自己資本比率規制」はその後の大きな方向感を決めるものである。『週刊金融財政事情』(1998年4月27日号)に、特集でその様子が詳しく紹介されているが、その会議に出席した著者の1人にとって印象深かったのは、当時のバーゼル銀行監督委員会のデ・スワン議長によるスピーチにある「次世代の規制は、高度なリスク管理体制を備えた銀行の手法を尊重していく」という発想であり、この考え方はいまもまさに生きていると信じる。

それから、当局でも民間でも、オペレーショナル・リスク管理手法の高度化と規制の枠組構築に対して大変な努力が払われてきた。本書はその10年間の成果を紹介するものだ。失われた10年といわれるが、そうではない。絶え間ないイノベーションの10年であったと著者たちは考える。それが、読者の皆様に少しでも伝われば、本書を著した意味があったと考える。

ただ、本書は、大変地味な内容であり、絢爛たるハリウッド映画の華やかさはないが、B級映画の滋味深さがあると信じる。本書を執筆している2008年末は、未曾有の金融危機だと喧騒されているが、その原因であるサブプライム問題や証券化のリスクについて、本書は直接対象としていない。しかしながら、どんなリスクであれそのリスクへ挑戦するに際して最も重要な事柄を、本書もテーマとしている。それは、いかにフォワード・ルッキングに世のなかをつかまえるか、ということだ。このことを、オペレーショナル・リスク管理の世界でどう実現したかを、記載することが本稿の目的であるといっても過言ではない。また、そこで、先進性をいかに追い求めてきたか、を実感いただければと思う。

経済活動の波のなかで、銀行は「社会の公器」として、荒波を最後に防ぐ役割が期待されている。そのためには、荒波に対するしっかりした備えが求められるわけで、言い換えれば、リスクに対する銀行資本の十分性が問われるということだ。そこで、リスクを的確に見抜き推計する力が特に求められることになる。ところが残念なことに、これまでは、もっともらしく理論武装はされているが、大前提として限られた過去のデータのみから推計し、さらにその結果を無反省に使用することが多かったのではないか。その結果、将来の変動についての推計がまったく不十分なままであり、経済が良好になると銀行は大きな余力をもつが、逆にいったん経済が悪化し始めると、「実は資本不足であった」となり、業務を縮小させ経済に悪影響をもたらすということが起こる。つまり、波を防ぐどころか、より増幅させるということさえ引き起こしているのではないか。したがって、本書では、もう一度、リスク管理や資本の十分性確保の要請の原点に立ち返り、ここで紹介する手法や態勢がその要請にいかに応ええているかをつまびらかにできればと考える。

　本書で鍵を握る数値は「今後1年間、99.9％の確率でこの範囲内という最大損失額」であり、これを推計するのが大きなテーマだ。つまり、1,000年に1回発生するであろう最大損失額を推計することだ。奇しくも本書を執筆している2008年は、紫式部が源氏物語を著した年からちょうど1,000年目に当たるといわれている。源氏物語の世から現代に至るまで想像もつかない長い年月のうちに「たった1回」起きることを予測するというのは、考えてみると並大抵なことではない。しかしながら、この難題に対して、金融当局と金融機関の両方から、このところ目を見張るような進展がなされつつあり、本書は、その最新の挑戦を紹介する。

　ただ、まだまだ発展中でもあり、グローバルスタンダードとなるような考え方が定まっているわけではない。そこで、本書では、内容に偏りが生じないよう、専門的な知識・経験をもつ複数名が集まってチームを組成し、議論を戦わせながら共同執筆した。

各自が別々の組織に所属しながらも、それらの組織の枠を超え、「少しでもオペレーショナル・リスク管理の高度化に貢献したい」との強い思いを一つにして執筆を進めてきた。このチームシップメントは、実は1998年から10年にわたるバーゼルⅡオペレーショナル・リスクの先進的計測手法の立ち上げに携わってきた、メンバー同士の非常に強烈な個性のぶつかり合いから生まれてきたのだと思う。メンバーを紹介しておこう。

〈執筆メンバー〉

　金融機関代表として本執筆に参加しているメンバーは、「最先端のオペレーショナル・リスクの管理手法開発チーム」でもあり、特にその指揮官は、この分野において世界的なトップランナーとして知られる存在である。また、2008年現在、世界でも十数行程度しか金融当局から先進的計測手法による自己資本比率計算が認められていないが、彼らは、日本国内では唯一、金融庁から承認を得ている銀行の担当メンバーだ。

　規制の設計サイドからの参加メンバーは、金融監督庁～金融庁において、まさにバーゼルⅡの制度設計を担当した元所属メンバーの有志たちであり、彼らもまた個性豊かである。

　今日の"先進的計測手法のモデルの提唱者"でもあるメンバーの1人は、従来のリスク管理モデルに対して数理工学的アプローチを持ち込み、新たなフレームワークの開発に貢献した研究者である。

　別のメンバーには、国際交渉の場において国際ビジネスでの豊かな経験を生かし、バーゼル銀行監督委員会ではその名を知らぬ者はいないほどの存在感を示してきたプロフェッショナルがいる。彼もまた、"国際交渉のスペシャリスト"として、国際的な日本の地位向上に寄与してきたのである。

　さらに、国内への落とし込みという最後にして最大、そして最も泥臭いヤマ場を超えなければならなかった。ここでは、規制と実務をバランスよく融合させ、国内金融機関に満遍なく定着を促すなど、"一大国家プロジェクト

としての高度なプロジェクトマネジメント能力"が要求される。そして、これらを着実に成し遂げていったメンバーがいる。

このような、強烈な個性をもった、金融当局メンバーや業界関係者らが、長期にわたり丁々発止の議論を戦わせて醸成されてきたものであり、官民の双方向の対話により、いかに本質的発展がなされていったかの過程を少しでも読み取っていただければ、執筆チームの本望である。

〈対象読者と本書の構成〉

本書は、銀行や金融機関のみならず、広く事業法人全般を対象とする。オペレーショナル・リスクというのは、金融機関に限るものではなく、どこにでも方法論は通じる。自己資本規制も、直接的には銀行に課せられるものだが、どの業界にも財務の安定に関し共通するヒントを与えるものだ。

オペレーショナル・リスクは「オペリスク」と略されることがあるが、その関心はかなり広まってきているのではないか。たとえば、インターネットの検索でも、つい何年か前までは、「手術」とか「オペレーション」とか別の意味でヒットしたが、現在では、相当数が「オペリスク」でアクセスされるようになってきている。このようななかで、本書もより多くの読者の関心に応えられるものであればと考える。

本書の主旨は十分にご理解いただけ、早く先を読み進めたくなってきたのではないだろうか。その前に、本書の構成を紹介しておこう。第1章においては、オペレーショナル・リスクが重要になってきた背景や、その特徴と留意点など具体例を示しながら紹介する。リスク管理に携わる担当者だけでなく経営者にも、いま一度、「オペレーショナル・リスクとは何であるか」という、原点に立ち返るため、必ず一読してほしい。

規制を解説した第2章では、まずバーゼル銀行監督委員会における、先進的計測手法の歴史的な検討経緯を整理した。そして、金融庁の告示条文（承認要件）の逐条解説を行い、承認に係る手順も可能な範囲で具体的に記述す

るなど、画期的な内容としたつもりである。また、先進的計測手法の経営効果や事例についても、多くの紙面を割いた。ぜひ、すべての経営者、関係者全員にご理解いただきたい内容となっている。

　第3章では、先進的計測手法におけるオペレーショナル・リスクの計量フレームワークとその検証について、数理的側面を中心に解説する。この分野は比較的新しく、標準的なフレームワークというものはまだない。さらに、個別銀行のリスクプロファイルに依存して、どのような計測手法が適切かも変わるものである。そのため、基本的に銀行自身が計測手法をオーダーメードで開発し、その妥当性を検証して実用することになる。そこで本書は、「こうあるべし」という姿を示すのではなく、大枠の考え方、および、実際の開発の際に考慮しなくてはならない点をあげていくことをねらった。さらに、既存の一般的な解説本類とは一線を画し、開発したフレームワークの妥当性を検証し、それを客観的に主張するための手順や論点に関しても詳しく論じることをねらいとしている。リスク管理担当者やその部門長、およびモデルの監査に携わる方々に、このような哲学をご理解いただけることを目指している。

　第4章は、三井住友銀行の実例を紹介することにより、先進的計測手法によるオペレーショナル・リスク管理の銀行実務について解説する。まずは、オペレーショナル・リスクへの対応は「経営プロジェクト」であることが理解できるであろう。続いて、計量の仕組みとその技術論点、アセスメントやユース・テストなど、先進的計測手法の心臓部ともいえるコアな論点につき具体的な解説をしている。ぜひ、経営層や実務担当者だけでなく、部室・支店の方々などすべての関係者に目を通していただきたい啓蒙の章となっている。

　最後の第5章においては、国際目線で先進的計測手法を俯瞰してみた。レンジ・オブ・プラクティスと呼ばれる、国際的な実務事例の解釈集をベースに、定性面から定量面までバランスのよい解説を試みた。そして、海外との

差異となっている論点を整理するとともに、代表的な欧米金融機関の実務事例を可能な範囲で紹介している。リスク管理や監査に携わる部門長やその実務担当者には、必ず読んでいただきたい章である。

〈海外当局からの寄稿〉

　先ほども申し上げたが、本書を執筆している2008年末は、まさに世界的な金融危機が叫ばれている時期であり、このような時期に、実際に海外の規制当局が「何を考え、何を重要視し、どのような方向に向かっていくのか」等を知っておくことはきわめて重要と考える。今回、著名な複数の海外当局の担当者より寄稿を頂戴できたことは大変ありがたいことであった。さらに、海外の規制当局が、本邦の動向にも注目している、あるいは期待しているということの証左であるといったら言い過ぎであろうか。いずれにせよ、内容として十分示唆に富むものでぜひお読みいただきたい。

　さて、本書の執筆に際し、金融財政事情研究会の河野事務局長と古橋出版部長には、執筆の構想段階から、適切なアドバイスを賜り、きわめて短期間で何とか出版にこぎ着けることができた。深くお礼申し上げる。

　本書における表現の稚拙さや、誤解に基づく間違いなど発見された場合は、すべて筆者らの責に帰するものであり、金融当局や所属する機関の皆様には、いっさいの関係がないことをご理解いただきたい。

2008年12月

**執筆者一同**

●著者紹介

○第1章、第2章
**小林　孝明**（こばやし　たかあき）
株式会社野村総合研究所　上級研究員
1992年静岡大学理学部、中央大学大学院ファイナンス修士課程修了、CIA/CISA。監査法人系〜外資IT系コンサルタントを経た後、金融庁にてオペレーショナル・リスクや市場リスクに係る制度設計・承認審査を統括。2008年4月より現職。
『バーゼルIIと銀行監督』共著（東洋経済新報社、2007）、『オペリスク管理高度化のリアルオプションによる測定』（日本リアルオプション学会、2006）、『金融ITフォーカス』（NRI出版、2008）多数寄稿。

○第3章
**森永　聡**（もりなが　さとし）
日本電気株式会社共通基盤ソフトウェア研究所　主任研究員
東京大学大学院工学系研究科修士課程修了、論文提出により同博士学位取得。
1994年日本電気株式会社入社C&C研究所配属。2000〜2001年金融監督庁出向。2004〜2008年金融庁兼務。耐故障システムのモデル化と最適化、バーゼルIIの策定・実施における数理的側面、データマイニング技術の研究等に従事。
金融に関連する主な発表文献は "Distributed Cooperative Mining for Information Consortia." International Conference on Knowledge Discovery and Data Mining (KDD2003)、"Underestimation of Sector Concentration Risk by Mis-assignment of Borrowers." Joint workshop of the Deutsche Bundesbank, the Basel Committee on Banking Supervision and the Journal of Credit Risk on'Concentration Risk in Credit Portfolios'(2005) 等。

○第4章
**西口　健二**（にしぐち　けんじ）
三井住友銀行総務部オペレーショナルリスク管理室　室長
1981年京都大学卒業、1984〜1989年大阪大学理学部数学科助手（1987年博士、1988年ドイツのマックス・プランク研究所に客員研究員として1年間滞在）、1989年三井銀行（現三井住友銀行）入行、リスク統括部グループ長、統合リスク管理部副部長を経て、2005年より現職。

1998年ニューヨーク連銀主催国際会議「岐路にたつ金融サービス、21世紀の自己資本規制」で発表（Economic Policy of NY FRB（1998）に論文掲載）。

**斉藤晃一郎**（さいとう　こういちろう）
三井住友銀行総務部オペレーショナルリスク管理室。1991年入行。

**上野　文照**（うえの　ふみてる）
三井住友銀行総務部総務グループ。1994年入行。

**平野　正浩**（ひらの　まさひろ）
三井住友銀行総務部オペレーショナルリスク管理室。1994年入行。

**嶋津　敬**（しまづ　たかし）
三井住友銀行総務部オペレーショナルリスク管理室。2002年入行。

**森本　貴之**（もりもと　たかゆき）
三井住友銀行総務部オペレーショナルリスク管理室。2004年入行。

**柏倉　信貴**（かしわぐら　のぶき）
三井住友銀行総務部オペレーショナルリスク管理室。2005年入行。

**蒲原　良介**（かもはら　りょうすけ）
三井住友銀行総務部オペレーショナルリスク管理室。2007年入行。

○第5章
**清水真一郎**（しみず　しんいちろう）
日本電気株式会社金融グローバルソリューション事業部　グループマネージャー
1982年慶応義塾大学法学部卒業、日本電気株式会社入社。金融ニュービジネス推進部企画課長、米国現地法人（ニューヨーク）出向を経て、2005年より金融庁に出向。この間、バーゼル銀行監督委員会オペレーショナルリスク関連部会（AIGOR）およびアンチマネロン関連部会（AML/CFT）の日本当局側メンバーを務める。2008年10月より現職。
『バーゼルIIと銀行監督』共著（東洋経済新報社、2007）

---

各章の内容および図表等は、特段の記載のあるものを除き、担当著者に著作権等の知財権が帰属します。無断転記・無断使用を禁じます。

# 目　次

刊行に寄せて①
オペレーショナル・リスク管理の重要性〔エリック・ローゼングレン〕……1

## 第1章　オペレーショナル・リスク管理高度化の必要性

第1節　オペレーショナル・リスクとは何か……………………………8
　1　リスク事象にみるオペレーショナル・リスクの重要性…………8
　　(1)　リスクの要因………………………………………………………8
　　(2)　"その他のゆらぎ"…………………………………………………10
　2　オペレーショナル・リスクの考え方………………………………11
　　(1)　オペレーショナル・リスクとは…………………………………11
　　(2)　オペレーショナル・リスク管理標準化への着手………………11
　　(3)　標準化における注意点……………………………………………13
第2節　オペレーショナル・リスクの特徴を把握する…………………14
　1　COSOによるリスクの管理サイクル　……………………………14
　2　リスクは伝播する……………………………………………………17
　3　リスク事象同士の関連性……………………………………………18
　　(1)　SIPOCについて　…………………………………………………18
　　(2)　リスク事象の依存関係……………………………………………19
　　(3)　リスク管理の指標として…………………………………………19
第3節　前世代型オペレーショナル・リスク管理の特徴と限界………20
　1　サイロ型リスク管理アプローチの特徴……………………………20
　2　サイロ型リスク管理アプローチの限界……………………………22

(1)　網羅性が担保されない点……………………………………………22
　(2)　重複性の切分けが困難な点…………………………………………23
　(3)　経営層とのリスク・コミュニケーションが不足している点………23
　3　リスク管理態勢の自己チェック…………………………………………24
第4節　バーゼルⅡ世代に求められるオペレーショナル・リスク管理
　　　とは……………………………………………………………………28
　1　サイロ型アプローチからコリドール型アプローチへ…………………28
　2　コリドール型リスク管理アプローチの特徴……………………………29
　(1)　網羅性を担保できる点………………………………………………29
　(2)　重複した事象の整合性がとれる点…………………………………30
　(3)　経営層とのリスク・コミュニケーションが確立できる点…………30
　3　バーゼルⅡ世代のオペレーショナル・リスク管理の大原則…………31
　(1)　潜在的リスクへ対応する……………………………………………32
　(2)　経営層・ユーザー部門の協力と日常業務・リスク管理の一体化……33

# 第2章　バーゼルⅡにおける先進的計測手法（AMA）とは

第1節　バーゼル委員会におけるオペレーショナル・リスクの検討経
　　　緯とその哲学…………………………………………………………36
　1　金融機関にとっての自己資本比率規制の意味とは……………………36
　2　バーゼル銀行監督委員会における自己資本比率規制の進化…………38
　3　バーゼルⅠからバーゼルⅡへの進展……………………………………39
　4　オペレーショナル・リスクに関する検討経緯…………………………40
　(1)　オペレーショナル・リスクの計量化の検討………………………41
　(2)　トップダウン型とボトムアップ型の検討…………………………42
　(3)　先進的計測手法の詳細な検討経緯について………………………44

(4) 定性的要件の検討……………………………………………45
第2節　バーゼルⅡにおける3手法と承認審査プロセスについて…………48
　1　バーゼルⅡでのオペレーショナル・リスクの定義……………………48
　2　基礎的手法（Basic Indicator Approach）について　………………51
　3　粗利益配分手法（The Standardized Approach）について …………52
　(1) 粗利益配分手法（TSA）とは………………………………52
　(2) TSAの承認審査について …………………………………55
　4　先進的計測手法（Advanced Measurement Approaches）について ……57
　(1) 先進的計測手法（AMA）とは　………………………………57
　(2) AMAの承認審査について …………………………………58
第3節　AMAへチャレンジすることにおいて達成できる経営効果とは………………………………………………………………62
　1　オペレーショナル・リスク高度化による経営効果………………………62
　(1) 手法同士のリスク量比較の危険性…………………………63
　(2) 所要自己資本に対するコントロール可能性をもてること…………64
　(3) 数年後のリスク量を考える…………………………………65
　2　どのような手順で高度化すべきか…………………………66
　(1) 二つのステップに分けて考える……………………………66
　(2) 内部管理高度化のステップ…………………………………66
　(3) 予備計算対応ステップ………………………………………71
　3　投資対効果を最大化するには………………………………71
　(1) 現在価値をプラスにして考える……………………………72
　(2) 経営オプションと間接効果…………………………………72
第4節　AMA承認要件に関する定性的論点の解説 …………………80
　1　組織の仕組みに関する要件……………………………………80
　(1) 責任の所在と明確化について………………………………80
　(2) 管理部門の独立性について…………………………………81

（3）人材の十分性について……………………………………………82
　2　組織の運営に関する要件………………………………………………83
　　（1）オペレーショナル・リスク管理サイクルについて………………83
　　（2）ユース・テストについて……………………………………………84
　　（3）オペレーショナル・リスクに対する内部監査について…………86
　　（4）オペレーショナル・リスクに関する情報管理について…………88
　3　連結等グループに関する要件…………………………………………90
　　（1）重要性の原則（2％ルール）について　…………………………90
　　（2）ロールアウト・プランと部分適用について………………………92
　　（3）部分適用の制限（10％ルール）について…………………………93
第5節　AMA承認要件に関する定量的論点の解説………………………93
　1　計量モデル全般に関する要件…………………………………………94
　　（1）オペレーショナル・リスク損失の定義について…………………94
　　（2）グラニュラリティ（計量単位の詳密性）について　……………94
　2　計量に求められる4要素に関する要件………………………………95
　　（1）4要素について………………………………………………………95
　　（2）内部損失データの管理基準について………………………………97
　　（3）重大性を加味した情報量の定義について…………………………98
　　（4）分類の基準の明文化…………………………………………………99
　　（5）外部損失データについて　…………………………………………100
　　（6）シナリオ分析について　……………………………………………101
　　（7）業務環境及び内部統制要因の反映について………………………102
　3　ユース・テストや検証フレームワークにおける仕組みについて…103
第6節　規制要件として残された課題について……………………………104
　1　リスク削減・保険の適用について……………………………………104
　2　計量モデル選択の課題について………………………………………105

目　次　*13*

# 第3章 オペレーショナル・リスク計量フレームワークとその検証

**第1節 オペレーショナル・リスクの計量フレームワーク** ……… 108
  1 情報収集とデータ化 ……… 111
    (1) 内部損失データ ……… 111
    (2) 外部損失データ ……… 112
    (3) シナリオ分析 ……… 113
    (4) BEICFs ……… 114
  2 モデルによるリスク量推定 ……… 114
    (1) 計量単位への分解の詳密性（グラニュラリティ） ……… 116
    (2) 頻度分布の推定 ……… 116
    (3) 規模分布の推定 ……… 116
    (4) 計量単位ごとの総損失額の分布推定 ……… 117
    (5) 分布の統合と相関の取扱い ……… 117
  3 モデル弱点の顕在化検出と補償 ……… 119

**第2節 計量フレームワークの検証** ……… 120
  1 モデルの挙動分析 ……… 122
    (1) 調べるべき入力データ ……… 122
    (2) 感応の向きと大きさ ……… 123
    (3) 安定性 ……… 123
    (4) 挙動の要因分析 ……… 123
    (5) 分析結果の整理と傾向の把握 ……… 124
  2 モデルの精度評価と弱点補償 ……… 124
    (1) 準備——リスクプロファイルとリスク計量フレームワーク ……… 124
    (2) モデルの精度評価 ……… 127
    (3) モデル弱点の同定と対処 ……… 134

3　フレームワーク全体の検証 …………………………………………138
　　　(1)　フレームワーク全体の挙動分析 …………………………………139
　　　(2)　フレームワーク全体の精度評価 …………………………………140
　第3節　配分手法とその検証 ……………………………………………………140
　　1　配分手法の概要 ……………………………………………………………140
　　　(1)　連結ベース・子銀行間の関係として置かれる仮定 ……………142
　　　(2)　連結ベースで収集した情報による子銀行の情報の補い方 ……143
　　　(3)　情報を補うことにより子銀行で期待する効果 …………………143
　　2　配分手法の検証 ……………………………………………………………143

# 第4章　先進的計測手法の銀行実務

第1節　三井住友銀行での先進的計測手法導入の取組経緯とオペレーショナル・リスク管理体制 ………………………………………148
　　1　先進的計測手法導入の取組経緯 ………………………………………148
　　　(1)　規制への取組経緯 …………………………………………………148
　　　(2)　組織対応 ……………………………………………………………150
　　　(3)　オペレーショナル・リスク計量化の枠組構築 …………………152
　　2　オペレーショナル・リスク管理体制 …………………………………154
　　　(1)　オペレーショナル・リスクの定義 ………………………………154
　　　(2)　オペレーショナル・リスク管理の基本原則 ……………………154
　　　(3)　オペレーショナル・リスク管理の体制 …………………………154
第2節　先進的計測手法の概要とリスク削減への取組み ……………………158
　　1　オペレーショナル・リスク計量化 ……………………………………158
　　　(1)　計量化の概要 ………………………………………………………159
　　　(2)　計量化モデル ………………………………………………………164
　　　(3)　計量化の四つの要素の活用 ………………………………………171

（4）検　証 …………………………………………………………………191
　2　リスク削減への取組み（ユース・テスト）……………………………195
　　（1）リスクシナリオのマグニチュード評価 ……………………………195
　　（2）オペレーショナル・リスクアセットの配賦によるリスク削減
　　　　への取組み …………………………………………………………199
　　（3）ユース・テストのさらなる高度化 …………………………………202
第3節　先進的計測手法（配分手法）の子銀行への導入 ………………203
　1　先進的計測手法導入の取組経緯 …………………………………………203
　2　計量化の概要 ………………………………………………………………206
　3　配分手法の概要 ……………………………………………………………207
　　（1）配分手法の要件 ………………………………………………………207
　　（2）配分手法の検討 ………………………………………………………208
　　（3）配分手法（RPI方式）の制定 ………………………………………210
　4　配分手法の検証 ……………………………………………………………213
　　（1）バック・テスト ………………………………………………………213
　　（2）プレ・テスト …………………………………………………………213
　5　シナリオ検証（スタビリティ・テスト、コンパリソン・テスト）……214
　　（1）スタビリティ・テスト ………………………………………………215
　　（2）コンパリソン・テスト ………………………………………………216
　　（3）グループ銀行協議会 …………………………………………………217
おわりに ……………………………………………………………………………217

# 第5章　オペレーショナル・リスクをめぐる海外動向

究極のオペレーショナル・リスク体験—9.11の記憶 ……………………222
第1節　オペレーショナル・リスクの国際共通認識 ……………………224
　1　オペレーショナル・リスク発生のメカニズム …………………………224

(1)　スイスチーズ理論と損失発生のメカニズム ……………………225
　　(2)　相関関係と詳密性 ……………………………………………227
　2　バーゼルⅡが求めるオペレーショナル・リスク管理フレームワーク …………………………………………………………………230
　　(1)　組織におけるサイロ状態 ……………………………………230
　　(2)　オペレーショナル・リスク管理フレームワーク ………………232
　　(3)　オペレーショナル・リスク管理プロセス ………………………234
第2節　国際承認目線としてのAMAと課題 ……………………………235
　1　レンジ・オブ・プラクティス・ペーパー公表の背景 ………………235
　　(1)　バーゼルⅡの基本原理と計量化 ……………………………236
　　(2)　国際的共通目線と承認審査の一貫性 ………………………237
　2　定量要件における国際的な共通課題 ……………………………239
　　(1)　内部損失データ活用上の課題 ………………………………240
　　(2)　計量化4要素活用上の課題 …………………………………243
　　(3)　分布のフィッティング上の課題 ………………………………245
　　(4)　外部損失データ、シナリオデータ活用上のバイアスの課題 ……247
第3節　銀行間のクロスボーダー連携 …………………………………254
　1　外部損失データコンソーシアムの広がり …………………………254
　　(1)　データコンソーシアムの利点 …………………………………254
　　(2)　データコンソーシアムの提供機能（ORXの事例）……………256
　　(3)　データコンソーシアムと銀行間の連携 ………………………258
　2　オペレーショナル・リスクの国際サロン ……………………………259
　3　日本の位置づけ ……………………………………………………262
第4節　欧米金融機関の現状 ……………………………………………265
　1　欧米金融機関におけるAMAの状況 ………………………………265
　2　欧米銀行におけるAMAの多様性 …………………………………267
　　(1)　CitigroupのLDA手法 ………………………………………267

  (2) Credit Suisse の SBA 手法 ……………………………………269
  (3) Intesa Sanpaolo Group のハイブリッド手法………………271
 3 当局の AMA 評価基準——米国当局の例 ………………………273

## 刊行に寄せて②
## オペレーショナル・リスク管理に求められる多面的な評価〔マルコ・
 モスカデリ〕……………………………………………………………275
## 刊行に寄せて③
## バーゼルⅡ——オーストラリアの視点〔ハーヴェイ・クラップ〕 …………282

 おわりに …………………………………………………………………291
 事項索引 …………………………………………………………………292

刊行に寄せて①

# ●オペレーショナル・リスク管理の重要性

ボストン連邦準備銀行　総裁
エリック・ローゼングレン

> 2007年の総裁就任までの間、長年にわたり、バーゼル銀行監督委員会オペレーショナル・リスク専門部会（AIGOR）のメンバーを務める。2007年には、米連邦公開市場委員会のボーディングメンバーとして、米国の金融政策の基本方針の決定に参画。

　昨今の金融の混乱により、適切なリスク・マネジメントの必要性が再び注目されるようになってきている。アナリストの多くが信用リスクの損失に焦点を当てているが、現在の世界的混乱は、重大なオペレーショナル・リスクの問題をも浮き彫りにしている。事の起こりは、世界中の投資家に売られることとなった米国の住宅ローンに対する、緩い審査引受基準と誤った情報であった。そして危機が拡大するにつれ、さらにオペレーショナル・リスクへと問題が波及するようになってきている。重大な不正取引や、Bernie Madoffによって行われたとされる500億ドルのポンジイ・スキーム（ねずみ講）の詐欺にみられるように、さまざまなオペレーショナル・リスクの問題が示現してきており、金融機関に財務上多額の損失を発生させる結果となる可能性が出てきている。こういった最近のオペレーショナル・リスクの問題の多くは、米国やヨーロッパの金融機関に偏って影響してはいるが、金融市場や金融機関がグローバルな経済にますます溶け込んできているがゆえ、世界中の全金融機関に対するリスクとして注目されるようになってきているといえよう。

　歴史的にみると、日本の金融機関が経験しているオペレーショナル・リスクの損失は、米国やヨーロッパの金融機関ほど多くはなく、さほど深刻では

ない。とはいえ、日本の過去のデータには地震による損失から巨額の不正取引の損失まで、多岐にわたる深刻な損失が含まれていることも事実だ。日本の銀行は世界的な拡大を続けるにつれ、かなりのオペレーショナル・リスクの損失を、特に訴訟の多い地域での業務に際しての法的な損失として、被る可能性があるだろう。それゆえ、日本の銀行にとって、潜在的なオペレーショナル・リスクの損失をモニターし、計量化、管理、軽減し続けることは大変重要である。

オペレーショナル・リスクのモニタリングについては、この10年間で飛躍的に向上している。たいていの大手金融機関は、過去のオペレーショナル・リスクの損失を捕らえる広範囲なデータを保有するようになってきている。このデータは、通常、損失の発生原因と、損失が起こったのがどこの事業分野であるか、の両方の情報をもっている。銀行のオペレーショナル・リスクの損失データのパターンを理解することで、経営者は、オペレーショナル・リスクの損失の特性を理解するための重要なツールを手にすることができる。うまく経営されている銀行は、オペレーショナル・リスクの損失を最小化することが、重要な競争上の強みとなることを次第に実感してきている。

大手金融機関にとってもう一つのベスト・プラクティスは、被る可能性のある潜在的な高額損失を把握することだ。まず、銀行経営者は、他の金融機関が経験した損失のパターンを理解するために、外部のデータを調査することができる。これにより、過去の損失が他の金融機関のものと比較してどの程度であるか、また、他の金融機関が経験した多大な損失が自行に起こりうるかどうかを理解することができるようになる。さらに、シナリオ分析は潜在的な損失の可能性を個別に調べるのに有益なツールを提供する。たとえば、強い地震が銀行の業務に壊滅的な影響を与えるかどうかを理解することは重要であろう。そして、銀行は、より堅固な業務継続計画を策定して、より安全なビルを建てるためのよりリスクの少ない場所を選ぶことまで、リスクを最小化するためさまざまな方法を考えるだろう。シナリオ分析は、どん

な高額損失が起こりうるのか、また、潜在的な問題にどうすれば最もうまく対処できるかの判断に大いに資するものである。このように、うまく経営されている銀行は、銀行に重大な影響を与える可能性のあるリスクを、より系統立てて把握する方法に対してますます関心をもって取り組むようになってきている。

　次にオペレーショナル・リスクの計量化モデルだが、これも大幅に発達してきているといえよう。オペレーショナル・リスクの損失というのは、件数は少ないが極端に高額の損失が発生する傾向がある。そのため、潜在的なリスクの計量化には多くの努力が重ねられてきた。通常、「高頻度・低額損失」を評価するためには、内部の損失実績によって捕らえられた重要なデータが存在するが、「低頻度・高額損失」のデータは通常かなり限られている。これら低頻度事象を正確に捕らえようとするために、さまざまな統計的手法がある。銀行は通常、自行のシナリオ分析の結果や、他社が経験した高額損失事象に、オペレーショナル・リスクの損失を評価する際にしばしばみられるパターンに従う統計分布を組み合わせて利用する。また、まれにしか起こらないが、銀行にとって重大な事象の把握には、銀行のリスク・マネージャーや経営層による判断が不可欠となる。

　計量化モデルは、オペレーショナル・リスクを理解するための重要な要素である。なぜなら、計量化モデルにより、その銀行の活動において残存するリスク量を捕らえることが可能となり、それらのリスクに割り当てるための適切な資本はどの程度かを評価することが可能となるからだ。健全なリスク・マネジメントというのは、オペレーショナル・リスクが銀行内でどのように変化しているかを把握し適切な資本を評価するだけでなく、銀行内に資本をどのように割り当てるかについても利用される。銀行のなかで、より大きなオペレーショナル・リスク量が残存する部門には、より多くの内部資本またはよりアクティブなリスク軽減プロセスが必要となってくる。

　オペレーショナル・リスクを管理するためには、どんなオペレーショナ

ル・リスクが銀行にとって重要であり、またそれらのリスクを軽減するためにどんな経済的な方法があるか、について理解することが必要である。たとえば、地震リスクは、深刻な地震が起こる可能性のある場所での業務遂行について回るものである。このリスクは、頑強なバックアップ設備をもつこと、建設場所を選び耐震構造を備えた建物とすること、そして、深刻な地震にもかかわらず、サービスを提供し続ける従業員の能力によって管理することができる。このようなリスクは、銀行が深刻な自然災害に直面しにくいような顧客・業務基盤の構築を促し、どのエリアにおいてビジネスを拡大させるか、の見極めに影響を与えるだろう。深刻な損失がどの程度起こりうるかを理解し、そのうち、どのリスクがどの業務に固有のものなのかを見定めることにより、銀行の経営は、すべての業務環境においてさまざまな度合いで起こるリスクに対処する最善の方法を評価できるようになる。

　オペレーショナル・リスク管理における重要な要素は、これらのリスクを、どのようにして最もうまく軽減するかである。一部には、非常に大きくて軽減するのがむずかしいリスクがあり、銀行はその事業部門を廃止することを選択するかもしれない。また、潜在的に大きなオペレーショナル・リスクを抱えているかもしれないが、リスク・コントロールをすることや、保険を探すことによって大幅に軽減することができるような事業部門もあろう。金融市場には、重大なリスクを予防する保険がだんだんと増えてきている。つまり、オペレーショナル・リスクの総額を著しく減少させる方法として、リスク・コントロールに加え、リスク・コントロールしているにもかかわらず依然大きなリスクが残る場合に保険を組み合わせることが効果的となってきている。

　オペレーショナル・リスク管理は過去10年で著しく向上している。銀行や銀行監督機関は、あらゆる規模の銀行においてオペレーショナル・リスク管理がますます向上することを期待するようになってきている。バーゼルⅡプロセスは、オペレーショナル・リスク管理の向上の大きな弾みとなってい

る。バーゼルⅡプロセスの多くは、銀行監督機関がいくつかの大手のグローバルな銀行により実践されてきたベスト・プラクティスを規制に織り込むことによって始まった。オペレーショナル・リスクについては、多くのグローバルな銀行が著しい損失を経験したことをきっかけとして議論の俎上にあがるようになってきた。これらの損失により、オペレーショナル・リスク管理に対してより統合的な管理手法が必要であることがはっきりしてきたといえよう。経営がうまくいっている銀行のリスク・マネージャーは、最新の先進的計測手法（AMA）において実現された多くの原則に強い関心をもち始めている。

　オペレーショナル・リスク管理の向上において、銀行監督機関は重要な役割を担っているが、最大の動機づけは、多くの銀行が経験した高額損失であるように思われ、これにより、経営層にとって、オペレーショナル・リスクが現実のものとなったといえよう。重大な内部、外部の不正取引の損失や，自然または人為的な問題による深刻なコンピュータネットワークの混乱といった事態は、常に経営層によるしっかりとした監視を必要とするリスクであることを多くの銀行経営者につきつけている。ところが残念なことに、多くの銀行においては、巨額の損失が起こり、このリスクに対して慎重でいなければならないことが明確になってはじめて、このリスクの重大さに気づくことになる。オペレーショナル・リスクを管理するための新しい手法がどんどん開発されてきているなか、銀行にとって真に重要なのは、オペレーショナル・リスクのエクスポージャを減らし、残ったエクスポージャに関しては慎重にリスク管理するというオペレーショナル・リスク管理に対する優れた文化を育むことではないだろうか。

# 第1章

# オペレーショナル・リスク管理高度化の必要性

本章では、最近のリスク管理を取り巻く環境により、従来、金融機関に対する規制のなかで管理対象とされていた、信用リスクや市場リスク以外の、その他のリスクが重要となってきた時代的背景を整理する。

次に、この"その他のリスク"が「オペレーショナル・リスク」へと定義され、金融機関に対する規制も新しい内容が要請されてきたことについて記述する。

最後に、この「オペレーショナル・リスク」の管理手法が進展してきた過程を整理し、いま、これからの管理手法として、金融機関が考えるべき方向性を述べることとする。

読者が「オペレーショナル・リスク」に関して十分な知識をおもちとお考えであっても、いま一度、確認の意味でもぜひ一読いただきたい。

## 第1節　オペレーショナル・リスクとは何か

### 1　リスク事象[1]にみるオペレーショナル・リスクの重要性

#### (1)　リスクの要因

2008年9月15日、米大手投資銀行の一つであるリーマン・ブラザーズが、150年余の歴史に幕を閉じた。俗にいうリーマン・ショックと呼ばれるリスク事象であるが、これ以前にも、数多くのリスク事象が、記憶に残っている。図表1―1に2000年以降の大規模な損失を発生させたリスク事象を整理

---

1　リスクが顕在化したことによる事故や事案をまとめて、"リスク事象"と呼ぶ。

図表1-1　2000年以降の大規模リスク事象

| 発生年 | リスク事象 | 概　　要 |
|---|---|---|
| 2001年 | 米国同時多発テロ | ハイジャックされた旅客機のうち、2機が世界貿易センタービル、1機が国防総省へ衝突したもの。4日間にわたり金融市場が閉鎖し、多数の死傷者も発生するなど未曾有の危機が顕在化した事案。 |
| 2002年 | 邦銀システム統合失敗事案 | 金融機関合併時のシステム統合にトラブルが発生し、口座振替の遅延など事態収拾に時間を要した事案。 |
| 2004年 | 米銀PB部門の法令違反事案 | 米銀の在日支店が、PB部門において、証取法違反、銀行法違反、資金洗浄により、認可取消、一部業務停止を受けた事案。 |
| 2005年 | 邦証券誤発注事案 | 株式発注時に、入力ミス、システムチェックミスが重なり、400億円強の損失を発現させた事案。 |
| 2005年 | 邦銀優位的地位濫用事案 | 邦銀が融資に関連し、その地位を利用して商品販売をし、行政処分に至った事案。 |
| 2007年 | 邦銀不正融資事案 | 邦銀が不正融資を実施し、長期にわたり不透明な関係を維持し、行政処分に至った事案。 |
| 2008年 | 仏銀行不正取引事案 | 同行のディーラーが株価指数先物の不正取引により8,000億円弱の損失を発現させた事案。 |
| 2008年 | 米投資銀行破たん事案 | 2007年から続くサブプライム問題を発端とした信用収縮により、経営破たんし、英銀行、邦証券に買収された事案。 |

してみた。

　実は、これらのリスク事象の多くには、オペレーショナル・リスクが絡んでいるのである。

　2008年の仏銀行不正取引事案などは、すでに、仏当局により、「不正防止の監視に関して重大な欠陥、特に、管理する部署の独立性の欠如と、ITや内部検証態勢の不備が主な要因で、内部不正を防御できなかった」との調査結果が公表された。だれの目からみても、金融機関内部のオペレーションに

起因したリスク事象であると理解できるだろう。

ところが、その他の、たとえばサブプライムに関連したリスク事象に関しては、一般的には「信用リスクや市場リスクの範疇のリスク事象ではないか」と理解されることが多いのではないだろうか。たしかに、新聞や専門誌などの記事の分け方、あるいは、金融機関からみたリスクの分類（広義の意味でのリスク・カテゴリと同意）では、広い意味での「信用リスク」や「市場リスク」で起きたリスク事象として考えられるだろう。しかし、そのリスク事象の中身を分析してみると、「信用リスク」や「市場リスク」の範疇とは言い切れないということがわかってくる。

### (2) "その他のゆらぎ[2]"

「信用リスク」や「市場リスク」の最大損失額は、いわゆるバック・テストやストレス・テストなどの仕組みを利用して、"経験上のゆらぎの発生可能性"を考え、その最大ブレ幅を想定する考えが一般的である。ここで、検討されるのは、あくまで「信用」もしくは「市場」の範疇の要因であり、逆にいうと、「信用」や「市場」でとらえられない"その他のゆらぎの発生可能性"は、検討から除外されてしまう。リーマン・ショックでは、まさに、"その他のゆらぎ"が発生し、しかも、その影響は、「信用リスク」や「市場リスク」以上のインパクトを経営に与える可能性があることを示している。この"その他のゆらぎ"こそが、広い意味での「オペレーショナル・リスク」であると考えることができる。

たとえば、リーマン・ショックの最終的な要因の一つとされているのが、信用収縮による資金ショートだが、大方の業界関係者は「まさか資金ショートは発生しないだろう」と思っていたであろう。当然、当事者たちも一般的な「信用リスク」や「市場リスク」の範囲のコンティンジェンシー・プラン

---

[2] 本章では、"物事の不確実性"を感覚的にわかりやすく表現するため"ゆらぎ"という言葉を使う。

までしか、検討していなかったのではないだろうか。

## 2　オペレーショナル・リスクの考え方

　ここで「オペレーショナル・リスク」とは何か、そもそもの考え方にさかのぼって考えてみたい。

### (1)　オペレーショナル・リスクとは

　従来伝統的に管理されてきたリスクといえば、信用取引に関するリスクや、市場取引に関するリスクが取り上げられる。信用取引に関するリスクとは、一般的には、融資に関する業務全般、たとえば、内部格付・外部格付や、デフォルト確率や回収率の計算に基づく与信管理などに関連する変動により、損失を被るリスクを示す。同様に、市場取引に関するリスクとは、為替、債券や株式などの保有有価証券に関し、市場価格やレート変動によって、損失を被るリスクと定義できる。オペレーショナル・リスクは、これら以外のすべての原因により、損失を被るリスクであると考えることができる。

　したがって、オペレーショナル・リスクとは、たとえば、金融機関そのものの経営や運営に係るトラブルや失敗により損失を被るリスク、組織の資産（営業外の動産・不動産）や人に係る損失を被るリスク、財務や会計に係る損失を被るリスク、社会・法令に係る損失の被るリスク、ブランディングや企業イメージに係る損失を被るリスクなど、多岐にわたる。さらに、この多岐にわたるリスクは、結局は、信用取引や市場取引に関連しているリスクも複雑に絡み合っている（次頁図表1－2）。

### (2)　オペレーショナル・リスク管理標準化への着手

　この多岐にわたる複雑な特性があるために、長い間、オペレーショナル・リスクは、明確に管理手法が標準化されることがなかった。

図表1―2　各種リスクと信用・市場の関連性の強さ

| 要因 | リスク名称 | 信用との関連性 | 市場との関連性 |
|---|---|---|---|
| 内的要因 | 経営戦略・判断リスク | 中 | 中 |
| | 事務リスク | 中 | 中 |
| | 組織運営リスク | 中 | 中 |
| | 人員リスク | 中 | 中 |
| | システムリスク | 中 | 中 |
| | コンプライアンスリスク | 中 | 中 |
| | 有形資産リスク | ― | ― |
| | モデルリスク | 強 | 強 |
| 外的要因 | 法務・規制リスク | 強 | 強 |
| | 社会・風評リスク | 弱 | ― |
| | 地政学的リスク | ― | ― |
| | 競争リスク（ビジネスの競合など） | 中 | 弱 |
| | 不正リスク | 中 | 弱 |
| | 財務会計・税務リスク | 中 | 中 |
| | 決済リスク | 強 | 強 |
| | 災害リスク | ― | ― |

　しかしながら、前出のリーマン・ショックのように、実は、そのリスクは、「信用リスク」や「市場リスク」以上のインパクトを経営に与える可能性があることが理解されてきた。このような、社会的な背景のもとで、オペレーショナル・リスクの管理の仕組みを、独立して標準化する検討が要請され始めた。
　議論の発端は、1998年にニューヨークにて開催された、『岐路に立つ金融サービス　21世紀の自己資本比率規制』カンファレンスである。ここでは、従来の規制（以下「バーゼルⅠ」という）ではさまざまな限界があり、新たな

規制(以下「バーゼルⅡ」という)が必要であるという議論が開始された。そのなかで、特に、オペレーショナル・リスクを一つの独立したリスク・カテゴリとしてとらえ、その計量化までも対象とする試みが、長期間の国際交渉の末、バーゼルⅡで実現したのである(詳細は35頁第2章参照)。

### (3) 標準化における注意点

オペレーショナル・リスクを一つのリスク・カテゴリとして管理するうえで、気をつけなければならない論点がある。

#### a カテゴライズの注意点

われわれ人間は、物事に、順序とか、範囲とかの、形式的な枠組みを当てはめることで、よりだれもが理解しやすい、いわゆる標準化・汎用化を行うことがある。しかしながら、それら標準化・汎用化した姿は、すべてを100％完璧に表現しているわけではない。経験上、"たいていの場合、当てはまる"、という程度だと保守的に考えたほうがよい。つまり、その対象とした物事の本質を忘れ、標準化・汎用化された、順序ありき、範囲ありきで、機械的に作業を進めると、特殊なケースであっても、疑うことなく、見過ごしてしまう。

#### b スキマに落とさないために

たとえば、オペレーショナル・リスク、信用リスク、市場リスク、の三つのリスク・カテゴリにおいて管理するべき対象のリスクを、定義したとしよう。しかしながら、企業や社会は、常に変化しているものであり、常に同じ形のリスクのとらえ方では十分ではない。そこが落とし穴であり、いったん決めてしまったリスク以外は、だれも、管理すべきリスクと認識することなく、見過ごしてしまう可能性があるのである。

あるいは、業務の煩雑性から、つい「自部署の担当ではない」という、守り意識が勝ってしまうと、リスク・カテゴリのスキマに落ち込んでしまい、大きなトラブルになるまで放置されてしまう懸念がある。

リスク・カテゴリなど定義された「ルール化（標準化・汎用化）」は、定常的な管理を簡便・統一化するために実施するものであり、その「ルール化」された仕組みの見直し検証もまた、定常化されるべき手続であることを忘れないでほしい。つまり、その定義が正しかったかどうか、特殊ケースとしての対応が必要な事態となっていないか、当初目指した分類根拠の本質から外れていないかを、常に、確認できることが必要である。

## 第2節 オペレーショナル・リスクの特徴を把握する

さて、前節においては、オペレーショナル・リスクを、信用リスクや市場リスクとは分けて、独立したカテゴリとして管理する必要性を整理した。

以下では、さらに、具体的に、そのオペレーショナル・リスクの特徴を把握してみたい。

### 1　COSO[3]によるリスクの管理サイクル

まずは、組織運営のなかにおける、リスクの管理サイクルを考えてみたい。COSO ERM フレームワークによると、組織としてのリスク管理サイクルの構成要素としては、図表1—3の8ステップが定義されている。

以下、各ステップの主要な目的について、整理してみる。

① リスク環境の認識

組織のリスク管理態勢（その組織文化や考え方なども含めた広い意味での体制）を確立するうえで、最初のステップは、まずは自分自身の置かれた

---

[3] 米国トレッドウェイ委員会組織委員会（COSO：Comittee of Sponsoring Organization of the Treadway Comission）により、内部統制やリスク管理のフレームワークが公表されている。

図表1－3　リスク管理サイクルのステップ

| ① | リスク環境の認識 |
| --- | --- |
| ② | リスク戦略の立案 |
| ③ | リスク事象の特定 |
| ④ | リスクの評価・計量 |
| ⑤ | リスクへの対応 |
| ⑥ | リスクのコントロール |
| ⑦ | リスク情報とコミュニケーション |
| ⑧ | リスクのモニタリング |

環境を理解し、適切と思われる組織態勢を構築することである。

② リスク戦略の立案

その組織態勢において、どこまでのリスクを許容するのか、あるいはヘッジの方法は何であるかについて、企業レベルでの戦略を立案する。

③ リスク事象の特定

実際に、どのようなリスクが発生しているのか、また、発生可能性のあるリスクは何が考えられるのか、他の企業で発生しているリスクは、自らの組織ではどうなっているのか、など、幅広く、リスクの事象を特定しておくことが必要である。

ここまでで重要なことは、リスク環境の認識に至った背景や、なぜ、そのリスクを許容したかなど、その"リスク管理の哲学"を明文化しておくことである。これ以降のルール策定や、例外的な判断が必要な場合に、常に立ち返るべき原点（原典）を示しておくことで、行動のブレを少なくすることができる。

④ リスクの評価・計量

特定されたリスクについて、発生頻度・損失額などの影響度合いの分析や、また、どのような分析をしたらよいか、そのためには、どのような属

性（情報）を管理したらよいか、他のリスクとの関連性はどうなっているかなど評価を実施する。同時に、リスクの計量を実施し、そのリスク量を可視化することも重要である。

⑤ リスクへの対応

　この時点で考えなければならない論点は、③のタイミングで、どの角度からリスクを特定したかによって、これからの対応方針が大きく異なるという点である。

　たとえば、「伝票起票間違い」というリスク事象を特定する場合に、
a. 要因・原因に着目すると「記入文字の見間違い」に対応が必要になり
b. 現象・結果に着目すると「転記間違い」に対応が必要になる。
それぞれ、リスクへの対応方針が異なることがわかる。

⑥ リスクのコントロール

　どのような対応方針を採用したにせよ、予定どおりのリスク削減効果が生まれるように、ないしは、そもそもリスクが顕在化しないように、リスクをコントロールしていく必要がある。

　さらには、実施されるコントロールが、日常業務のなかで定着し、現場で有効に機能するよう努力を積み重ねることとなる。

　たとえば、先の例でいうと、リスクのコントロールの対応方針として、
a. 要因・原因に着目した「記入文字の明瞭化」
b. 現象・結果に着目した「転記文字のダブルチェック」
などがコントロール要素として考えられる。

⑦ リスク情報とコミュニケーション

　最後の段階では、これらリスクに対する管理活動の状況に関し、経営層へ適宜、必要な情報を報告し、その報告に基づいて経営層が適切な指示を出す仕組み、すなわちリスク・コミュニケーション態勢を確立することが必要である。

⑧ リスクのモニタリング

そして、当然ながら、そのサイクルが機能していることを継続的にチェックすることも重要である。自ら築き上げたリスク・マネジメント・サイクル全体の、特徴・限界・前提など、"身の丈"を理解したうえで、その自らの姿が変化していく経過を観測する仕組みが必要なのである。

それは、当初想定していたリスクの環境に変化が生じていないか、あるいは想定したリスク事象の特性が変化していないか、許容範囲を超えるような例外的なリスクが増加していないかなど、さまざまな変化をとらえるための、"発見装置"としての役割を備えることである。実は、すべてのステップのなかでも、リスクのモニタリングは、最も設計が困難なステップの一つであると考えられる。

## 2　リスクは伝播する

前出のとおり、「伝票起票間違い」というリスク事象を特定する場合に、a. 要因・原因に着目する考え方と、b. 現象・結果に着目する考え方があることを述べた。これは、実は、リスク事象は原因→過程→結果と、次々と伝播していくことをとらえた考え方である（次頁図表1−4）。

この伝播において、原因→過程→結果という一連の流れは、必ずしも、1：1：1とはならない。途中に複数の過程へ広がったり、あるいは、複数の原因から、単一の結果が導かれることもある。

たとえば、「記入文字の見間違い」を起こしてしまったために、結果として「転記間違い」だけでなく、「システムへの入力ミス」など、同じ伝票の間違いに起因する、複数の結果を生み出してしまうこともあるわけである。

実際に、特定されたリスク事象を分析してみると、aパターンとbパターンが混在しており、分析が困難なケースも多いと思われる。しかし、それらの事象について、何が要因で、何が過程で、どの結果を導いているか、を整理することは、実は、リスク削減策を打つうえで、より高い効果を生むための、最も基本的な方策なのである。事実、いくつかの金融機関では、この点

図表1−4　リスク伝播フローのイメージ

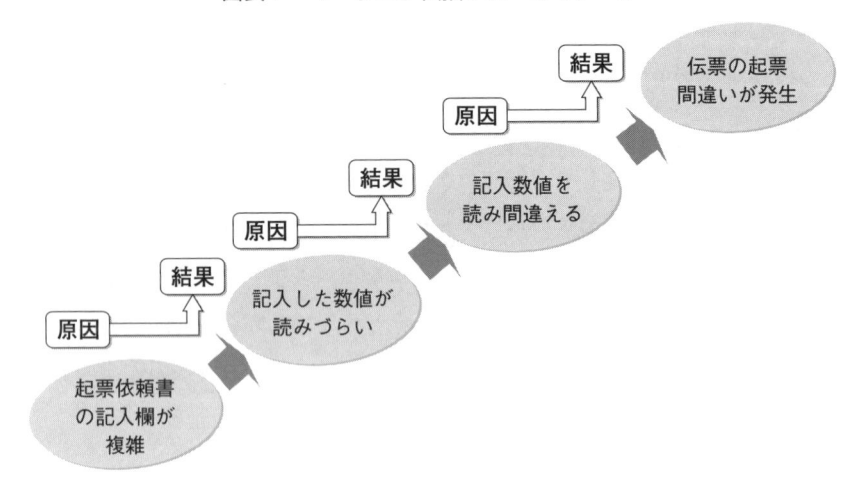

原因 → 結果
起票依頼書の記入欄が複雑

原因 → 結果
記入した数値が読みづらい

原因 → 結果
記入数値を読み間違える

原因 → 結果
伝票の起票間違いが発生

に気づき、最近、あらためて見直しを実施したという事例も聞いている。

# 3　リスク事象同士の関連性

さて、一つのリスク事象内での原因と結果の関係が整理できたら、次には、他のリスク事象との関係性も紐解いてみたい。

## (1)　SIPOCについて

GE社が作り上げた"シックス・シグマ"という経営管理メソドロジーは、ご存知のことと思う。そのなかに、SIPOC（サイポック）と呼ばれる業務フローを定義した概念がある。これは、一連の業務フローを整理する際に、

　　サプライヤー（Supplier）→インプット（Input）→プロセス（Process）→
　　アウトプット（Output）→カスタマー（Customer）

という五つの要素から成り立っていることを表している。一般的な業務フロー概念では、インプット（Input）→プロセス（Process）→アウトプット

(Output) の 3 段階が多いが、SIPOC では、さらに前後の関係者を示しているところがユニークである。

この概念を、リスク事象の伝播フローをとらえるうえで、少々見方を変えて定義し直してみる。

- サプライヤー →間違い要因を引き起こす可能性／先行指標
  - インプット →間違いを顕在化させる直接的な要因
  - プロセス →間違い要因が顕在化している過程
  - アウトプット→顕在化した間違いの結果そのもの
- カスタマー →間違いが起こってしまったことの影響／遅行指標

一つのリスク事象における、要因（インプット）→過程（プロセス）→結果（アウトプット）の3要素を整理するだけでなく、その前後にある、伝播関係を理解することが必要である。

### (2) リスク事象の依存関係

前後を含めた伝播フローを理解するうえでは、二つの視点から整理するとよいだろう。

一つは、他の伝播フローとの依存関係である。サプライヤーに相当する「間違い要因を引き起こす可能性」とは、実は、別の事象（事象Aと呼ぶ）の結果が、当該事象（事象Bと呼ぶ）の要因となっているようなケースである。複数の事象の絡み合った依存関係を明確化することは、非常にむずかしい作業であるが、ある程度の線引き（決め置き）をしながらも、依存関係を明らかにしておくことが重要である。この作業は、事象の要因分析に役立つと同時に、リスク計量におけるストレス・シナリオの構築時など、さまざまな場面で応用の利く基本データとなるものと考えている。

### (3) リスク管理の指標として

もう一つの視点は、当該事象の「先行指標」や「遅行指標」と考えて、プ

図表１−５　先行指標と遅行指標の関係例

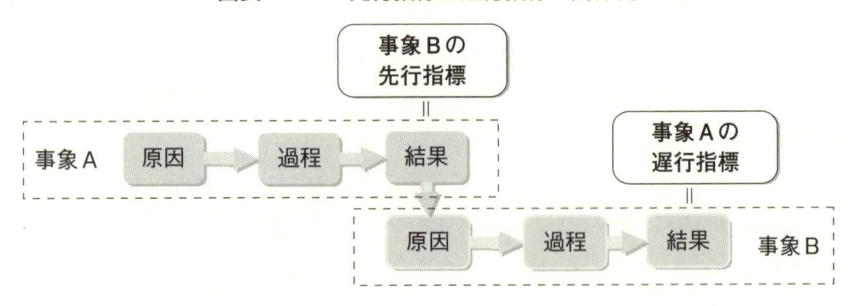

ロアクティブなリスク管理に役立たせるということである。

　リスク管理上、そもそも顕在化しないことが望ましいのは当然であるが、「顕在化する可能性のあるリスク事象を、顕在化しないようにコントロールできている」状態が、最も、効率的にリスク資本を活用しているといえるであろう。リスクが顕在化してしまう前に、「先行指標」によりコントロールし、さらに、管理していないリスク事象が顕在化してしまった場合に「遅行指標」によって、そのリスク事象を手当てすることが可能となろう。

　図表１−５では、事象Ａの結果は、実は事象Ｂの先行指標であり、事象Ｂの結果は、実は事象Ａの遅行指標であるような例を示している。

## 第3節　前世代型オペレーショナル・リスク管理の特徴と限界

### 1　サイロ型リスク管理アプローチの特徴

　国内の金融機関では、事務リスクの管理上、さまざまな工夫がなされ、世界的にみても、事務ミスや事務事故などの発生率を一定程度に抑えた、管理が行われてきた。このような従来型の事務リスクの管理スタイルの特徴は本

部指導型の点検アプローチであるといえる。

　たとえば、「事務指導・通達」などにより、その一挙手一投足に至るまで、マニュアルによって徹底させる考え方である。「方針管理」や「臨店制度」などの枠を利用して、その徹底度合いを確認し、「表彰制度」などによって、事務品質を業績として評価する流れであろう。このスタイルは、「事務指導を企画する部署」と、「点検をする部署」、そして「評価する部署」など役割分担をしたうえで、「個別専門性が追求」できるという特徴があげられる。

　実際、ほんの10年ほど前までは、システムは、専門部隊が管理するのが常識であった時代もあったと思う。たしかに、初期はメインフレーム機を使った基幹システムが集中管理され、システム部門は専門的なリスク管理能力が要求されていた。同様に、法的なリスクは法務部門が管理し、事務リスクは事務統括部門が管理する、という分担の考え方が主流を占めてきた。

　この専門性を高く保持することを重視したリスク管理体制を、本書では

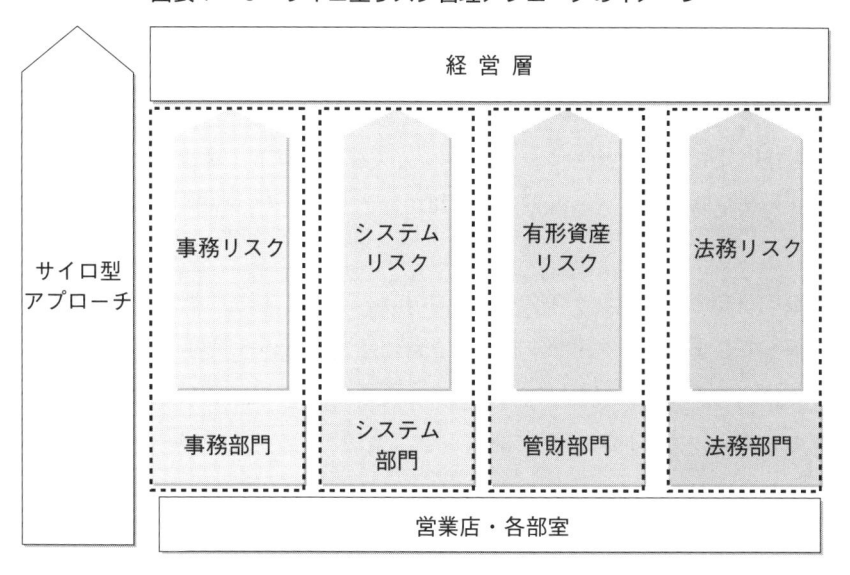

図表1－6　サイロ型リスク管理アプローチのイメージ

第1章　オペレーショナル・リスク管理高度化の必要性

「サイロ型リスク管理アプローチ」と呼ぶこととする。ちなみに、サイロとは、塔型の貯蔵庫という意味であり、次々と塔のなかに専門知識が積み上げられていくイメージを表している（前頁図表1－6）。

## 2　サイロ型リスク管理アプローチの限界

この「サイロ型リスク管理アプローチ」は、過去から管理手法の一つとして、十分機能してきた。また、社会的背景としても、従来の金融監督の当局自身が「護送船団方式」や「通達型管理」といわれる言葉のとおり、サイロ型のリスク管理手法を、業界全体として、効率的に実施してきたのである。

しかしながら、すでに述べたように、1998年の自己資本比率規制の見直し議論の際に、オペレーショナル・リスクが検討対象となった事実からも、従来型のオペレーショナル・リスク管理手法では不足がみられるようになったのである。

特に、限界となっていると思われる論点を整理してみたい。

### (1)　網羅性が担保されない点

「サイロ型リスク管理アプローチ」のような、専門特化型のリスク管理手法のデメリットといえるのが、「網羅性の担保」に対する制限である。前節でも述べたとおり、ルールによってリスクをカテゴライズすることにより、ルール策定時に対象とされたリスク事象は、より確実に管理されることとなる。

しかしながら、あるリスク・カテゴリと、別のリスク・カテゴリのスキマに落ちてしまうリスク事象を管理しきれなくなるという限界もみえてきている。各リスクの所管部署は、その職責に従って、専門的にリスクを管理する能力を高め、効率的に管理・削減など、適切な活動を行う義務を負っている。この専門性が高まるがゆえに、他のリスクに対しては、注意が払われないのである。

## (2) 重複性の切分けが困難な点

次に留意しなければならないのが、「重複性の切分け」に関する論点である。昨今では、「事務」と「システム」の組合せや、「事務」と「法務」など、複数にまたがった業務が大変多くなっており、その連携が重要となっている。

たとえば、システムリスクを管理するうえでは、システムサイドからリスクをとらえるケースが多いだろう。つまり、バグやシステム・ダウン、開発の遅れなどがリスク事象の中心であったと思われる。ここには、事務サイドのリスク事象との相関関係は、あまり考慮されていないのではないだろうか。単純な例をいうと、入力ミスを減らすための画面開発をすることで、事務ミスを減らす効果が期待できる半面、複雑な画面ロジックを組み込んだために、システム・ダウンの可能性や、復旧に掛かる時間・負荷の増大という、システムリスクが大きくなっているかもしれない。従来は、このような考え方すら議論されず、事務は事務統括部門が検討し、システムはシステム部門が検討するだけで、各々で管理が完結されるのが一般的であり、ここに限界があった。

## (3) 経営層とのリスク・コミュニケーションが不足している点

もう一つ、論点を述べておきたい。個別専門リスク管理部隊が、そのリスク管理状況を経営層に報告する際、専門的になりすぎてはいないだろうか。専門特化型管理となっている金融機関における、経営者への報告会議の資料を拝見すると、「事務リスク」については、訂正伝票の数の推移が報告され、「システムリスク」については、システム・ダウンタイムが報告されている事例があった。これらの報告数値をもって、経営層に何を判断してもらおうとしているのか、なかなか理解できなかった。もしかしたら、筆者の想像を超えた、深い意図をもって、経営判断をしていたのかもしれない。しかしな

がら、一般的には「伝票枚数」と「ダウンタイム」が並列してあっても、「センチメートル」と「グラム」の足し算をするようなもので、あまり効果がないのではないだろうか。

最近は、このような極端な事例は少なくなってきていると思う。しかし、リスクを報告する目的は、経営層と現場とのリスクに関するコミュニケーションをスムーズにすることなのである。

## 3　リスク管理態勢の自己チェック

さて、従来の典型的なリスク管理態勢について、その特徴と、限界を整理してきた。ここで、簡単なテストを実施してみたい。図表1―7の項目のうち該当するものにチェックをつけてみていただけるだろうか。

いくつかのチェック項目に対して、解説を加えておきたい。

図表1―7　チェック・リスト

| こんなオペレーショナル・リスク管理となっていませんか？ |
|---|
| □事後的・対症療法的管理である。 |
| □潜在的リスクへの備えが欠如している。 |
| □経験のみに頼ったリスク管理となっている。 |
| □発生しないことを前提とした文化である。 |
| □システムなど専門家集団に依存した管理対応となっている。 |
| □業務ライン別の対応のみで全社的対応が不完全である。 |
| □幾重にも重なった屋上屋的管理であり形骸化している。 |
| □組織横断的な基準が未成熟である。 |
| □日常のリスク管理とは別枠の、"緊急時のみ"を想定した対応が多い。 |
| □システム依存度が高まっている。 |
| □システム新技術について理解の弱いまま利用している。 |
| □オペリスクに対して経営層・ユーザー部門にいま一つ理解が得られていない。 |

## (1) 事後的・対症療法的管理である

　一定程度の先進的な金融機関であれば、リスク事象が把握でき、そのリスク削減活動が実施され、明確にリスク管理サイクルが構築されているであろう。しかしながら、そのリスクの根本要因を分析したことはなく、また、リスクへの対処案の優先順位もあまり検討せず、網羅的（盲目的）に実施している、という状態になってはいないだろうか。

## (2) 潜在的リスクへの備えが欠如している

　リスク管理の態勢は構築ずみであっても、顕在化したリスク事象に対する活動が中心で、プロアクティブに潜在的なリスクまで洗い出し対象にしていないケースが散見される。リスク事象を、潜在的リスクにまで幅を広げているかどうかが重要となる。

## (3) 経験のみに頼ったリスク管理となっている

　経験則を尊重することは、大切な考え方でもあり、ある程度の効果が期待できる手法だと考えられる。しかし、新商品や新業務、新法令など、続々と業務環境が変化する、最近の速い時流のなかで、「経験則から、あえて脱出する」必要性もある。どのタイミングで、この経験則からの脱出を検討するか、一律の答えや考え方はないが、常にこの視点をもっているかどうかによって、日常のなかから重要な示唆を得られるかどうかの差が表れてくる。

## (4) 発生しないことを前提とした文化である

　たとえば、金融機関営業店での日次の突合精査において、1円単位のバランスまで徹底させる考え方は、国内金融機関の事務品質を高めるうえで、大変大きな役割を果たしてきた経営ルールの一つだといえよう。しかしながら、このルールを、すべての業務に対して当てはめると、おそらく、金融機

関の経営は立ち行かなくなってしまうであろう。そこで、そもそものリスク管理の世界では、たとえば「今後10日間にある一定の確率で被る可能性のある最大損失」のような形式で、「損失が発生する可能性を前提」として、ポジティブ（発生するものとして）に管理する概念が生まれてきたといえる。同様に、オペレーショナル・リスクの世界においても、発生することを前提として管理する考えをベースとすることで、結果として望ましい管理態勢の確立が可能となるのである。

(5) 幾重にも重なった屋上屋的管理であり形骸化している

前節で、経営層とのリスク・コミュニケーションの例で述べた点の補足的な意味でもある。それは、リスク・コミュニケーションの手段を通して情報を共有・報告される際に、単に情報を共有するだけの場合もあれば、詳細に情報を議論する場合もあるだろう。その中身の重要度に応じて、整合的に重みづけられるべきである。リスクのチェック機能などが、必要以上に重複し、形骸化していないか、いま一度確認してほしい。

(6) 日常のリスク管理とは別枠の、"緊急時のみ"を想定した対応が多い

最近は、BCP（業務継続計画）や、DRP（災害時復旧計画）など、緊急時の対応策を検討・計画している金融機関も多くなってきた。しかし、これらは、あくまで緊急時の話であり、日常の業務とは切り離した議論や検討である。

つまり、オペレーショナル・リスク管理上の有形資産リスクやシステムリスクの管理手法と、これらBCPやDRPとの手法は整合的となっているか。具体的には、BCPやDRPにおける実地訓練やウォークスルー・テストなどの成績により、オペレーショナル・リスク上のシナリオ分析における想定損失額を見直すなど、「緊急時を想定したシナリオ」と「通常業務から出てく

るシナリオ」との融合を視野に入れているだろうか。

### (7) システム新技術について理解の弱いまま利用している

　これも影響が大きく、かつ、終わりのないテーマである。たとえば、金融機関に限らず個人情報や機密情報の漏洩事案は、後を絶たない。しかも、その多くは、自宅PCにデータを持ち帰ったことなどが原因の一つとなっている。社員モラルの徹底など、根本解決は非常にむずかしいものではあるが、少なくとも、組織的にシステムやソフトウエアの特性を理解したうえで、その危険性を社員に啓蒙し続け、その効果を確認フォローし続けることが大切だと考えている。

### (8) オペリスクに対して経営層・ユーザー部門にいま一つ理解が得られていない

　オペレーショナル・リスク管理の高度化を推進するうえでは、他のリスク管理分野と比較して、より経営層やユーザー層の理解が必要である。
　理由は3点ある。まず一つ目に、オペレーショナル・リスクは、その対象範囲が非常に幅広く、かつすべての役職員が直接的に関係性をもつリスク・カテゴリである点。二つ目に、すべての役職員に関係があるがゆえに、経営層からの強力なバックアップを得ながら、役職員への定着を徹底させてゆく必要がある点。そして最後に、オペレーショナル・リスクは、バーゼルⅡにおける自己資本比率の計算上、唯一、自らのリスク削減活動によるコントロールの可能性をもてるリスク・カテゴリである点である。第2章において、オペレーショナル・リスクの高度化による経営効果を詳細に説明しているので、そちらを参照していただきたい。

【チェック・リストの診断結果】
10個以上：前世代的オペレーショナル・リスク管理態勢である

6～9個：多くが、前世代的な管理となっている
0～5個：一部、前世代的な管理が残っているが、概ね対処ずみ

　本チェック・リストは、筆者が実施したヒアリングや顧客事例などより、重要と思われる項目に絞り、リストとして整理したものである。ただし、個々の項目に対して正しい答えがあるわけではなく、一律のあるべき対応策が存在するものでもないと考えている。あくまで、自己診断するうえでの参考ととらえていただきたい。

## 第4節　バーゼルⅡ世代に求められるオペレーショナル・リスク管理とは

### 1　サイロ型アプローチからコリドール型アプローチへ

　前節において、サイロ型リスク管理アプローチの限界として、三つの代表的な課題を述べた。

① 網羅性が担保されない点
② 重複性の切分けが困難な点
③ 経営層とのリスク・コミュニケーションが不足している点

　これらの課題を解決することを目指して、さらに工夫を凝らした概念として、「コリドール型リスク管理アプローチ」と名づけた考え方を説明する。組織体系としては、「サイロ型リスク管理アプローチ」における"専門性の追求"という長所を残しながら、それぞれの部門を横で連携する機能を付け加えている。さらに、経営層への報告の機能も、各部門それぞれがルートをもつのではなく、一括した報告ルートとしている。

　組織イメージとしては、図表1―8のように、各リスク所管部門に、横断的に横串を通す道筋（回廊：コリドール）を設ける体系である。その横串部

図表1−8　コリドール型リスク管理アプローチのイメージ

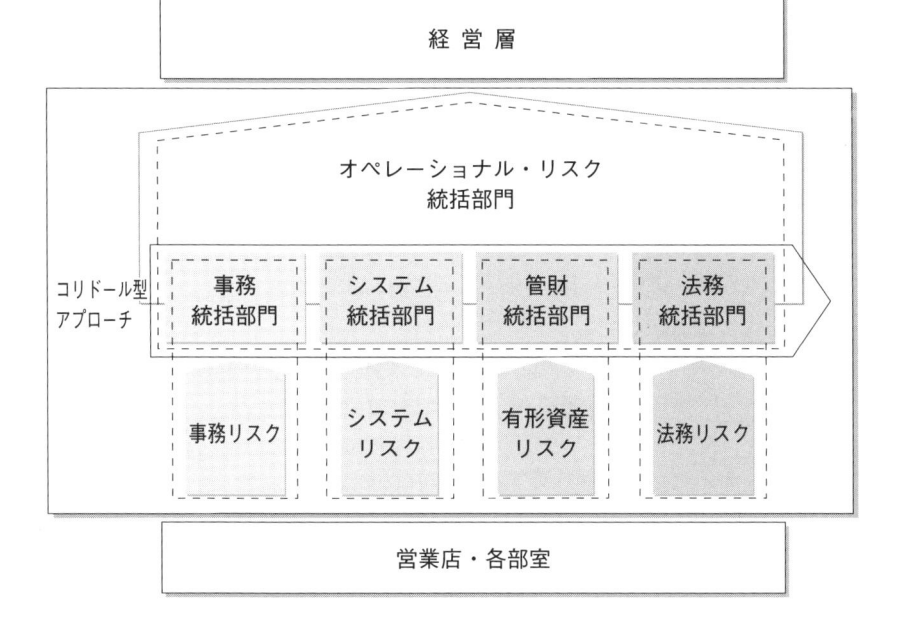

|経　営　層|
|---|

コリドール型アプローチ　→　オペレーショナル・リスク統括部門（事務統括部門／システム統括部門／管財統括部門／法務統括部門）

事務リスク／システムリスク／有形資産リスク／法務リスク

|営業店・各部室|
|---|

門を、「オペレーショナル・リスク統括部門」としておく。

　この「コリドール型リスク管理アプローチ」により、いかにして課題が解決できるのかを、次に整理する。

## 2　コリドール型リスク管理アプローチの特徴

### (1)　網羅性を担保できる点

　「コリドール型リスク管理アプローチ」では、各リスク所管部門を、横断的に横串で管理する「オペレーショナル・リスク統括部門」が存在することにより、複数のリスク・カテゴリ間のスキマに落ちてしまうリスク事象をとらえることが可能となる。スキマに落ちてしまうのは、当初ルール策定時に見落としていたリスク事象や、業務の変化とともに新たに発現してきたリス

ク事象であったりする。このスキマにリスク事象が落ちていないかを確認するためには、「オペレーショナル・リスク統括部門」が定期的に以下の二つの視点からチェックする必要がある。一つには、他の金融機関や他業態などで発生しているリスク事象の情報（外部損失データ）を参考にして、自らのリスク事象の見落としがないかをチェックすること。もう一つは、新商品や新業務の実施が検討される際には、必ず、どのような潜在リスクがあるかチェックすること。

「コリドール型リスク管理アプローチ」をとることで、以上のような網羅的な確認が可能な体制となる。

### (2) 重複した事象の整合性がとれる点

前出の「サイロ型リスク管理アプローチ」では、リスク・カテゴリごとに独立した組織がリスク事象に対して責任をもつ組織体系が特徴であるが、別々のリスク・カテゴリにおいて関連性が高いリスク事象が存在していたとしても、コミュニケーションをとる機会がないなど、フォローする仕組みがつくりにくい点を限界として述べた。

このような事態を避けるために、中立的な立場で、重複のあるリスク事象に関して中身を分析し、どの部門で管理するのが望ましいのか切分けする役割が必要である。この機能を横串の「オペレーショナル・リスク統括部門」が担うことで、ある程度の解決が可能となると考えている。

### (3) 経営層とのリスク・コミュニケーションが確立できる点

専門特化型リスク管理においては、あまりに専門的になってしまい、経営層や他部門が理解できない言葉や数値、数式が、あまり意味が考慮されぬまま報告されることがある事例を述べた。

このようなリスクの数値、数式などを、意味のある言葉として翻訳し、かつ、そもそも経営層に何を報告し、どのような判断をしてもらいたいのか、

そのリスク・コミュニケーションのストーリーを描く役割も大切となる。金融機関においては、統合リスク管理部門や経営企画部門などにより、「すでに、その役割は確立している」というところもあるであろう。しかしながら、単なるリスク・レポートになっていないか、上記のような「網羅性の担保」や「重複事象の整合性の確保」などの機能は考慮されているか、確認してほしい。

真のリスク・コミュニケーションを確立する機能を、横串の「オペレーショナル・リスク統括部門」が担うことも、解決策につながるのではないだろうか。

## 3 バーゼルⅡ世代のオペレーショナル・リスク管理の大原則

さて、前節では、前世代的なリスク管理態勢となっていないかどうかをチェックする項目をいくつか解説してきた。本節では、これからのバーゼルⅡ世代にふさわしい、大原則を整理してみたい。

五つのキーワードに整理すると、図表1—9のようになる。

これらは、いままで述べてきた項目を、あらためて整理した意味ももっている。そのなかでも、特に二つの項目については、少し補足しておきたい。

図表1—9 五つのキーワード

| | |
|---|---|
| ① | 潜在的リスクへ対応する |
| ② | 個別的管理から網羅的管理へ移行する |
| ③ | 組織横断的なリスク管理（横）：ユーザー部門の強い理解の実現 |
| ④ | 組織統合的なリスク管理（縦）：経営層の強いコミットの実現 |
| ⑤ | 日常の業務とリスク管理を一体化する |

## (1) 潜在的リスクへ対応する

　リスク管理の仕組みづくりにおいて、顕在化したリスク事象だけでなく、いかに潜在的なリスクまでも、包括的に管理できる仕組みを確立するかが重要なポイントとなる。

　バーゼルⅡ最終文書[4]でも具体的に記述されているとおり、潜在的なリスクを管理する手法には「シナリオ分析」と呼ばれる手法がある。「シナリオ分析」とは、実際に発生した顕在化リスク事象（以下「内部損失」もしくは「内部損失データ」という）だけでなく、いまのところ顕在化はしていないが、万が一、自行で発生するかもしれない潜在的なリスク事象を、仮想のリスク事象（以下「シナリオ分析」もしくは「シナリオ分析データ」という）として管理するものである。

　シナリオ分析データのつくり方にもさまざまな手法がある。一般的には、以下のa～cとなる。

a）　内部統制の自己評価（CSA：Control Self Assessment）結果から作成するもの
b）　外部損失データ（他行で発生した損失事象など）から作成するもの
c）　その両者を融合して作成するもの

　シナリオ分析データの構築手法の詳細は、別章に譲るが、作成時の最大の論点として、"いかにして恣意性を排除するか"が課題となっている。海外の金融機関での検討事例などをみると、信頼性工学などの分野で使われている技法を応用しているケースもみられる。これらの分野では、観測できないデータを補完する技法や、未知の不具合を分析する技法が進んでいるといわれており、FTA（Fault Tree Analysis）やFMEA（Failure Mode and Effect Analysis）と呼ばれる解析技法など、恣意性を排除したシナリオのロジック

---

[4]　本章では2004年6月「自己資本の測定と基準に関する国際的統一化：改訂された枠組」をバーゼルⅡ最終文書と呼ぶ。

づくりの参考になる。

### (2) 経営層・ユーザー部門の協力と日常業務・リスク管理の一体化

　従来のオペレーショナル・リスク管理の概念は、緊急時のみの対応が前提となっており、日常業務との整合性がとれていないケースがあることや、オペレーショナル・リスク管理の定着のためには、経営層やユーザー部門の協力が必須である点は、すでに指摘した。

　オペレーショナル・リスク管理の仕組みを組織に定着させるうえでは、さまざまな試行錯誤の学習期間が必要となる。すべての役職員に影響のあるリスク・カテゴリの場合、特に、非常に広範な部門を巻き込んでの試行錯誤となることが想定される。そのため、既存業務だけでも逼迫しているであろう現場各部門に、度重なる協力を仰ぐのは、通常の依頼だけでは不可能である。そこで、経営層自らが、「自行のオペレーショナル・リスク管理を高度化する」という強い意志をトップダウンで日々伝えていくことが必須であり、そのためのさまざまな工夫も必要である。

　一例を紹介すると、ある金融機関では、全行員を対象にし、オペレーショナル・リスク管理に関するイントラネット上の広報ページを作成し、高頻度で更新することによって、実践的な啓蒙活動を実施している。

　また、別の金融機関では、オペレーショナル・リスクの導入推進機能を、そもそものリスク管理部門から切り離し、銀行経営に近い部署の機能とした。これにより、オペレーショナル・リスクに関する通達や依頼事項は、経営層そのものからの指示・伝達事項と同じ位置づけと理解された。結果として、すべての支店に至るまで徹底した推進を可能としたトップダウン型の成功事例である。

　オペレーショナル・リスクに対する意識や考え方など、金融機関によって、さまざまな差異があるであろう。自らの金融機関の文化や組織の特徴を

とらえ、最適な工夫を試みてほしい。

# 第2章

# バーゼルⅡにおける先進的計測手法（AMA）とは

本章においては、バーゼルⅡでオペレーショナル・リスクが検討されてきた経緯とその背景について紹介する。

　その後、国内規制において、選択制となった三つの手法を詳細に説明し、さらに、その承認審査手順についてもできるだけ詳しい記述を試みた。先進的計測手法（AMA）へチャレンジすることの経営効果や、その導入手順、投資効果を測定することの大切さなどを整理している。

　最後に、国内規制の条文について逐条解説も行っている。

## 第1節　バーゼル委員会におけるオペレーショナル・リスクの検討経緯とその哲学

### 1　金融機関にとっての自己資本比率規制の意味とは

　金融機関にとって、自己資本比率規制とは、どのような意味合いがあるのであろうか。以下、できるだけ簡単な整理を試みる。

　一般に企業財務において、「自己資本比率」は重要な財務指標である。自己資本比率とは、総資本のうち自己の資本が占める割合を示した指標であり、自己の資本とは、他人資本つまり負債を控除した、株主資本と評価差益の合計値である。

　では、総資本とは何に相当するか。会計学上の定義でいえば、総資本は、その資金を元手に得られた財産と等価だと理解される。つまり、総資本＝総資産ともいえる。そうであるならば、銀行にとっての総資産とは何か、と考えたほうがわかりやすい。

　総資産の本源的構成物をとらえると、大きく三つの考え方ができるのではないだろうか。一つは会計学的解釈、二つ目は外形的解釈、三つ目は要素的解釈である。

図表2－1　自己資本比率規制の進化

| | 日　　本 | | 米　　国 |
|---|---|---|---|
| 1954年 | $\dfrac{広義自己資本}{預金}$ | 1864年 | $\dfrac{自己資本}{業務地域の人口}$ |
| 1982年 | $\dfrac{広義自己資本}{預金＋譲渡性預金}$ | 1930年 | $\dfrac{自己資本}{総資産（ないしは預金）}$ |
| 1986年 | $\dfrac{資本勘定＋引当金等}{総資産}$ | 1981年 | $\dfrac{自己資本}{平均総資産}$ |
| | $\dfrac{上記分子＋有価証券含み益の70\%}{総資産}$ | 1985年 | $\dfrac{自己資本}{平均総資産}$ |
| 1988年 | $\dfrac{自己資本（TierⅠ＋TierⅡ）}{リスク加重資産}$ | 1988年 | $\dfrac{自己資本（TierⅠ＋TierⅡ）}{リスク加重資産}$ |

（出所）　金融庁国際室資料より抜粋。

　会計学的解釈は、すでに上記で述べたとおり、貸借対照表における総資産（ないしは総資本）の簿価が相当するであろう。

　次に外形的な解釈を考えると、財産として保持している"物"が相当する。"物"とは何か、これには、さまざまな意見があるであろうが、過去、議論された歴史をみてみると、銀行が営業している地域の人口数や預金額が使用された時期がある（図表2－1）。つまり、直接、財務諸表の額を使用するのではなく、なんらかの代理指標により近似値による表現を試みたと考えられる。

　そして、三つ目の要素的解釈としては、総資産を簿価や代替物でとらえるのではなく、総資産として保持されている中身を要素分解することにより、『金融機関の活動の結果、保持することとなった構成要素』と考えることである。

　金融機関の活動とは、預金を預かり、融資を行い、あるいは、有価証券の取引をするなどの役割を担うことである。これらの活動の結果、融資元本や有価証券などが「資産」そのものとなり、金融資産であるという点を考慮し

て『リスクを加味した資産額』ととらえることができる。

　以上のとおり、総資産の本源的構成物を要素的に解釈し、『リスクを加味した資産額』と考えてみると、金融機関における自己資本比率は、リスクを加味した資産のうち、自己の資本の占める割合が、一定比率以上を維持することを義務としたものとなる。これは、損失吸収のバッファーとして金融機関の健全性（安全性）を示す指標であり、経営破たんを回避する財務的な力量や、緊急時の支払能力を担保する力量などを表している。

## 2　バーゼル銀行監督委員会における自己資本比率規制の進化

　現在では、このような自己資本比率という指標が、国際的な共通指標として使用されているが、なぜ、この自己資本比率が使われるようになったのか。氷見野（『BIS規制と日本』2005、金融財政事情研究会）によると、発端の一つといえるのが、1974年のヘルシュタット危機であるとされている。西ドイツのヘルシュタット銀行の破たんにより、決済流動性の低下事象が顕在化し、国際的に次々と決済に関する支障をきたしたといわれている。このような事象を契機とし、1974年末にG10中央銀行総裁会議において、中央銀行と銀行監督者からなる国際的な協議の場を設けることが決議された。これが、現在の「バーゼル銀行監督委員会」（以下「バーゼル委」と呼ぶ）であり、発足直後の1975年に国際的な共通の監督をテーマとした「コンコルダット」協約を公表し、国際的な組織として産声をあげた。その後、国際的な金融危機を幾度となく経験し、1988年にバーゼル委は自己資本比率規制について初めての国際的な統一基準「バーゼルⅠ」を策定することに成功した。

　当初の自己資本比率規制の内容としては、信用リスクのみを対象としたシンプルなものであった（1996年には市場リスクが追加された）。資産額に対してリスクに応じた掛け目を掛け合わせて算出した、リスク加重資産額（リスク・アセット方式）を分母とし、分子は、財務会計上の自己資本の項目から、

基本的項目（TierⅠ）と補完的項目（TierⅡ）、準補完的項目（TierⅢ）の3段階で構成された。

この自己資本比率計算では、金融機関が保有する"目にみえないリスク量"が勘案されており、従来の財務会計の考え方の枠を超えた会計基準といえるであろう。目にみえないリスク量を分母に据えるという点と、国際的な統一基準という点を考えると、「国際リスク会計基準」と呼ぶのも、高い納得感がある。

## 3　バーゼルⅠからバーゼルⅡへの進展

1988年に規制開始されたバーゼルⅠが業界にもたらした「国際的な監督体制の確立」や「リスク会計基準の規制化」などは、それまでの組織や企業文化、経営意識の変革の流れに、さまざまな影響を与えることとなった。

この頃、日本はいわゆるバブル景気に沸いていたが、米国をみると、1986年に不良債権償却額が最初のピークを迎えるなど、最もバーゼルⅠ規制に苦しんだのは、米国であったといわれている。

ところが、日本においても、1990年の年明けよりバブル崩壊が顕在化し、決して対岸の火事ではなくなった。その後の長期間にわたる日本の景気低迷は、記憶に鮮明なところであろう。1997年の中堅証券会社破たん以降、都市銀行、大手証券会社などの金融機関が続けざまに破たんし、評価基準の変更や、含み益の計上容認など、会計基準による対策、あるいは、1998年の金融監督庁の設立以降、資産査定の厳格化や、早期是正措置など、金融行政による対策を講じてきた。にもかかわらず、世界に類をみない不良債権問題の深刻さは継続し、金融機関の内部管理の機能不全、旧手法による金融行政の行き詰まりなど、諸問題が勃発した。

一方、金融機関の抱えるリスクは、日々複雑化を増し、急激に高度化している。また、同時期には、ショールズとマートンのノーベル賞受賞の例をあげるまでもなく、初期金融工学の発展、リスク管理技術の進展・普及に、目

図表2—2　バーゼルⅠからバーゼルⅡへの進展

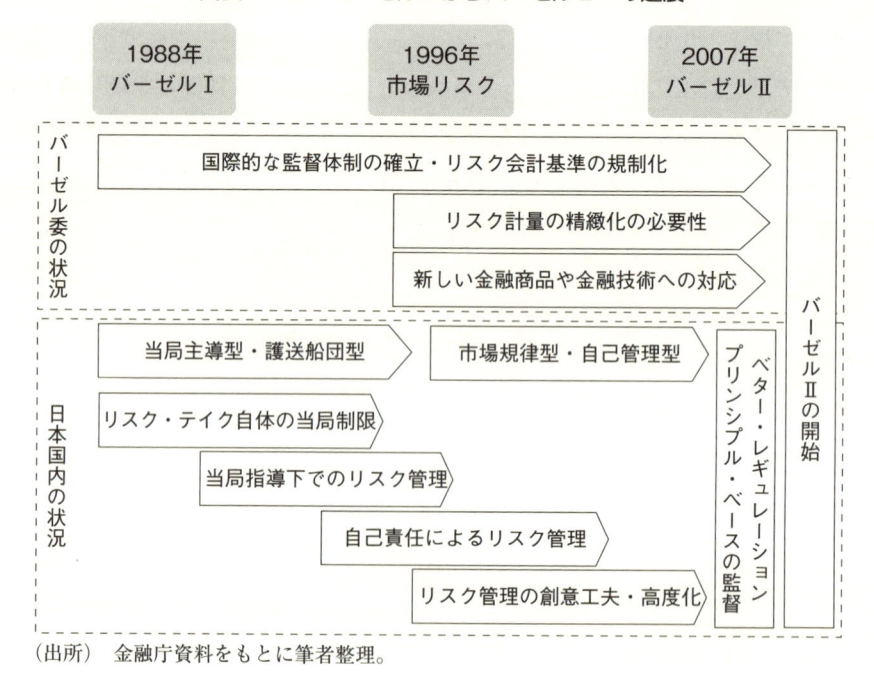

```
                1988年            1996年              2007年
                バーゼルⅠ          市場リスク            バーゼルⅡ

バ  ┌─────────────────────────────────────────┐  バ
ー  │   国際的な監督体制の確立・リスク会計基準の規制化   │  ー
ゼ  │                                         │  ゼ
ル  │        リスク計量の精緻化の必要性             │  ル
委  │                                         │  Ⅱ
の  │        新しい金融商品や金融技術への対応         │  の
状                                                 開
況                                                 始

日  ┌─────────────────────────────────────────┐  ベ
本  │   当局主導型・護送船団型    市場規律型・自己管理型   │  タプ
国  │                                         │  ーリ
内  │   リスク・テイク自体の当局制限                │  ・ン
の  │                                         │  レシ
状  │      当局指導下でのリスク管理                │  ギプ
況  │                                         │  ュル
    │         自己責任によるリスク管理             │  レ・
    │                                         │  ーベ
    │         リスク管理の創意工夫・高度化          │  シー
    └─────────────────────────────────────────┘  ョス
                                                   ンの
                                                   　監
                                                   　督
```

（出所）金融庁資料をもとに筆者整理。

　覚ましい進歩があったのも承知のとおりである。このような状況下で、業界関係者の間では、バーゼルⅠ規制と銀行実務の乖離が問題視されるようになった。

　そのようななか、前出の1998年にニューヨークにて開催された、『岐路に立つ金融サービス　21世紀の自己資本比率規制』カンファレンスが、ターニングポイントとなり、その後、バーゼル委において、すさまじい勢いで、バーゼルⅡへの検討ステップが踏まれてきた（図表2—2）。

## 4　オペレーショナル・リスクに関する検討経緯

　わが国では、2007年3月末基準をもって、バーゼルⅡが正式に規制開始された。実は、諸外国と比較し、最も早いタイミングでのバーゼルⅡ開始で

あった。

そのバーゼルⅡの大きな特徴は、図表2－3のように4点にまとめることができる。

本書の主題である「②オペレーショナル・リスクへの対応」についてその検討経緯をみてみよう。

## (1) オペレーショナル・リスクの計量化の検討

1998年のニューヨークでのカンファレンス後、バーゼル委では自己資本比率見直しに係る各種タスクフォースにて議論が続けられた。オペレーショナル・リスクに関する議論は、当初は、リスク管理小委員会（RMG：Risk Management Group）のタスクとして開始し、2003年頃からは、具体的なバーゼルⅡの導入検討部会（AIG：Accord Implementation Group）のサブグループである AIGOR（AIGOR：Accord Implementation Group-Operational Risk Subgroup）へ統合されていった。

バーゼルⅡへの見直し議論のなかで、当初「オペレーショナル・リスク」は計量化の困難さから、計量対象としては時期尚早だと考えられていたが、最終的には、なんらかの形で計量化が必要であるとの結論に達した。

もともとバーゼルⅠにおいて信用リスク量は、その業務に関連したオペ

図表2－3　バーゼルⅡへの代表的改定ポイント

| | 特　徴 | 対応内容 |
|---|---|---|
| ① | リスク計測の精緻化への対応 | 信用リスクの掛け目の精緻化 |
| ② | オペレーショナル・リスクへの対応 | オペレーショナル・リスクの計量化 |
| ③ | リスク計測手法の選択自由化への対応 | 信用リスク3手法、オペレーショナル・リスク3手法からの選択制 |
| ④ | 金融機関の自己検証、市場規律による検証への対応 | 第2の柱（金融機関の自己検証）と、第3の柱（市場への開示）の設定 |

レーショナル・リスク相当のリスク量を、暗示的に内包するべしという原則に基づいて、保守的に計算されていた。しかし、バーゼルⅡにおいて、信用リスク量の精緻化が実現されれば、オペレーショナル・リスク相当のリスク量が加味されなくなり、自己資本比率が急激に変化してしまうことが懸念された。このような、単なる規制上の（テクニカルな）計算式変更がもたらす影響を避けることを考慮する必要があった。

　この段階では、オペレーショナル・リスク相当額は、信用リスク、市場リスクに続く三つ目のリスク相当額として分母へ賦課する方式をとり、金融機関がリスク量を削減していくインセンティブを確保する仕組みとして検討されていた。ただ、計量化の困難さも、引き続き大きな検討事項であり、トップダウン型の簡易な計算による規制も、平行して検討されていた。

　この時期には、「トップダウン型」対「ボトムアップ型」による、各国の激しい協議が継続していたようである。

## (2)　トップダウン型とボトムアップ型の検討

　一般に、オペレーショナル・リスクの計量手法としては、トップダウン型とボトムアップ型の管理手法の二つが、過去より研究され進展してきた。

　トップダウン型とは、資産の量や、利益・費用など、金融機関のオペレーションと関係のある財務上、会計上の指標を、オペレーショナル・リスクと高い関連性があると仮定し、その一定割合をオペレーショナル・リスク相当額であるとみなして計算する考え方である。その考え方や計算方法がシンプルであり、客観性が高く、比較可能性や取扱いの簡便さなどのメリットがある半面、そもそもの金融機関のリスク量との感応度が高いとは決していえず、あくまでも代替的な計算方法でしかない。

　一方、ボトムアップ型は、個々の内部で発生した損失事象を捕捉し、また、外部で発生している損失事象や、仮想事象であるシナリオ分析データなども利用して、統計的なモデルを構築することで、オペレーショナル・リス

ク量を実際に推定しようとする方法である。この手法は、リスク感応度が高く、経営方針たるリスク管理方針（リスク削減方針等）が、リスク計量結果に直接的な関連性をもつというメリットがある。

　さて、バーゼル委での議論に話を戻す。トップダウン型の議論のなかでは、利益・費用など一律の単純な指標を用いると、最悪、金融機関の手数料ビジネスなどの縮小要因になってしまうのではないかと懸念された。そのため、ビジネスライン（業務区分）ごとに細分化して、最適な方法を検討していく「ボックス型」というアプローチを設け、以後はこの「ボックス型」も検討に加えながら、さらなる検討が継続された。

　2001年初頭に第2次市中協議案（CP2：Consultation Paper 2）が公表されたが、そのなかにおいてオペレーショナル・リスクの手法の体系として、

① 　基礎的指標手法（現在の基礎的手法（BIA））
② 　標準的手法（現在の粗利益配分手法（TSA））
③ 　内部計測手法（IMA）
④ 　損失分布手法（LDA）（現在の先進的計測手法（AMA））

の4案が提唱された。

　この後、第3次市中協議案（CP3）に至るまでの間、さまざまな検討が進展した。

　たとえば、当初、オペレーショナル・リスク相当額が、資本全体に占める割合は20％強と思われていたが、最終的には、各国の調査・議論の末に10％強であることがわかり、この数値を基準に掛け目を検討することとなっていった。ほかにも、オペレーショナル・リスクの計量自体を第2の柱で行う案（銀行勘定のアウトライヤー基準のような扱い）も検討されてきた。

　このように、さまざまな議論を経て、「基礎的手法（BIA）」「標準的手法（TSA）」そして「先進的計測手法（AMA）」の3手法を採用するという、規制の骨格が固まりつつあった。

　また、トップダウン型など代理指標を利用する手法については、金融機関

の業務規模を表す粗利益が最も標準的な指標となるとの結論から、粗利益を代理指標として利用することになった。しかしながら、たとえば、信用リスクにおいてハイリスク・ハイリターンをとるタイプの金融機関の場合、信用リスク上のリスク・ウェイトが高くなり、かつ、利鞘（粗利益）が高いために、オペレーショナル・リスク上もダブルで資本賦課されてしまう傾向が強く出てしまう。この解決策としては、各国裁量ではあるが、粗利益以外の代理指標も使用可能とした案が生まれた。これは、代理的標準手法（ASA：Alternative Standard Approach）と呼ばれる手法であるが、日本では採用されていない。

### (3) 先進的計測手法の詳細な検討経緯について

バーゼル委は、2001年に「先進的計測手法（AMA）」について、業界を含めた詳細の検討へ進展させるべく「オペレーショナル・リスクの管理と監督に関するサウンド・プラクティス」（2001年12月日本銀行仮訳）を公表し、金融機関の自由度を提示した。

当該ペーパーでは、主に以下のテーマについて記載されていた。
① オペレーショナル・リスクに対する自己資本賦課水準
② 先進的計測手法（AMA）を含めオペレーショナル・リスクにかかわる三つの手法を銀行に提示
③ 先進的計測手法（AMA）にかかわるフロアの適用

まず、先進的計測手法（AMA）の具体的手法例として、内部計測手法（IMA）、損失分布手法（LDA）、スコアカード手法（SCA）の三つを例示していた。この頃からは、特に損失分布手法（LDA）の適用可能性について各国の議論の主眼が移ってきていたようである。

また、先進的計測手法（AMA）を採用する場合には、標準的手法（TSA）で計算したオペレーショナル・リスク量を基準とし、75％にフロア制限を設ける案などが提唱されたのである。しかしながら、そもそもフロア設定の基

準として標準的手法（TSA）を採用すること自体ナンセンスであろう。基礎的指標手法（BIA）や標準的手法（TSA）などトップダウン型は、そのリスク計量の精緻性を追求したわけではなく、あくまで簡便性を生かすべく、リスク感応性の低い代理指標を利用したものである。一方、リスク計量の精緻性を高め、リスク感応性を高めるために、先進的計測手法（AMA）が検討されているはずなのに、そのフロアに、代理指標であるはずの数値基準が使用されるのは、本末転倒である。

以上のような議論の後、2003年5月には、第3次市中協議案（CP3）が公表され（次頁図表2－4）、特に以下の論点も、記述されている。

一つは、期待損失（EL）を所要自己資本額から控除し、オペレーショナル・リスク量は、非期待損失（UL）を対象として計測する場合に、一定の条件を設ける点。もう一つは、信用リスクや市場リスクとの境界問題についての取扱いである。

また、この段階での第3次定量的影響度調査（QIS3：Quantitative Impact Study）の結果などを参考にして、最終的に、基礎的手法（BIA）の掛け目は15％、標準的手法（TSA）の掛け目は12、15、18％が具体的に提唱された。

さらに、保険適用の議論に関して、オペレーショナル・リスク相当額の20％を上限とし控除を認めるとされたが、保険の定義に、キャプティブ保険のような自家保険は認めない方向とされるなど、さまざまな検討課題も残っている。

## (4) 定性的要件の検討

さて、定量面の議論を中心に紹介してきたが、定性面に関しても整理しておきたい。定性面の検討は、過去バーゼル委で公表された、各種サウンド・プラクティス・ペーパーをもとに発展してきた経緯がある。次々頁図表2－5に、特に定性面で公表されたペーパーの関連性を整理してみた。

オペレーショナル・リスクの定性面について論じた、初期のペーパーとし

図表2－4　CP2〜CP3での提唱手法の整理

| 手法名 | 内容 | CP2 | 〜CP3 |
|---|---|---|---|
| 基礎的手法<br>（BIA） | 銀行全体の粗利益（特別損益は除く）に一定の掛け目を適用。 | 基礎的指標手法 | 基礎的指標手法 |
| 粗利益配分手法<br>（TSA） | ビジネスラインごとに定義された指標（粗利益、総資産等）に一定の掛け目を適用。 | 標準的手法 | 標準的手法 |
| 先進的計測手法<br>（AMA） | 業務規模を表す指標に加え、過去の損失データも用いて計算。 | 内部計測手法<br>（IMA） | 内部計測手法<br>（IMA） |
| | 過去の損失データに基づき、VaRを計算（ただし、将来オプション的扱い）。 | 損失分布手法<br>（LDA） | 損失分布手法<br>（LDA） |
| | 定性要因を数値化してリスク量を計算。 | ― | スコアカード手法<br>（SCA） |

（注）　BIA：Basic Indicator Approach、TSA：The Standardized Approach、
　　　IMA：Internal Measurement Approach、LDA：Loss Distribution Approach、
　　　AMA：Advanced Measurement Approaches、SCA：Score Card Approach

ては、1998年に「銀行組織における内部管理体制のフレームワーク」（1998年9月日本銀行仮訳）が公表されている。さらには、このペーパーをベースとして、2001年と2003年（「オペレーショナル・リスクの管理と監督に関するサウンド・プラクティス」（2003年2月日本銀行仮訳））にさらなるペーパーが公表された。読者には、これらのペーパーおよび、その参照文献に必ず目を通

図表2-5　定性面に係るペーパーの関連性

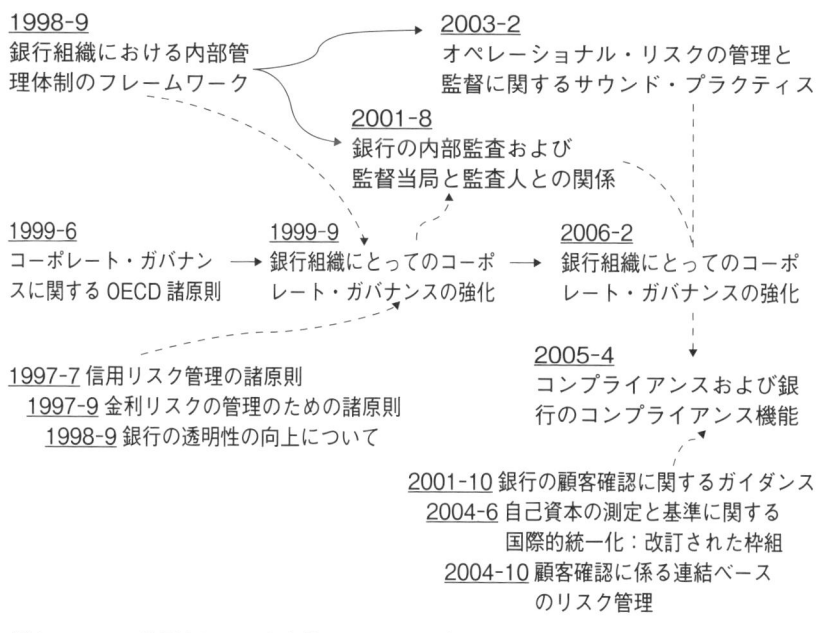

1998-9
銀行組織における内部管理体制のフレームワーク

2003-2
オペレーショナル・リスクの管理と監督に関するサウンド・プラクティス

2001-8
銀行の内部監査および監督当局と監査人との関係

1999-6
コーポレート・ガバナンスに関するOECD諸原則

1999-9
銀行組織にとってのコーポレート・ガバナンスの強化

2006-2
銀行組織にとってのコーポレート・ガバナンスの強化

1997-7 信用リスク管理の諸原則
1997-9 金利リスクの管理のための諸原則
1998-9 銀行の透明性の向上について

2005-4
コンプライアンスおよび銀行のコンプライアンス機能

2001-10 銀行の顧客確認に関するガイダンス
2004-6 自己資本の測定と基準に関する国際的統一化：改訂された枠組
2004-10 顧客確認に係る連結ベースのリスク管理

（注）──→ 発展としての方向性　----→ 参照ないしは関連としての方向性

していただきたい。定性的要件に関して、バーゼル委が考えている背景、意図、検討経緯など哲学がよりよく理解できるはずである。

このように、長期にわたる議論および各国の金融機関での定量的影響度調査（バーゼル委では、定量的影響度調査を2001年（QIS2）〜2005年（QIS5）に実施している）の結果、2004年6月に「自己資本の測定と基準に関する国際的統一化：改訂された枠組（全国銀行協会事務局仮訳案）」（いわゆるバーゼルⅡ最終文書）として合意された。

そして、2007年3月末基準より、金融庁告示[1]として国内金融機関へ適用

---

[1] 銀行の場合、金融庁告示第19号「銀行法第14条の2の規定に基づき、銀行がその保有する資産等に照らし自己資本の充実の状況が適当であるかどうかを判断するための基準」として公表されており、本章では単に告示と略す。

開始されるに至ったのである。告示の文章は、解釈がむずかしい記述も多いため、第4節において解説を試みている。また、告示文章の解釈に悩んだときは、実は、バーゼルⅡ最終文書や、各種サウンド・プラクティス・ペーパーにさかのぼると解決することが多い。ぜひ、バーゼルⅡ最終文書やサウンド・プラクティス・ペーパーを、常に手元に置いておくことをお勧めする。

## 第2節　バーゼルⅡにおける3手法と承認審査プロセスについて

### 1　バーゼルⅡでのオペレーショナル・リスクの定義

　バーゼルⅠからバーゼルⅡへの規制内容の見直しに際し、オペレーショナル・リスクの対象を明確に定義することとなった。オペレーショナル・リスクは、「銀行の業務の過程、役職員の活動若しくはシステムが不適切であること又は外生的な事象により損失が発生しうる危険」（告示第307条2項三号）と定義され、独立したリスク分野としてリスク相当額を計算する対象として明示された。

　ちなみに、バーゼルⅡ最終文章では、「内部プロセス・人・システムが不適切であることもしくは機能しないこと、または外生的事象が生起することから生じる損失に係るリスク」と定義される。この定義は法的リスクを含むが、戦略リスクと風評リスクは含まれない。法的リスクには、監督上の措置および和解（private settlements）から生ずる罰金、違約金、懲罰的損害賠償金等へのエクスポージャがあるがそれだけに限定されない」（パラグラフ644）となっている。

　告示においては、各金融機関が内部管理上リスク事象と特定する際に、最低限の要件として、次頁図表2－6のような損失事象（告示の別表第二）を

図表2－6　告示「別表第二」

| 損失事象の種類 | オペレーショナル・リスク損失 |
|---|---|
| 内部の不正 | 詐欺若しくは財産の横領又は規制、法令若しくは内規の回避を意図したような行為による損失であって、銀行又はその子会社等の役職員が最低一人は関与するもの（差別行為を除く） |
| 外部からの不正 | 第三者による、詐欺、財産の横領又は脱法を意図したような行為による損失 |
| 労務慣行及び職場の安全 | 雇用、健康若しくは安全に関する法令若しくは協定に違反した行為、個人傷害に対する支払、労働災害又は差別行為による損失 |
| 顧客、商品及び取引慣行 | 特定の顧客に対する過失による職務上の義務違反（受託者責任、適合性等）又は商品の性質若しくは設計から生じる損失 |
| 有形資産に対する損傷 | 自然災害その他の事象による有形資産の損傷による損失 |
| 事業活動の中断及びシステム障害 | 事業活動の中断又はシステム障害による損失 |
| 注文等の執行、送達及びプロセスの管理 | 取引相手や仕入先との関係から生じる損失又は取引処理若しくはプロセス管理の失敗による損失 |

(出所)　告示「別表第二」

図表2－7　損失タイプ例

| 損失タイプ | 定義内容・例 |
|---|---|
| 直接損失 | 被害が発生し、直接キャッシュアウトした費用 |
| 間接損失 | 被害の対応にあたった行員の超過勤務手当てなど事後処理にかかった費用 |
| 機会損失 | 本来得るべき収益が存在するにもかかわらず、行員が他の損失に係る事後処理にかかっていたことにより得られなかった収益 |
| 逸失利益 | 本来得るべき収益が存在するにもかかわらず、その業務が停止していたことにより得られなかった収益 |

図表2—8　告示による3手法

| 名　称 ||
|---|---|
| 内　容 | 承認・条件 |
| 基礎的手法　Basic Indicator Approach ||
| ・金融機関全体の粗利益に一定の掛け目（15%）を適用。<br>・リスク感応度はない。 | 不要。 |
| 粗利益配分手法　The Standardized Approach ||
| ・業務区分（八つに区分）ごとの粗利益に異なる掛け目（12%、15%、18%）を適用し合算。<br>・リスク感応度はない。<br>・定性面に関してリスク感応性のある組織態勢の構築が可能。 | ・金融庁長官の承認が要。<br>・各所管財務（支）局が対応窓口。<br>・1年間（2回）の準備状況に対するヒアリング（セルフ・アセスメント・アンケート）プロセスへの参加が必須。 |
| 先進的計測手法　Advanced Measurement Approaches ||
| ・過去の損失実績等をもとに、保有期間1年間、信頼区間99.9%の統計分布モデルを用いることが可能。<br>・金融機関独自のオペレーショナル・リスク管理の特徴を反映でき、自由度の高い仕組みとすることが可能。 | ・金融庁長官の承認が要。<br>・1年間の承認審査（予備計算）プロセスへの参加が必須。<br>・承認審査（予備計算）プロセスへの参加自体に、一定程度のハードルがある（ドレス・コード・コンセプト）。<br>・定性面や定量面の厳しい要件を満たすことが必須。 |

定義している。

　また、捕捉するべき損失タイプ（前頁図表2—7）に関しては、直接損失は確実に捕捉することが求められているが、その他の間接損失や機会損失、逸失利益については、必須とはされていない。これらは、直ちに規制上の損失額に含める必要はないが、各金融機関での内部管理上は捕捉することが望ましいとされ、リスク管理の高度化への必要性に応じて、段階的に対応でき

る可能性をもたせているものと考えられる。

オペレーショナル・リスクの計量手法として、バーゼルⅡにおいて三つの手法（図表2—8）のなかから、各金融機関が自由に選択できることとなった。

## 2　基礎的手法（Basic Indicator Approach）について

「基礎的手法（BIA）」は、特に決められた要件はなく、計算も最も簡便な手法として定義されている。

基礎的手法によるオペレーショナル・リスク相当額の算出方法として、以下の計算式が定義されている。

$$MRC_{BIA} = \left[\sum_{t=1}^{3}(0.15 \times GI_t)\right] / Count(t) \quad (t : GI_t > 0)$$

$MRC_{BIA}$：$Minimum\ Required\ Capital\ for\ BIA$

$GI_t$：$Gross\ Income\ for\ Year(t)$

金融機関における1年間の粗利益$GI_t$に、係数0.15を乗じて得た額の直近3年間の平均値としている。なお、粗利益が正の値とならない年度が存在する場合には分子から除外し、同時に分母も正の値とならない年数を除外して計算する（ある1年間の粗利益が負の金額となった場合は、残りの2年分の粗利益を年数2で除する）。

粗利益は、いわゆる業務粗利益から債券5勘定を控除し、さらに役務取引等費用を足し戻すことで求められる。ここでの債券5勘定とは、国債等債券売却益、国債等債券償還益、国債等債券売却損、国債等債券償却損および国債等債券償却を示している。

また、役務取引等費用を足し戻す作業であるが、これは、「アウトソーシングされている業務は、本来は金融機関本体で行うべき業務を外注するもの」であり、「アウトソーシングにより移転されたリスクも金融機関本体で把握すべきである」という保守的な解釈によるものである。

特に、各金融機関においては、会計仕訳上のルールから、明らかにアウトソーシングではない費用が、役務取引等費用に計上されているケースもあるであろう。この場合には、各金融機関において、アウトソーシングの内容を分析し、判別の基準をつくり、運用ルールを明確にすることで、控除してもよいと考えられている。

この際、何がアウトソーシングに該当するかは、各金融機関で検討すべき内容であるが、一般的には以下が、考えられるのではないか。

> ATM外部委託手数料、大口決済に掛かる費用、保振に掛かる手数料、信託代理店業務に掛かる費用、共同化システムの運用・管理費用など

このように、基礎的手法（BIA）は規制上、最も簡便であり、あえていえば、オペレーショナル・リスクの管理を実施するための要件は何も定められていない。つまり、国内において、バーゼルⅡが初めて導入された当初、オペレーショナル・リスク管理に未着手の金融機関を救うための、セーフティネットのようなものであると筆者は考えている。

現在、基礎的手法（BIA）を採用している金融機関は、せっかく本書を手に取っていただいたのであれば、より実効性のあるオペレーショナル・リスク管理の構築を目指すべく高度化を検討されてはいかがだろうか。

# 3　粗利益配分手法（The Standardized Approach）について

## (1)　粗利益配分手法（TSA）とは

二つ目の手法である「粗利益配分手法（TSA）」は、基本的には、「基礎的手法（BIA）」と同様のトップダウン型の計算方式を採用している。オペレーショナル・リスク量との関係性を3段階に分け、八つの業務区分にそれ

図表2－9　告示「別表第一」と業務例

| 掛け目 | 業務区分 | 区分の検討例 |
| --- | --- | --- |
| 12% | リテール・バンキング | 中小企業等および個人向け預貸関連、クレジット／デビットカード関連、消費者金融関連などの業務 |
| 15% | コマーシャル・バンキング | リテール以外の預貸関連、外為取引関連、融資保証、資金調達関連、社債関連、ファクタリング関連、企業リース関連などの業務 |
| 18% | 決済業務 | 為替決済関連、外為決済関連などの業務 |
| 12% | リテール・ブローカレッジ | 証券関連の業務 |
| 18% | トレーディングおよびセールス | 特定取引を含む証券・為替・金利関連、先物関連などの業務 |
| 18% | コーポレート・ファイナンス | M&A関連、ベンチャーキャピタル関連、有価証券の引受・売出・募集関連などの業務 |
| 15% | 代理業務 | 証券代行、代理店関連、サービサー（債権回収）関連などの業務 |
| 12% | 資産運用 | 投資顧問関連、投資信託関連などの業務 |

（出所）　告示「別表第一」に筆者加筆。

ぞれ別の掛け目を掛けるものである。こうすることで、直感的に、基礎的手法よりも若干だが、オペレーショナル・リスクに感応性をもたせたといえる。

　八つの業務区分は、図表2－9（告示別表第一）のとおりだが、金融機関の実務を考慮すると例のような業務が含まれると考えられるのではないか。

　この八つの業務区分は、必ずしも国内金融機関の主な業務の切分けと整合的でない場合もあり、判断に悩むこともあるだろう。たとえば、「代理業務」とは、どこまでを代理と定義するのか。信託業務や代行業務で発生する収益や費用は、すべからく「代理業務」に入れるのかは判断が分かれるところだと思う。一つの考え方としては、「顧客から受託して行う業務」のうち、「個

別案件ごとに、なんらかの金融機関の判断が必要となる」場合には、"大抵の場合"「代理業務」には属さないと思われる。逆に、「まったく機械的に実施することが可能な事務業務のみを代行する」業務は、限定的かもしれないが、「代理業務」として特定することが可能であろう。

続いて、例外措置の考え方についてである。原則的には、必ず八つの業務区分に配分することが望ましいと考えられている。告示にある、「例外的な最大掛け目18%」は、あくまで例外であり、"常に発生する例外"はありえないと考えたほうが安全である。たとえば、複数の業務区分にまたがる業務の場合、その業務内容を分析して、リテールの占める割合が多いという定量的な傾向があれば、常にリテールへ区分することとするなど、あえてシンプルなルール化を行うほうが望ましいかもしれない。

明らかに、例外として取扱いのできる可能性があるとしたら、たとえば、ある費用が一時的に発生し、恩恵を受ける業務区分が特定されず、配賦ルールにもなじまず、かつ"二度と発生することのない"費用である場合には、例外措置としても違和感はないかもしれない。いずれにせよ、財務会計や管理会計などのルールや、信用リスク側で定義されたルール（コマーシャルとリテールの切分けなど）との整合性も確認しつつ（整合である必要は必ずしもない）、恣意性を排除した配分のルールを構築することが重要である。

粗利益配分手法（TSA）によるオペレーショナル・リスク相当額の算出方法は、以下の計算式のように定義されている。

$$MRC_{TSA} = \left\{ \sum_{t=1}^{3} Max \left[ \sum_{i=1}^{8} (\beta_i \times GI_{,ti}), 0 \right] \right\} \bigg/ 3$$

$MRC_{TSA}$ : *Minimum Required Capital for TSA*

$GI_t$ : *Gross Income for Year* (*t*)

金融機関における八つの業務区分における1年間の粗利益 $GI_t$ に、係数 $\beta_i$ を乗じて得た額を合計し、年間合計値とする。この年間合計値を直近3年間にわたり平均したものを、オペレーショナル・リスク相当額としている。ま

た、年間合計値が正の値とならない場合には、ゼロとして計算する。

ところで、基礎的手法（BIA）と比較し、粗利益（年間合計値）が正の値とならない場合の扱いが異なっていることに気づくであろう。基礎的手法（BIA）では、分子・分母とも計算から除外するのに対し、粗利益配分手法（TSA）では分子の当該年をゼロとして3で割ることになっている。結果は直感的に理解できるとおり、同じ粗利益で構成されているとしたら、TSAよりBIAのほうが、保守的な数値（大き目の数値）となる。

## (2) TSAの承認審査について

2008年度現在における、粗利益配分手法（TSA）の審査に関する手続を紹介しておこう（図表2－10）。粗利益配分手法（TSA）の審査にあたっては、各金融機関の所管財務（支）局が中心となっている。例年4月になると、当年度3月末基準での承認を得るための、審査プロセスへの参加希望の確認が行われる。地域によっては説明会なども実施されているようである。

図表2－10 TSAの承認審査フロー例

| 4月 | 5月 | 6月 | 7月 | 8月 | 9月 | 10月 | 11月 | 12月 | 1月 | 2月 | 3月 |
|---|---|---|---|---|---|---|---|---|---|---|---|
| ▲審査プロセスへの参加確認・説明会（未定）など | ▲アンケートの配布 | ▲アンケートの実施 | ▲アンケートの提出 | ▲審査の実施 | ▲アンケートの評価（未定） | ▲アンケートの配布 | ▲アンケートの実施 | ▲アンケートの提出 | ▲審査の実施 | ▲アンケートの評価（未定） | ▲承認申請書の提出 ▲承認審査結果の通知 |
| | ←第1回セルフ・アセスメント→ | | | | | ←第2回セルフ・アセスメント→ | | | | | |

(注) 金融機関へのヒアリングをもとに筆者が作成したものであり、確定したスケジュールではない。

承認審査プロセスの主な手続は、「セルフ・アセスメント・アンケート」と呼ばれる、自己評価方式の書面アンケートに回答することから始まる。これは、おおよそ6月と12月の年2回、ほぼ同じ内容で実施され、細かい項目も含めると総計23項目の質問事項へ回答する形式である。質問内容は、粗利益配分手法（TSA）の告示要件に沿って、より実務的な側面からブレークダウンされた詳細項目で、準備状況・対応状況を尋ねたものである。各金融機関は、それぞれの準備状況・対応状況につき、自己評価に基づき回答する。

　この書面アンケートをもとに、各所管財務（支）局の監督担当者や、金融庁担当者らが、進捗度合いや、その内容を評価分析するのである。各所管財務（支）局の監督担当者は、常日頃から監督業務を通して、当該金融機関の実態面をよく理解している。実態とかけ離れたアンケート回答があったり、よく理解できない回答があると、次なるステップとして、対面でのヒアリングなどが実施されるわけである。

　このような手続を、原則1年間に2回繰り返すことによって、粗利益配分手法（TSA）の告示要件を充足させ、金融機関側のオペレーショナル・リスク管理の態勢が整ったところで、承認が得られることとなる。

　念のため付け加えておくと、無事、承認が得られて終わりではない。金融庁検査や日銀考査が実施され、当然、承認された内容と実態面に乖離が発見されれば、指摘事項となる可能性があるのは言うまでもない。承認が得られた後も、その定着に向けた努力の継続が必要である。

　粗利益配分手法（TSA）を確立することで、定性面に関しては、ある一定レベルのオペレーショナル・リスク管理態勢が確保できたといえる。ただ、定量面では、あくまで代理指標を利用しているにすぎず、リスク量に対する感応性はない。次なる高度化のステップとして、リスク削減のインセンティブを自己資本へ反映できる仕組みである、先進的計測手法（AMA）を目指すなど、さらなるリスク管理の高度化を検討されてはいかがであろうか。

# 4 先進的計測手法(Advanced Measurement Approaches)について

## (1) 先進的計測手法 (AMA) とは

　「先進的計測手法（AMA）」は、先の2手法と異なり、オペレーショナル・リスク量に感応性をもった、ボトムアップ型のリスク計測手法となっている。告示においては「金融機関の内部管理において用いられるオペレーショナル・リスク計測手法に基づき、片側99.9％の信頼区間で、期間を1年間として予想される最大のオペレーショナル・リスク損失の額に相当する額とする」と定義されている。

　その特徴として主要なポイントは、計量モデルを独自に構築できることがあげられるであろう。ただし、その計量モデルによるオペレーショナル・リスク相当額の算出にあたっては、必ず四つの要素を適切に反映することが求められている。四つの要素とは「内部損失」「外部損失」「シナリオ分析」「業務環境および内部統制要因」である。

　要件では、これら四つの要素を、計量に際して、間接的に利用するか、直接投入するかなど、その反映方法は各金融機関に委ねられている。つまり、どのような統計手法（パラメトリック手法、ノン・パラメトリック手法など）を選択し、どの分布モデルを利用し、どのように推計計算を実行し、どのようにデータ・マネジメント（外れ値の処理、サンプリングなど）するかなど、その計量フレームワークの設計思想自体を、金融機関自らが構築する必要がある。

　そして、当局による承認審査の段階では、上記で構築した計量モデルを利用して、「オペレーショナル・リスクを計測するための体制が、管理体制と密接に関連していること」を説明する必要がある。すなわち、各部門でのリスク削減活動など内部管理の仕組みが効果的に機能し、組織全体でのリスク

削減方針や自己資本比率の戦略と整合的であり、オペレーショナル・リスク量を計測するうえで、有効であり、頑健であり、健全であることなどが確保できている点を、実地検証により示さなければならない。最終的には、この計量モデルを規制資本の計算に使用できることの妥当性を、根拠をもって主張する必要がある。

このような承認審査は、"最低でも" 1年間の審査期間を要するなど、長期にわたり複雑な手続が必要とされている（図表2－11）。

## (2) AMAの承認審査について

### a ドレス・コード・コンセプト

この承認審査にあたって、告示上は、"最低" 1年間の予備計算プロセスに参加することが求められている[2]。しかし、粗利益配分手法（TSA）での審査手続と大きく異なるのが、ドレス・コード・コンセプトといわれる最低参加基準が暗示的に存在することである。

筆者の経験からいえば、先進的計測手法（AMA）に対応するためには、1年間の準備期間では不可能であろうと思われる。一般的に、先進的計測手法（AMA）に対応している金融機関の準備期間をみると、平均4～6年くらいの準備期間を費やしている場合がほとんどである。

なかには10年以上の準備期間を費やしている金融機関もあるが、これは特別なケースである。バーゼル委での検討当初において、研究開発的取組みをしている先進的な邦銀数行が、研究論文の発表を行うなど、国際的なオペレーショナル・リスクの基礎研究の向上へ貢献してきたケースである。

さて、先進的計測手法（AMA）への対応に必要な準備期間が4～6年だ

---

[2] 告示上、2008年3月末基準での承認行は2年間の予備計算が必須とされ、2009年3月末基準以降は、1年間の予備計算が必要と記されている。これは、バーゼルⅡ規制適用の初年度グループに対しては、当局や業界の準備期間を考慮し、より確かな前例とするべく、あえて2年間を予備計算期間としたもの。

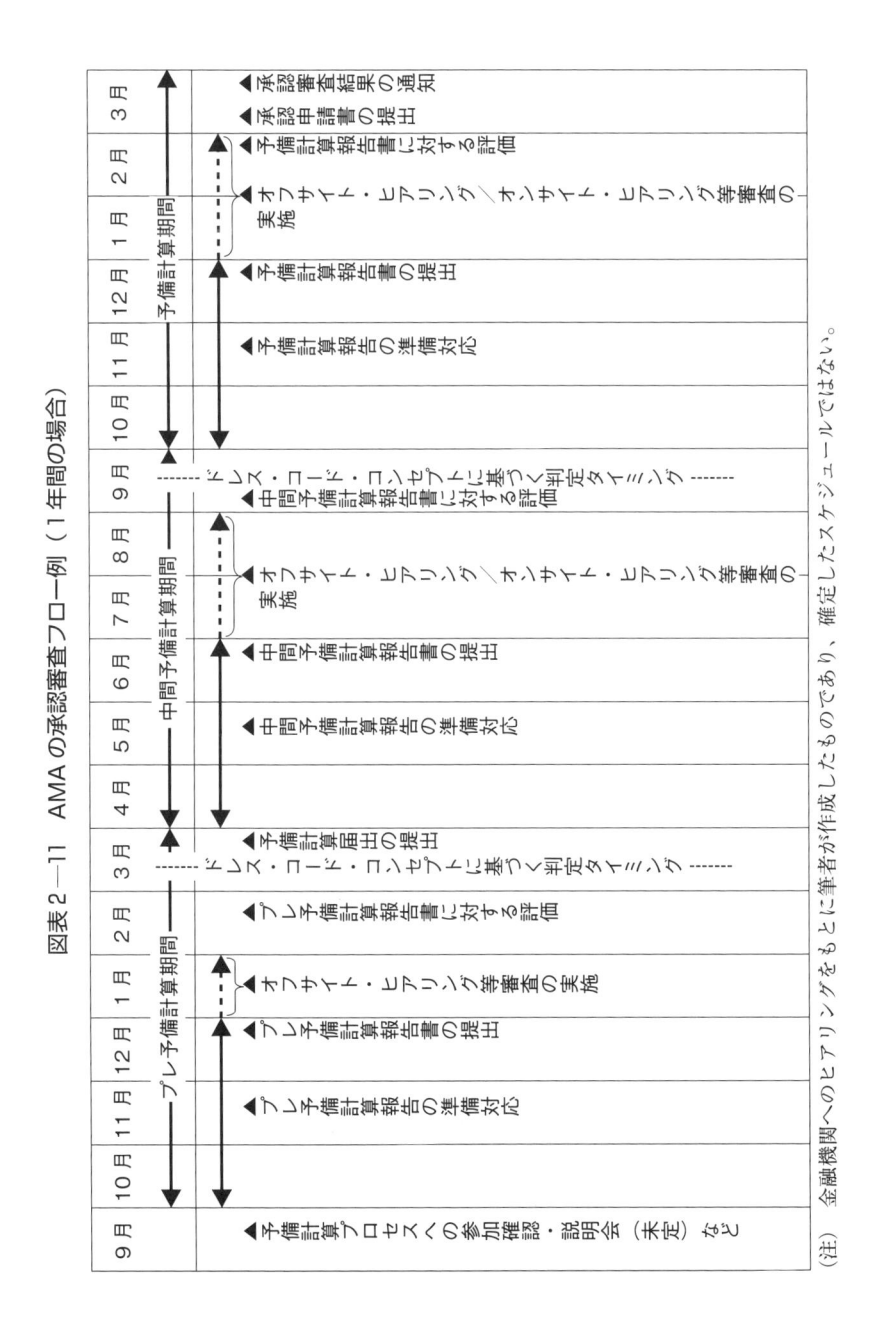

図表2−11 AMAの承認審査フロー例(1年間の場合)

| 9月 | 10月 | 11月 | 12月 | 1月 | 2月 | 3月 | 4月 | 5月 | 6月 | 7月 | 8月 | 9月 | 10月 | 11月 | 12月 | 1月 | 2月 | 3月 |
|---|---|---|---|---|---|---|---|---|---|---|---|---|---|---|---|---|---|---|
| | | プレ予備計算期間 | | | | | 中間予備計算期間 | | | | | | | 予備計算期間 | | | | |

- ◀ 予備計算プロセスへの参加確認・説明会(未定)など
- ◀ プレ予備計算報告の準備対応
- ◀ プレ予備計算報告書の提出
- ◀ オフサイト・ヒアリング等審査の実施
- ◀ プレ予備計算報告書に対する評価
- ◀ 予備計算届出の提出
- ------ ドレス・コード・コンセプトに基づく判定タイミング ------
- ◀ 中間予備計算報告の準備対応
- ◀ 中間予備計算報告書の提出
- ◀ オフサイト・ヒアリング/オンサイト・ヒアリング等審査の実施
- ------ ドレス・コード・コンセプトに基づく判定タイミング ------
- ◀ 中間予備計算報告書に対する評価
- ◀ 予備計算報告の準備対応
- ◀ 予備計算報告書の提出
- ◀ オフサイト・ヒアリング/オンサイト・ヒアリング等審査の実施
- ◀ 予備計算報告書に対する評価
- ◀ 承認申請書の提出
- ◀ 承認審査結果の通知

(注)金融機関へのヒアリングをもとに筆者が作成したものであり、確定したスケジュールではない。

と仮定すると、金融庁の予備計算プロセスに該当するのは、最終の1年間ということになる。つまり、予備計算プロセスに突入する段階では、すでに3～5年相当の準備期間を経て、十分に吟味された計量フレームワークをもっていることが要求される。そうでなければ、せっかく、予備計算プロセスに参加したとしても、意味のある審査ができないばかりか、承認要件の基準に合致させるためのパッチワークなどに翻弄され、本来その金融機関が意図してきたオペレーショナル・リスク管理の特性が生かしきれず、「規制をクリアするためだけの複雑な仕組み」が、未来永劫、その金融機関の内部管理を縛り続けることとなる。これでは本末転倒であり、規制当局としても望む姿ではないであろう。このような事態を避けるため、最も入口の段階で、ドレス・コード・コンセプトとして、"すでに、十分に吟味された、オペレーショナル・リスク管理の態勢を確立していること"が要求されると理解している。

トータルで、先進的計測手法（AMA）への対応に必要な準備期間が4～6年だと仮定し、予備計算プロセスに該当するのが、最終の1年間と説明した。さらに、最初の1年間が、粗利益配分手法（TSA）への準備期間としてすでに承認を得ているとすれば、実質的に2～4年は、純粋な先進的計測手法（AMA）への対応に集中すべき期間と考えることができる。その期間に、どのような準備をしていくべきかについては、第3節(62頁)において解説する。

**b　予備計算プロセス**

次に、無事、ドレス・コード・コンセプトをクリアして、正式な予備計算プロセスに入ると、3月末基準での予備計算報告を6月末に、そして9月末基準での予備計算報告を12月末に提出することとなる。

この予備計算報告では、告示によると、「先進的計測手法に基づいて自己資本比率を予備的に計算」した内容と、「承認申請書」や「理由書」「責任者の履歴書」「オペレーショナル・リスク管理指針（オペレーショナル・リスクの計測（オペレーショナル・リスク相当額の算出方法を含む。）及び管理に関する

方針並びに手続について記載した書類をいう。）」「先進的計測手法実施計画」「その他参考となるべき事項を記載した書類」に相当する報告資料を提出することが求められている。

　その後、予備計算報告書類に基づき、ヒアリングが実施されているようである。まずは、「オフサイト・ヒアリング」と呼ばれる金融機関の担当者らが金融庁へ出向いてのヒアリングが行われる。このオフサイト・ヒアリングだけでも、年間数十時間以上の中身の濃いディスカッションが行われているという。次に、「オンサイト・ヒアリング」があり、これは、検査局による立入検査と同じような流れとなっているようである。「オンサイト・ヒアリング」では、書面からは浮かび上がってこない、現場での実態面など、抜き打ちでの面談や、関係証憑の開示などが要求されるのであろう。

　以上の手続を経て、"最低" 1年間の予備計算に対応していくこととなる。"最低"と書いたのは、告示上は1年間で承認が可能だとは書かれていないこと。また、すでに述べてきたように、ドレス・コード・コンセプトをクリアしたものの、告示要件に合致しない点が多く発見され、微修正ではすまない場合もあるだろう。このようなケースでは、1年以上の予備計算期間が必要になることもありえる。また、予備計算プロセス自体、4月1日〜3月末であるとも書かれていない。

　これらの点をかんがみると、実は申請しようとしている金融機関の実情に合わせて、柔軟な予備計算期間を設定できる可能性をもっていることがわかる。

### c　統一された当局目線とリスクプロファイル

　金融機関の規模や特性によっても、準備すべき範囲は大きく異なってくる。たとえば、メガバンクと地方銀行では当然、業務量や連結子会社など対象業務の幅も異なるであろう。また、ネット専業銀行やカストディ専業銀行などでは、リスクプロファイルに大きな特徴があるはずである。それらの特徴を十分に吟味して、金融機関の個性を生かしたオペレーショナル・リスク

管理の態勢を構築することが必要である。

　おそらく、当局承認目線としても、各金融機関の特徴が十分に捕捉されているかどうかが重要と考えられているであろう。

　しかしながら、決して、規模や特徴に応じて、ハードルの上げ下げは行ってはいないし、するべきでもないと考える。つまり、メガバンクであれ、地方銀行であれ、必ずクリアするべき最低要件は同じなのである。単に業務量など規模が異なることによる物理的な負荷の多寡は存在するかもしれないが、論理的な違いはないと考えるのが正しいであろう。

## 第3節　AMAへチャレンジすることにおいて達成できる経営効果とは

　前節までで、バーゼルIIにおいて、先進的計測手法（AMA）がどのように議論されてきたかの歴史的背景と、先進的計測手法（AMA）が目指している目的、また、承認のハードルの高さなどが理解できたと思う。さらにいえば、先進的計測手法（AMA）にはチャレンジするだけの価値や、経営効果も存在している。

　ここでは、金融機関が先進的計測手法（AMA）の承認に向けてチャレンジすることの意義と得られる経営効果について整理する。

### 1　オペレーショナル・リスク高度化による経営効果

　先進的計測手法（AMA）に代表される高度なオペレーショナル・リスク管理の仕組みを導入することは、さまざまな効果が期待できる。

　しかし、その効果をとらえる際には、オペレーショナル・リスクというリスクの特性を理解し、かつ、先進的計測手法（AMA）の中身と、それを導入する意味をよく吟味し、定着するまでの道筋を明らかにしたうえで、経営

効果の議論をしてほしい。

目先のオペレーショナル・リスク量だけで議論するのは、経営判断を大きく誤る危険性をもっていると考えている。

## (1) 手法同士のリスク量比較の危険性

【技術の違い】

先進的計測手法（AMA）はリスク感応性をもっており、各金融機関のリスクプロファイルや、オペレーショナル・リスク量に応じて変化するものである。一方、基礎的手法（BIA）や粗利益配分手法（TSA）は、粗利益に応じて変化するものであり、オペレーショナル・リスク量とは、直接的なリスク感応性はない。

また、基礎的手法（BIA）や粗利益配分手法（TSA）は、そもそも、オペレーショナル・リスク相当額が、資本全体の10％強であるとの仮定より逆算してきた計算式である。先進的計測手法（AMA）とはまったく別世界のものと考えるべきである。

時折、金融機関において、基礎的手法（BIA）や粗利益配分手法（TSA）でのオペレーショナル・リスク相当額と、先進的計測手法（AMA）での相当額との比較議論をしているケースがあるが、まったくのナンセンスである。

【リスクプロファイルの違い】

次に、同じ粗利益をもつ金融機関が存在したとしても、そのリスクプロファイルによっては、本来もっているはずのオペレーショナル・リスク量は同じになるとは限らない点があげられる。

たとえば、非常に粗利益の小さなネット専業銀行があったとする。もし、この銀行が先進的なIT技術を駆使していた場合、他の伝統的（レガシー）なシステムを利用している銀行と比較して、システムリスクに係るオペレーショナル・リスク量は、大きくなることが直感的に想像されるであろう。

すると、少ない粗利益を基準とする基礎的手法（BIA）や粗利益配分手法（TSA）より、実際にシナリオ分析などのデータを加味した先進的計測手法（AMA）のほうが、より正しく当該銀行のリスクプロファイルを表している可能性があると考えられるのである。

このような背景から、基礎的手法（BIA）や粗利益配分手法（TSA）から、先進的計測手法（AMA）へ移行すると、オペレーショナル・リスク量は増大するかもしれないし、減少するかもしれないのである。この増減だけをとらえて、経営判断すべきではないのである。

## (2) 所要自己資本に対するコントロール可能性をもてること

先進的計測手法（AMA）を導入する最大の利点は、自己資本比率に対し、自らの努力によりコントロールすることができる点である。

信用リスクや市場リスクは、そのリスク管理の技術を向上させることで計測の精度を上げることは可能であるものの、リスク量そのものはエクスポージャ自体を削減させる以外に抜本的な対処方法はない。ところが、オペレーショナル・リスクは、日々のリスク削減行動を有効に進めることによって、結果としてオペレーショナル・リスク相当額を減少させることが可能であり、"所要自己資本に対する管理可能性"という、経営者として非常に強力な武器をもてることとなるのである。つまり、増資を行ったのと同等の効果が期待できるのである。

ただ、信用リスク量や市場リスク量と比較すれば、オペレーショナル・リスク量自体は、それほど多くの割合は占めないであろう。しかしながら、「所要自己資本の10％強」に相当すると考えれば、これは貴重なバッファーであるのではないだろうか。

ところで、「先進的計測手法（AMA）は、基礎的手法（BIA）や粗利益配分手法（TSA）と比較すべきではない」と述べたが、どうしても比較対象とされてしまう場合もあるかと思う。その際には、まず、上記のとおり、「経

営としての所要自己資本に対する管理可能性をもつことができる」との考えをとってほしい。

この考えが理解されれば、「先進的計測手法（AMA）へ移行した場合、リスク量が増えてしまう」ことに悩む必要はなくなる。つまり、より多くのバッファーをもてることになったと解釈をしてほしいのである。そして、リスク削減に対し、より高い動機づけとして経営目標を設定されてはいかがだろうか。

### (3) 数年後のリスク量を考える

さらに、もう少し中長期的な視点で検討することも重要であることを理解していただきたい。

たとえば、前節で述べたとおり、先進的計測手法（AMA）への投資が完了するまでには、一定の期間（平均4～6年と置く）が必要であるということを考えてみる。現在、基礎的手法（BIA）などを採用している金融機関が、順調に収益向上し（インフレ率も加味したい）、4年後には粗利益が倍増したとしよう。すると、当然オペレーショナル・リスク量も倍になっている。

もし、この4年という期間を、収益向上と同時に、先進的計測手法（AMA）対応を進め、対応完了後に先進的計測手法（AMA）でオペレーショナル・リスク量を計量したとしたら、はたして、倍の計量結果となるであろうか。答えは、おそらく異なった結果となるであろう。

数年後の自らの金融機関の姿を想像しながら、その時点で、何が必要になっているか、そのためには、いつから対策を練る必要があるか、オペレーショナル・リスク管理の視点からの青写真を描くことも、大切な戦略である。

第2章　バーゼルⅡにおける先進的計測手法（AMA）とは　65

## 2　どのような手順で高度化すべきか

　さて、先進的計測手法（AMA）に対応することを目指したとして、どのような手順で進めていくのが最も効率的なのであろうか。前節では、先進的計測手法（AMA）への準備期間の目安を議論したが、以下では、その期間に必要な準備の手順について洗い出してみる。

### (1)　二つのステップに分けて考える

　大きく分けて、二つのステップを想定するとよい（図表2-12）。まずは『内部管理高度化ステップ』である。この一つ目のステップでは、先進的計測手法（AMA）の予備計算への参加判断の前に、まずは、自らのオペレーショナル・リスク管理の態勢が、十分に吟味され、必要な準備が整ったことを確認するのが重要である。

　そして、十分に確立できたことを確認できた段階で、次のステップである『予備計算対応ステップ』へ移行することが望ましい。

　以下では、具体的に、その二つのステップの中身をみていきたい。

### (2)　内部管理高度化のステップ

　まず、最初のステップである『内部管理高度化ステップ』だが、さらに、四つのフェーズに分けて対応を進めることを考えたい。

#### a　業務環境・内部統制の整備

　フェーズ1は「業務環境・内部統制の整備」である。もし、すでに粗利益配分手法（TSA）の承認を得ている場合であっても、先進的計測手法（AMA）レベルの態勢へ高度化させるためには、おそらく、相当程度の見直しが必要となる。現状の内部統制環境の棚卸しを行い、リスクや内部統制の自己評価体制（CSAなど）の再構築、定着に向けた組織の強化、および、関連組織体系も見直しの対象とし、必要に応じて、金融機関全体の組織を再構

## 図表2−12　AMAへ向けた準備の手順

| フェーズ内容 | フェーズ概要 |
|---|---|
| **内部管理高度化ステップ** | |
| フェーズ1<br>業務環境・内部統制の整備<br>組織態勢の整備 | ・現状のTSAレベルでの内部統制環境の棚卸しを行い、AMAを意識したCSA態勢へ再構築。<br>・経営層、各部門、各委員会組織の責任と役割を再確認し、AMAを前提とした体系を再構築。 |
| フェーズ2<br>内損データ収集態勢の整備<br>外損・シナリオデータ管理態勢の整備 | ・内損データの収集ルールの再検討。過去データの洗い出し。<br>・外損データの利用方法の検討。入手（購入/収集）方法の確定。<br>・シナリオ作成ロジック、運用サイクルの構築。<br>・全行における本態勢の導入、定着。 |
| フェーズ3<br>計量モデルの開発・検証・導入<br>検証フレームワークの開発・導入 | ・オペ計量モデルを確定し、参考VaR値としての99.9％の測定環境を構築する。<br>・モデル安定化等を目的とし、シナリオやCSAの仕組みの再修正など、複数回のスパイラル的手直しを実施。<br>・検証目的と、その手段を開発、導入。 |
| フェーズ4<br>報告・指示態勢の整備<br>マネジメント・サイクルの確立<br>モデル検証サイクルの確立 | ・ユース・テスト体制の構築。<br>・モデル検証サイクルなどの組み込み。<br>・VaR値寄与度分解などユース・テスト数理検証手法の開発。 |
| **予備計算対応ステップ** | |
| フェーズ5<br>金融庁承認審査（予備計算）対応 | ・プレ予備計算報告、予備計算届出、第1回予備計算報告、第2回予備計算報告への対応。<br>・予備計算期間における金融庁指摘事項への、法的解釈、対応、資料作成、再報告など、一連の審査ヒアリングへ対応。 |

築する。

#### b 各種データ収集・管理態勢の整備

続いて、フェーズ2として「各種データ収集・管理態勢の整備」である。内部損失データ、外部損失データなどの収集ルールが明文化され、統一的で網羅性があり、責任の所在が明確であり、恣意性が排除されているかなど、そのルールをいま一度、再確認してほしい。

また同時に、内部損失データの収集にあたっては、総務部門や人事部門などに保管されている過去の事故・事案データなどにもさかのぼって分析するなど、あらためてすべての保有データの洗い出しをすることも有益であろう。

外部損失データは、一般に購入できる商業データベースが複数存在する。しかしながら、海外事例が中心であったり、英語版しか存在しないもの、電子化されていないものなど、それぞれ一長一短があるようである。どのようなデータベースを利用するのが最も効率的なのかを検討し、場合によっては、外部から購入するのではなく、自力でデータ収集することも考えるべきであろう。

さらに、すでにフェーズ1で実施したCSAなどの評価結果を利用して、シナリオ分析へ反映するロジックを構築する必要がある。この際には、新規作成〜定期見直し〜使用停止に至るまでの、シナリオ分析データの運用サイクルも同時に検討することとなる。

フェーズ2ではこれらの仕組みを、一部門においてプロトタイプ的に実施するのか、金融機関全体において一度に本格導入していくのかも、選択が分かれるポイントである。この点も、金融機関の規模や文化によって、最適な導入単位を検討してほしい。

#### c 計量モデル／検証フレームワークの開発・検証・導入

フェーズ3では、「計量モデルの開発・検証・導入」を推進するが、このフェーズは、前のフェーズ1〜2と並行して実施することが可能な内容であ

るため、並行実施をお勧めしたい。

　オペレーショナル・リスク計量モデルは、「銀行の内部管理において用いられるオペレーショナル・リスクの計測手法に基づき、片側九十九・九パーセントの信頼区間で、期間を一年間として予想される最大のオペレーショナル・リスク損失の額に相当する額」を観測可能とするものである。もちろんこのモデルを構築するだけでも、相当の時間負荷が掛かる覚悟が必要である。さらに、いったん構築してみると、非常に多くの数理的検証課題が出てくることがわかるであろう。また、この数理的検証課題をクリアするためには、金融機関全体ですでに実施しているCSAなどの評価の仕組みや、シナリオ分析データの作成ロジックなど、インプットとなるデータのロジック構造を抜本的に変更しなければならない、という事態も十二分に想定される。組織全体を巻き込んだ、スパイラル型[3]の開発プロジェクトを実施しているようなものであることを最初から意識しておきたい。

　「計量モデル」が構築できたら、次は、「検証フレームワークの開発・導入」が必要である。これは、いわゆるバック・テストやストレス・テストを含んだ一連の検証プロセスに相当する仕組みと考えてよい。この検証フレームワークのなかでは、構築した計量モデル単体の定量的な検証はもちろんのこと、当該金融機関のリスクプロファイルが常に正しくとらえられているのかなど、定性的な視点からも検証の仕組みを備える必要がある。ただし、この時点では、あくまで「計量モデルが想定どおりに機能していること」を検証するのが主目的であるため、次のステップの検討項目である「ユース・テスト」として実施する検証の仕組みとは、明確に目的を分けて設計することが重要である。この点を意識しながら設計すると、運用上の混乱も少なくすることができる。

---

[3] スパイラル型とは、システム開発の手法の一種で、まずは簡易なプロトタイプを作成し、一通りテストしてみつかった不具合の修正を行い、バージョンを上げていく。この繰返しにより徐々に完成度を高める手法である。

### d　報告・指示態勢などマネジメント・サイクルの確立

　フェーズ４では、「報告・指示態勢などマネジメント・サイクルの確立」を中心に対応する。ここでは、フェーズ３で確立した検証フレームワークと、実際の金融機関全体での年間を通したオペレーショナル・リスクの運用サイクルとの整合性をとり、両者の融合と、検証フレームワークの拡張を図っていく。

　月次～年次などのオペレーショナル・リスクの管理サイクルのなかに、どのタイミングで、何を検証していくのかといった、検証を目的とした作業サイクルを設計するのである。また、それら、各々の検証作業による結果を、どのようにマネジメントへ報告し、何を判断してもらうのか。さらには、その判断内容により、管理サイクルのなかに、必要な「特例措置」や「緊急措置」などのコンティンジェンシー・アクションがとれる仕組みも考慮しておくべきである。

　実は、これらの仕組みは、「ユース・テスト」上、必須の仕組みであると考えられている。「ユース・テスト」とは、「オペレーショナル・リスクを計測するための体制が、管理体制と密接に関連していること」の妥当性を根拠をもって主張することを求めた告示要件である。端的にいうと、「現場でのリスク削減活動の動きと、金融機関全体でのオペレーショナル・リスク計量結果とが、整合的であること」を示すものである。その方法には、画一的な方法はなく、それぞれの金融機関の計量モデルの仕組みに合致した方法を、各金融機関自らが考える必要がある。

　ただ、一般的には、オペレーショナル・リスクの計量モデルの場合、「数理解析型の説明方法」では非常に困難だと考えられており、実際、数理解析型のみで説明するケースは聞いたことがない。比較的考えやすい手法としては、たとえば、オペレーショナル・リスク量に影響を与えている要因を、各金融機関のモデル設計概念と整合的な範囲で回帰分析し、要因ごとのオペレーショナル・リスク量への寄与度を明らかにする。そのうえで、現場での

リスク削減活動と個々の要因の因果関係を示し、段階的な説明を進めるといった地道な「構造解析型の説明方法」が考えられる。

### (3) 予備計算対応ステップ

**金融庁承認審査（予備計算）対応**

以上すべてのフェーズが完了した暁には、最終フェーズ5として、「金融庁承認審査（予備計算）」へ突入することとなる。

予備計算では、すでに、前節で説明したとおり、届出に際してのドレス・コード・コンセプトに基づく判断ハードルがあるのだが、上記フェーズ4までの対応が確実に完了していれば、それほど心配するものではないだろう。

フェーズ5としての予備計算対応では、フェーズ1～4で構築してきた、すべてのオペレーショナル・リスクに関する態勢、計量モデルやユース・テストなどの検証結果が告示要件に合致していることを説明することになる。ただし、予備計算において、いままで金融機関が内部管理の高度化を推進してきた仕組みと、告示の要件の解釈などに相違がみつかれば、当然、修正変更が必要になる。

このように、金融庁からの指摘や確認、照会への対応を実施しながら、3月末基準と9月末基準の予備計算報告を経て、翌3月末に承認申請書の提出を無事迎えることとなる。

## 3　投資対効果を最大化するには

以上みてきたように、先進的計測手法（AMA）レベルのオペレーショナル・リスク管理態勢への高度化を実現するためには、数年単位の期間と相当程度の作業負荷を費やすことが必要と考えられている。

また、金融機関経営の視点からは、自己資本比率上の利点や、中長期的視野による経営効果など、ある一定程度の導入メリットが期待できることも理解いただけたと思う。

では、経営者の視点で、投資対効果を最大化するためには、この投資プロジェクトをどうとらえるべきか、また、どのようにプロジェクト計画を進めるべきか、考えてみたい。

### (1) 現在価値をプラスにして考える

オペレーショナル・リスク管理の高度化のように、内部管理の仕組みを高度化するプロジェクトでは、それらが直接的に収益を発生させるわけではなく、効果は時間が経ってから遅行的・間接的にじわじわと現れてくる特徴がある。つまり、直接収益がとらえきれないため、DCF法（Discounted Cash Flow）など伝統的な価値評価手法を利用すると、どうしても、その投資の価値は、マイナスの現在価値となってしまう。

マイナスの現在価値に対する投資を経営判断しようとすれば、「どうすれば投資額を少なくできるか」という"コスト削減"的な議論が中心となり、本来議論するべき論点が漏れてしまうこととなる。あるいは、「規制対応だから」という理由で、そもそも効果測定すら実施しないケースもあると聞く。

そこで、必要な対処案としては、まずは、この投資の効果をプラスの現在価値として判断できるようにすることが大切である。そうすれば、本来の論点である「どのような投資手順、投資内容が効果を最大化できるか」を、議論することが可能になる。

### (2) 経営オプションと間接効果

では、どのようにして、この投資の効果をプラスの現在価値にすることができるのか。

一つには、投資に対する経営オプションを考慮することである。このようなプロジェクトでは、特に意識せずとも、経営者が投資判断のオプションをもっている。たとえば、経営者は、段階的な投資ステップにおいて、次のス

テップへ移るまでの状況を考慮して、タイミングを調整したり（待機オプションや延期オプション）、内部管理目的から規制対応目的へ、もしくは、その逆の目的の転換を図ったり（スイッチ・オプション）することを実施しているのである。内部管理の高度化プロジェクトなどの価値評価にとっては、収益という最も変動の大きいアウトプットの要素がないことからも、このような経営オプションの効果が非常に大きな影響をもつこととなる。以上のような、経営オプションを加味できる投資効果測定手法としては、リアル・オプション法が代表的である。

　二つ目には、間接的効果を加味することも重要である。投資対効果測定上、何を間接的効果としてシミュレーションするかは、そのデータ整備の状況次第である。たとえば、収集された内部損失データや作成されたシナリオが利用できるのであれば、これらのデータを活用できる。一例として、シナリオ分析データの予想最大損失額が、当該業務の業務量に依存しているようなシナリオのロジックをもっている場合、過去の業務量変化から観測されるボラティリティや、増加率を要因とした「削減効果」をモデリングできる。

　このような「削減効果」を、いくつか主要な業務について間接的効果としてとらえることで、投資プロジェクトの現在価値をプラスにすることが可能になる。これにより、経営者は、"コスト削減"的な判断ではなく、"投資効果最大化"的な判断をしてもらうことが期待される。

　参考までに、下記以降においてオペレーショナル・リスク管理の高度化を投資プロジェクトとしてとらえ、シミュレーションを行った研究事例を紹介している。興味のある方は参照していただきたい。

### コラム2―1

#### リスク管理高度化プロジェクトの投資効果測定の研究事例

　本コラムでは、銀行において、オペレーショナル・リスク管理の高度化プロ

ジェクトを行う際の、投資対効果測定に関する研究事例を紹介する。

## 1 本シミュレーションの概要

本シミュレーションは、特定の銀行が、まずは
（ステップ1）TSA を採用するステップ、
（ステップ2）TSA から AMA へ高度化するステップ、
（ステップ3）さらに AMA における統制手続と、財務上の統制手続の統一化
　　　　　　（リスク・コンバージェンス）、
を実行したと仮定した。

また、測定手法としては、経営選択の可能性を加味したリアル・オプション法を利用する。仮定シナリオに沿って、プロジェクト投資により発生する財務会計上の直接的効果と、財務会計上は直接現れない間接的効果を推計し、最終的な将来キャッシュフローへの寄与度合いを確率過程によってモデル化した。この確率過程モデルを展開し、業務から発生する各リスクファクターを確率変数とし、モンテカルロシミュレーションにより、不確実性を加味した投資効果を観察する。

最後に、この仮定シナリオにおいて、経営オプションがなかった場合（伝統的な DCF 法）との比較、および、間接的効果を加味しないケースとの比較を観測し、このような内部管理を高度化するプロジェクトの投資対効果測定を行う意義を考察した。

## 2 シミュレーションのステップ

(1) 基本ケース（DCF 法）

初年度にステップ1、2年目にステップ2、そして3年目にステップ3を実行していくケースを基本ケースとする。

(2) 経営オプションケース（リアル・オプション法）

初年度にステップ1を導入し、その後3年間ステップ2への最適な投資タイミングを探る（満期3年の拡張オプション）こととし、また、さらにその後4年間ステップ3への投資タイミングを図る（満期4年のシーケンシャル・コンパウンド型拡張オプション）という、経営判断のオプションを待つケースを考える。

また、それぞれのステップでの「投資額」「直接的効果」「間接的効果」の中

身は図表Aと仮定した。

**図表A**

|  | 投資額 | 直接的効果 | 間接的効果 |
|---|---|---|---|
| ステップ1 | 43.70(M¥) | ゼロと仮定 | ゼロと仮定 |
| ステップ2 | 394.00(M¥) | ゼロと仮定 | 図表Bのファクターごとに損失削減効果があると仮定 |
| ステップ3 | 278.00(M¥) | システム投下資本の削減など36.50(M¥) | 一部のファクターに損失削減効果があると仮定 |

**図表B**

| プロセス | アクティビティ | ファクター | 説明 |
|---|---|---|---|
| 投資 | トレーディング | モデル誤差 | 時価評価モデルの誤りと市場価格の誤りから発生する収益変動 |
| | | 金額 | 取引量の変化による収益変動 |
| | 決済 | 不履行率 | 受渡日に決済できないコストによる収益変動 |
| | | 利息金額 | 手元にないため証券を借入れるコストによる収益変動 |
| 貸出 | 新規 | スコアリング | クレジットスコアリングの誤り |
| | | デフォルト | デフォルト率の誤り |
| | | 担保 | 担保評価の誤り |
| | 回収 | 回収 | 回収率の誤り |
| サービス | 人的価値 | 稼働時間 | 外販活動に伴う稼働時間 |
| | | 外販金額 | 価格の変化による収益の変動 |
| | 想定外損失 | 保険回収率 | 保険により回収できる金額 |
| | | 損失額 | そもそもの損失事象の発生頻度・金額 |
| | システムエラー | エラー件数 | システムエラーの発生頻度 |
| | | 回避損失額 | エラー時に発生する可能性のある金額 |
| IR | 株式価値 | 株式価値 | IRによる株価変動 |

## 3 損失削減効果モデル

考え方の例として図表Bのうち、投資のトレーディングにおいて、モデル誤差から発生する、収益の誤差を削減するモデルを考える。

例）トレーディング誤差モデル

$$F = f(p, \tilde{a}, \tilde{\delta}, \lambda)$$

  $p$：取引商品

  $\tilde{a}$：取引金額（確率変数）

  $\tilde{\delta}$：モデル誤差（確率変数）　　　[1]

  $\lambda$：寄与度

本モデルにおけるトレーディング金額 $S(t)$ は、以下の確率過程に従うと仮定する。

$$\frac{dS}{S} = \mu dt + \sigma dz_1 \quad\quad [2]$$

ここでは、$\mu$は価格成長率、$\sigma$はボラティリティ、$dz_1$はウィーナー過程を示す。時点 $t$ における、ある商品 $i$ のリスク削減可能なトレーディング金額は、

$$a_i(t) = S_i(t) \cdot \lambda \quad\quad [3]$$

ここで、リスク削減可能なトレーディング金額の成長率を $u$、ボラティリティを $\delta$ と置くと、

$$\frac{da_i}{a_i} = (udt + \delta dz_1) \cdot \lambda$$

$$\frac{da_i}{a_i} = \lambda udt + \lambda \delta dz_1 \quad\quad [4]$$

さらに、$\lambda$は寄与度を表す定数項なので、第1項は $\lambda u = u_1$ と置き、確率変数項である第2項は $\lambda \delta dz_1 = \delta dz_2$ と置くと、

$$\frac{da_i}{a_i} = u_1 dt + \delta dz_2 \quad\quad [5]$$

ここでは、$u_1$は寄与度調整後成長率、$\delta$はモデル誤差ボラティリティ、$dz_2$はウィーナー過程である。

以上より、リスク削減可能なトレーディング金額は、ウィーナー確率過程に

従うことが理解できる。

さらに、条件として、
・各モデル誤差は標準偏差0.3の正規分布に従う
・取引金額はインフレ年率2〜4％の一様分布に従って成長する
と仮定した。

この前提のもと、たとえば債券に係る、リスク削減可能金額F2債券は、

$F1^{債券} = V^{債券} * (1 + U(2\%, 4\%))$ ［6］

$F2^{債券} = F1^{債券} * Normal(\delta^{債券}, 0.3)$

とモデル化できる。

同様に、各商品（債券、株式、デリバティブ、スワップ、ストラクチャード）の相関を調整し、ファクター間については完全独立相関（一部、相関を仮定）としてモデルを拡張した。

## 4　シミュレーションの実行

プロジェクト価値の変化率のシミュレーションに際し、その対数収益率を、

$$\tilde{z} = \ln\left(\frac{PV_1 + FCF_1}{PV_0}\right)$$ ［7］

と定義し、シミュレーション全体フローを図表Cの手順とした。

**図表C**

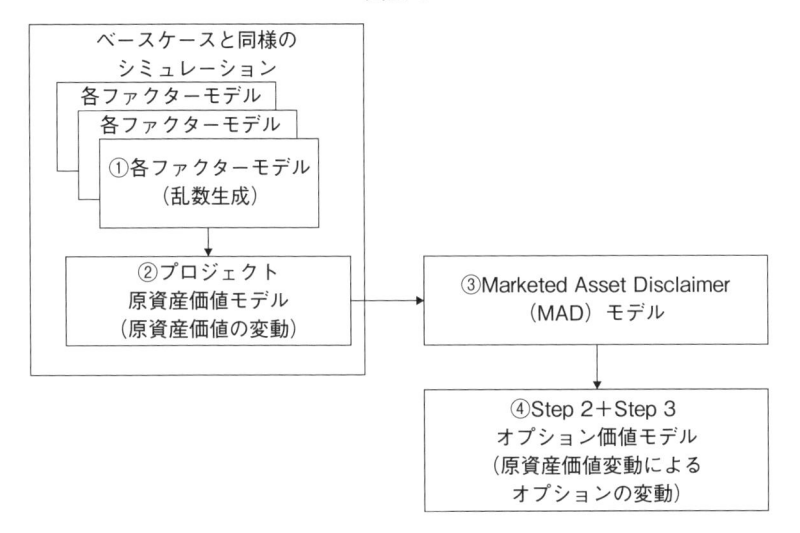

```
┌─────────────────────────────┐
│ ベースケースと同様の          │
│ シミュレーション              │
│ ┌─各ファクターモデル─────┐   │
│ │┌─各ファクターモデル──┐│   │
│ ││①各ファクターモデル  ││   │
│ ││（乱数生成）          ││   │
│ │└──────────────────┘│   │
│        │                    │
│        ▼                    │
│ ┌──────────────┐            │      ┌──────────────────┐
│ │②プロジェクト │            │─────▶│③Marketed Asset   │
│ │原資産価値モデル│           │      │Disclaimer        │
│ │（原資産価値の変動）│       │      │（MAD）モデル     │
│ └──────────────┘            │      └──────────────────┘
└─────────────────────────────┘                │
                                                ▼
                                  ┌──────────────────────┐
                                  │④Step 2 + Step 3     │
                                  │オプション価値モデル   │
                                  │（原資産価値変動による │
                                  │オプションの変動）     │
                                  └──────────────────────┘
```

## 5　結　果

　図表Dのとおり、経営オプションのあるケース「オプションを含むプロジェクト価値」（右の山）のほうが現在価値（NPV）が高い。これは、確率変数のゆらぎによってマイナスの影響が出た場合には、経営オプションは行使されず、プラスの影響が出たときのみ経営オプションが行使されるためであると推測できる。

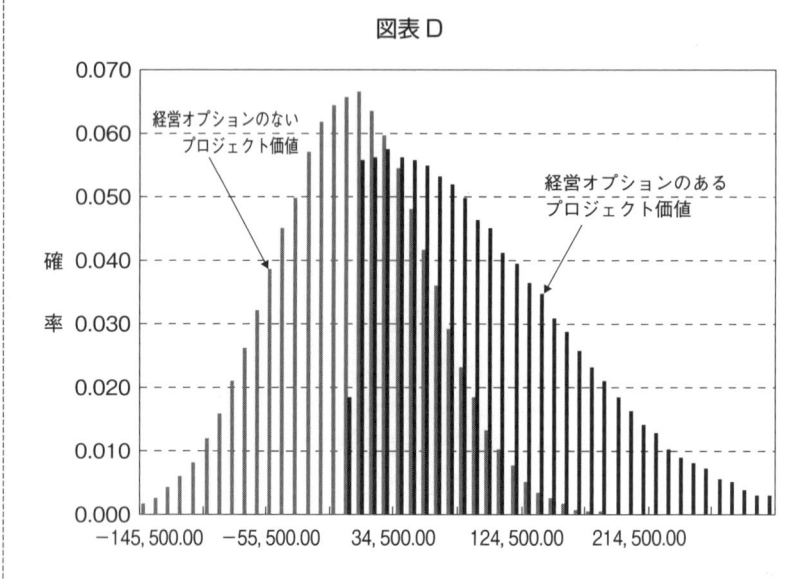

図表D

確率

経営オプションのないプロジェクト価値

経営オプションのあるプロジェクト価値

　さらに、間接的効果を加味しない場合との比較も実行してみる。図表Eのとおり、経営オプションの有無にかかわらず、間接的効果を加味すると、大幅な現在価値の増加を生じることとなる。

図表 E

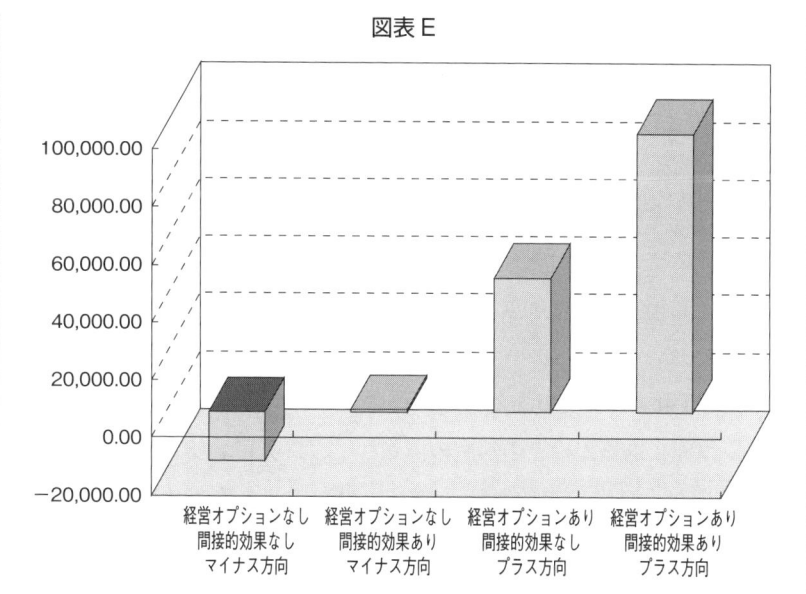

| | 経営オプションなし<br>間接的効果なし<br>マイナス方向 | 経営オプションなし<br>間接的効果あり<br>マイナス方向 | 経営オプションあり<br>間接的効果なし<br>プラス方向 | 経営オプションあり<br>間接的効果あり<br>プラス方向 |
|---|---|---|---|---|

(縦軸: -20,000.00 ～ 100,000.00)

## 6　今後の課題

　以上みてきたように、経営オプションおよび、間接的効果を加味することで、より適切にプロジェクト価値を評価することに貢献できる可能性があると示唆された。しかし、これはあくまでシミュレーションであり、また、相関関係やターミネートバリューの考え、プロジェクト投資に関する個別リスクが加味されないなど、さまざまな課題も存在する。

（注）　日本リアルオプション学会2006（JAROS2006大会）発表論文『銀行業におけるシステム投資効果測定についての考察～オペレーショナル・リスク管理高度化のリアルオプションによる測定～Real Options for Information Technology Investment in Bank Risk Management』より、筆者改編。

## 第4節 AMA承認要件に関する定性的論点の解説

　本節では、金融庁告示第19号「銀行法第14条の2の規定に基づき、銀行がその保有する資産等に照らし自己資本の充実の状況が適当であるかどうかを判断するための基準」に焦点を当てる。

　本告示において、オペレーショナル・リスクに関して記述されている該当頁は、170頁中10頁程度である。それだけシンプルに要件が記述されているが、シンプルであるがゆえの解釈の困難さや、誤解しがちな点もいくつかある。ここでは、特に先進的計測手法（AMA）に関する承認要件について、以下個別の解説を試みたい。まずは、定性要件といわれる、体制面や組織、監査などの項目について、論点となるポイントを解説する。

　ただし、本解説に出てくる表現などは、あくまで解釈例であり、金融機関によっては、名称や意味づけが異なる場合もあることをご留意いただきたい。

### 1　組織の仕組みに関する要件

#### (1) 責任の所在と明確化について

> 第308条1項一号（第315条2項一号）　オペレーショナル・リスクを管理するための体制（以下この章において「管理体制」という。）の整備について、取締役会等及び執行役員（オペレーショナル・リスクの管理について業務執行権限を授権されたものをいう。以下この条及び別表第一の注において同じ。）の責任が明確化されていること。

ここでの「執行役員」とは「業務執行権限を授権されたもの」の意味である。この要件は、「執行役員制度」が必須ということを意図したものではなく、この執行役員には、金融機関の正規の手続によって権限委譲された「オペレーショナル・リスク管理の担当役員」等が該当すると解釈できる。

　重要なのは、「権限委譲規程」等によって、「取締役会等及び執行役員」の、どのような「権限」が、どの「役職」・どの「会議体」に委譲されているかにつき、それぞれの「規程類」等において確実に明文化されていること、そして、その定義されている規程が特定できることである。また、その規程には、「取締役会等」と「執行役員」の両者の責任について定義されていることが重要である。どちらか一方だけの定義では、要件を充足していないと判断される。

　また、ユース・テスト上は、取締役会等や執行役員が、定義された権限に従って責任を果たしているかの確認を求められる可能性もある。会議議事録や、討議メモといった証憑を確実に作成・保管することが望ましいと考えられる。

## (2) 管理部門の独立性について

> 第308条1項二号（第315条2項一号）　他の部門から独立したオペレーショナル・リスクの管理を行う部門（以下この条において「管理部門」という。）を設置していること。

　金融機関によっては、オペレーショナル・リスクを管理する責務として、複数の管理部門に責任が分散している場合もあるだろう。その場合は、まずは、その旨、どの部門がどのような役割をもっているのか、網羅的に示すことが必要である。そのうえで「独立性の定義」を明文化することとなる。

　独立性の定義とは、物理的に一つの箱（部門組織）であることを求めてい

るわけではない。外形的な独立性だけでは説明力としては非常に弱い。最初に、論理的な独立性を証明することが必要となる。たとえば当該管理部門に与えられている職務、職責、業績評価要因（インセンティブ）などが、他部門の業務要素に依存していないこと、さらに、独立性の障害となる各種の要因に対して、利害関係のない複数の目線でのチェックが入るなどの内部牽制が整備されていることが大切である。これら論理的な独立性を担保する仕組みを構築したうえに、先の物理的な独立性を加味することで、さらに牽制を強いものにできると思われる。

また、上記の仕組みを考える際には、主観的にならないように、第三者からみて納得性が高いと思われるような独立性を定義し、客観的に検証・確認するための仕組み（監査体制）なども同時に検討しておくことが望ましい。組織は変化してゆくものなので、定期的にこの独立性の担保状況を検証・確認することが大切だと考えられる。

## (3) 人材の十分性について

> 第308条1項三号（第315条2項一号）　管理部門、各業務部門及び内部監査を行う部門において、オペレーショナル・リスクの管理のために十分な人材が確保されていること。

まず、金融機関における「人材の十分性」を、どのように証明することが可能か検討していただきたい。

一例として、人材戦略は、リスク管理に精通した人材の配置、そのスキルを維持するための継続的な教育の実施、そして、スキルをもった人材を新たに育てることが必須である。そして、その戦略の結果が十分かどうかを、適宜チェックするための指標化も重要だと考えられている。

具体的には、オペレーショナル・リスクに関する教育プログラムを制定

し、その達成度合いに応じたスキルレベルを設定するなど、人材の十分性を評価するための"見える化"をすることが重要である。そこでは、関連する外部資格の取得を奨励したり、オペレーショナル・リスク管理部門に、営業店、本部、管理部門、監査部門など、さまざまな部門経験者をそろえるなど戦略的な人材配置を行うことも、要件を充足させる大切な試みだと考えられる。

## 2　組織の運営に関する要件

### (1)　オペレーショナル・リスク管理サイクルについて

> 第308条1項四号（第315条2項一号）　管理部門により、オペレーショナル・リスクを特定し、計測し、把握し、管理し、かつ、削減するための方策が策定されていること。

　この承認要件を充足していることを証明するには、各々該当する個別の管理手順や管理態勢が記述されている各種規程類や、あるいは機能していることを証明できる各種報告書類などにより、有効性を示すことになると考えられる。

　また、これらの証拠書類の作成の際には、5W1Hが明らかになるような書類体系や記述ルールを、あらかじめ定義しておくことも大切である。たとえば、「リスク担当役員が、毎月、統合リスク会議において、月次リスク指標動向報告書を分析することによって、大規模リスクの顕在可能性について、関連他部門へ警告を発する」などを、詳細データとともに記録しておくことで、本要件が機能していることを示す証拠としての有効性が高くなると考えられる。

## (2) ユース・テストについて

> 第308条1項五号（第315条2項一号）　オペレーショナル・リスクを計測するための体制が、管理体制と密接に関連していること。

　この要件を証明するための手続を、バーゼル委では「ユース・テスト」と呼んでおり、告示のなかでも、最も重点が置かれている要件の一つである。ユース・テストとは、言い換えると、「各部門でのリスク削減活動など内部管理の仕組みが効果的に機能し、組織全体でのリスク削減方針や自己資本比率の戦略と整合的であり、オペレーショナル・リスク量を計測するうえで、有効であり、頑健であり、健全であるなどが確保できていることを、実地検証する要件」ということができる。

　具体的には、「計測するための体制」とは、先進的計測手法（AMA）の定量要件である4要素を収集、分析、把握し、さらに計量モデルによりリスク量を計測するための全体的な"計測の仕掛け・仕組み"および、それらを支える各組織機能を指す。また、「管理体制」とは、経営者、リスク管理部門、業務部門および監査部門などの、上記の"計測の仕掛け・仕組み"を"監理・監督するための経営プロセス"、およびこのプロセスを実行する各組織機能を指す。バーゼルⅡ最終文書においては、「銀行の内部計測システムは、日常の管理プロセスと完全に統合され、このシステムからの出力情報は、銀行のオペレーショナル・リスクプロファイルを監視、管理するプロセスのなかに組み込まれていなければならない」（パラグラフ666）と定められている。

　しかしながら、金融機関の規模が大きいほど、業務の現場部門で実施しているリスク削減活動が経営判断上どのように反映されているか、その関係性がみえづらくなっていく傾向がある。どのような状況であっても、ユース・テスト上、定性・定量両面の視点を組み合わせる創意工夫を凝らして、説明

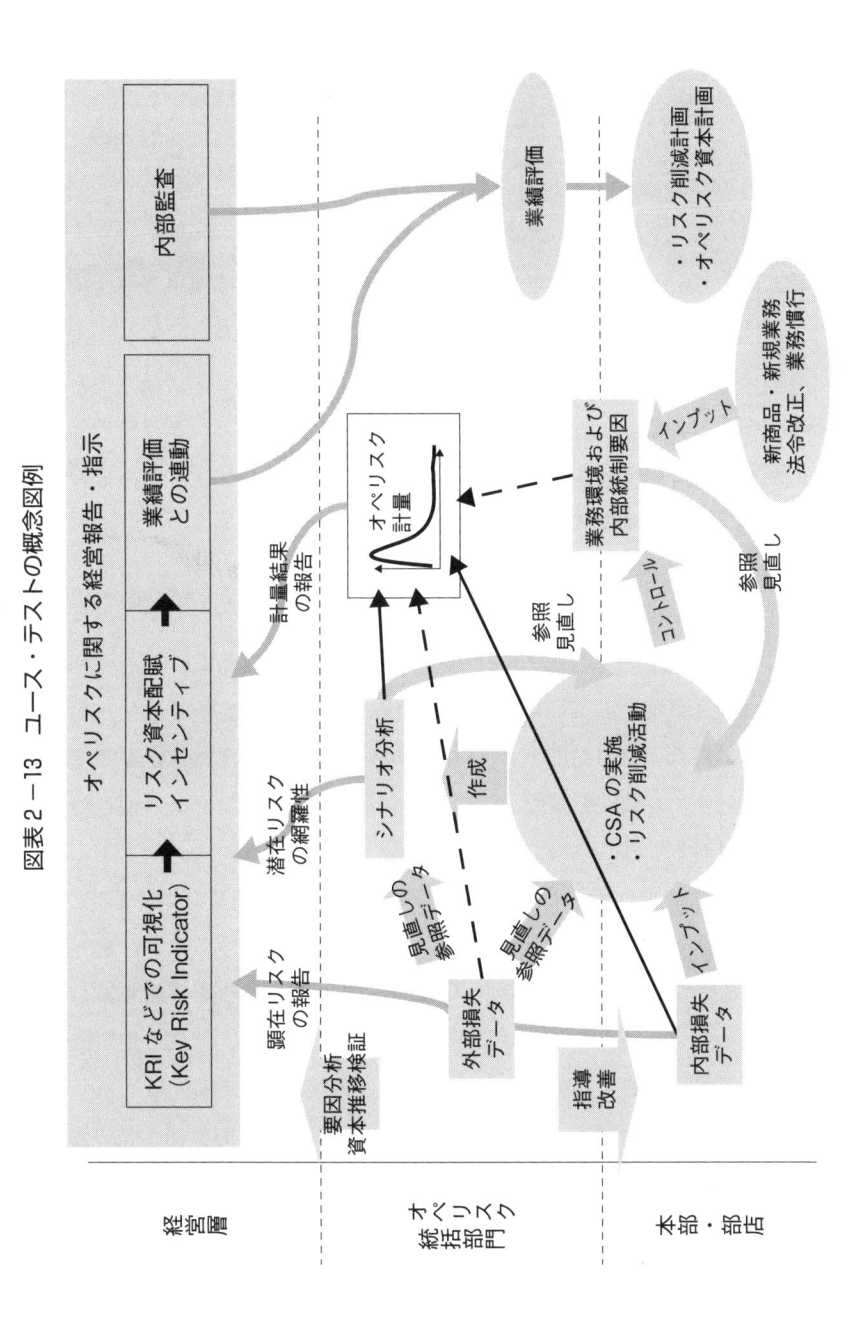

図表2-13　ユース・テストの概念図例

第2章　バーゼルⅡにおける先進的計測手法（AMA）とは　85

手段を構築することが大切である。一般的なユース・テストの対象となる全体像を前頁図表2－13に例示しておく。

## (3) オペレーショナル・リスクに対する内部監査について

> 第308条1項七号（第315条2項一号）　内部監査を行う部門により、管理部門及び各業務部門における活動状況を含めた管理体制に対して定期的な監査が行われていること。

　内部監査などの監査部門は、金融機関のオペレーショナル・リスク管理のフレームワークが金融機関全体に効果的に実施されていることを、定期的に監査しなければならないことを定めている。金融機関においては、従前より、臨店検査や自店検査などの仕組みにおいて、オペレーショナル・リスクに準じたリスクを対象にした、各種の点検を実施してきていると思う。また、内部監査機能として、これらの仕組みに依拠する監査項目もあるだろう。先進的計測手法（AMA）への対応にあたっては、過去実施してきた仕組みの合理性や有効性を確認しつつ、あらためて監査プログラム内容の網羅性などを見直してほしい。

　たとえば、先進的計測手法（AMA）への対応段階（予備計算期間など）では、告示要件への準拠性監査や、構築した仕組みの有効性監査、計量モデルの妥当性監査など、準備段階での課題に応じたテーマ監査を実施するケースがあるだろう。これらのテーマ監査を進めていくなかで、今後、定期監査により、継続的に実施するべき監査目的がみつかることもある。

　このような手続を経て、多くの金融機関では、「先進的計測手法（AMA）専用の監査プログラム」の開発を行っているようである。図表2－14のような、監査プログラムが考えられるのではないか。

　ただし、従来の内部監査と同様、外部スキルの活用などを否定することは

図表2－14　オペレーショナル・リスク監査プログラムの例

| 大項目 | 中項目 | 監査目的 | 監査対象 | 監査要点 | …… |
|---|---|---|---|---|---|
| A　オペレーショナル・リスク態勢に関する監査項目 | | | | | |
| | 取締役会の役割・責任・規程の整備・運用状況 | 有効性と準拠性を確保することを目的とし…… | 経営企画部・秘書室／取締役会議事…… | 職務権限規程との整合性を確認し、議事項目…… | |
| | 執行役員の役割・責任・規程の整備・運用状況 | | | | |
| | オペリスク管理委員会の役割・責任・規程の整備・運用状況 | | | | |
| B　オペレーショナル・リスクに係る規程類に関する監査項目 | | | | | |
| | オペリスク管理方針・指針の整備・運用状況 | | | | |
| | …… | | | | |
| C　オペレーショナル・リスクの特定に関する監査項目 | | | | | |
| …… | | | | | |
| G　ユース・テストに関する監査項目 | | | | | |
| | リスク資本配賦の整備・運用状況 | | | | |
| | リスク要因分析機能の整備・運用状況 | | | | |
| | …… | | | | |

なく、モデル監査など専門知識が必要な場合には、外部の専門家の知見を取り入れるなど、効率的な監査体制の確立を目指したい。

　バーゼル委においては「銀行の内部監査および監督当局と監査人との関

係」（2001年8月日本銀行仮訳）が公表されているので、参考にしてほしい。

### (4) オペレーショナル・リスクに関する情報管理について

> 第308条1項六号（第315条2項一号）　オペレーショナル・リスク損失（別表第二に定めるオペレーショナル・リスクの損失事象の結果として生じる損失をいう。以下同じ。）のうち重大なものを含むオペレーショナル・リスクの情報について、管理部門から各業務部門の責任者、取締役会等及び執行役員に定期的に報告が行われ、当該報告に基づき適切な措置をとるための体制が整備されていること。

　この要件では、金融機関においての"重大なものを含むオペレーショナル・リスクの情報"とは何かの定義が必要かと思われる。その重大さの判定は、損失額やリスクのカテゴリ、その他定性要因（例：顧客苦情に関するリスク事象はすべて対象とする、など）などを基準とすることが考えられる。さらには、その重大なリスク事象に関し、報告、検討、指示を出すためには、どのような情報がインプットとして必要であるかも明文化しておくことが必要である。

　また、"定期的な報告"が求められているが、その頻度については金融機関にて判断し明文化することとなる。"適切な措置"の具体例としては、経営層からの「指示」「指導」「通達」等、既存の仕組みを利用して証明すればよいと考えられるが、その仕組みの有効性や合理性の根拠を説明できるようにしておく必要がある。

> 第315条2項二号　各業務部門におけるオペレーショナル・リスクの管理の向上のために、オペレーショナル・リスク損失の額、オペレーショナル・リスク相当額その他のオペレーショナル・リスクに関する

> 情報を適切に活用していること。

　本要件は、ユース・テストの一環として証明することが可能だと考えられる。ユース・テストでは「計測の体制」と「管理体制」の密接性を説明するが、その説明の要素として、要件に定義されている「オペレーショナル・リスクの損失額」と「オペレーショナル・リスクの相当額」「その他のオペレーショナル・リスクに関する情報」を軸として説明する方法を検討するとよい。

　そのためにも、各業務部門では、「オペレーショナル・リスクの損失額」と「オペレーショナル・リスクの相当額」「その他のオペレーショナル・リスクに関する情報」を活用していることを示すため、それぞれの要素に対応した「内部損失を減らす活動」「シナリオのリスク量を減らす活動」「その他外部損失や業務環境の変化」などが、どのように日常プロセスに組み込まれているかを明確に関連づけておくことが重要である。

> **第315条2項三号**　オペレーショナル・リスクの計測手法におけるオペレーショナル・リスクに関する情報の取扱い方法が明確化されており、金融庁長官が必要に応じて検証することができるように整備されていること。

　この要件は、データ保管の必要性を述べていると理解できる。まず、計量モデルへ投入される四つの要素の取扱ルールを明文化することには、違和感はないであろう。さらに"金融庁長官が必要に応じて検証する"ということは、四つの要素データについては、いつでも提出できるようにデータベース化しておくことを、推奨したい。予備計算プロセスに入ると、金融庁よりデータのフォーマットが開示されると思われる。ただし、そのフォーマットは適宜変更される可能性もあるため、柔軟なデータベース設計とすることが

必要と考えている。

また、計量モデルの構築過程で検証した、さまざまな数理検証結果およびその経過データなども、整理して保管しておくことが肝要である。テクニカル・ドキュメントなどの明文化された形で検証再現性を担保しつつ、検証データ（電子データ）とともに保管しておくことが望ましいと考えられる。

## 3　連結等グループに関する要件

### (1)　重要性の原則（2％ルール）について

> 第319条1項三号　先進的計測手法採用行が法人単位ごとに異なる手法を用いるときは、すべての重要な法人単位（異なる手法を適用することにより、算出されるオペレーショナル・リスク相当額が当該法人単位のオペレーショナル・リスクを適切に反映しなくなるおそれがあると考えられる法人単位及び当該法人単位の粗利益が先進的計測手法採用行の連結財務諸表（当該先進的計測手法採用行に先進的計測手法採用行である親銀行等（当該先進的計測手法採用行を子法人等とする銀行又は銀行持株会社をいう。ただし、当該銀行又は銀行持株会社が他の親銀行等の子法人等であるものを除く。以下同じ。）がある場合には当該親銀行等の連結財務諸表をいう。以下この項において同じ。）に基づく粗利益の2パーセント以上を占める法人単位をいう。）について先進的計測手法を用いること。

まず、連結の対象となっている法人のうち、重要な法人は必ず先進的計測手法を用いるとされている。重要な法人の定義としては、二つ記述されている。

一つ目は、業務上除外するとリスクプロファイルが大きく変わってしまう可能性のある法人、二つ目は、当該法人の粗利益（原則として連結修正仕訳

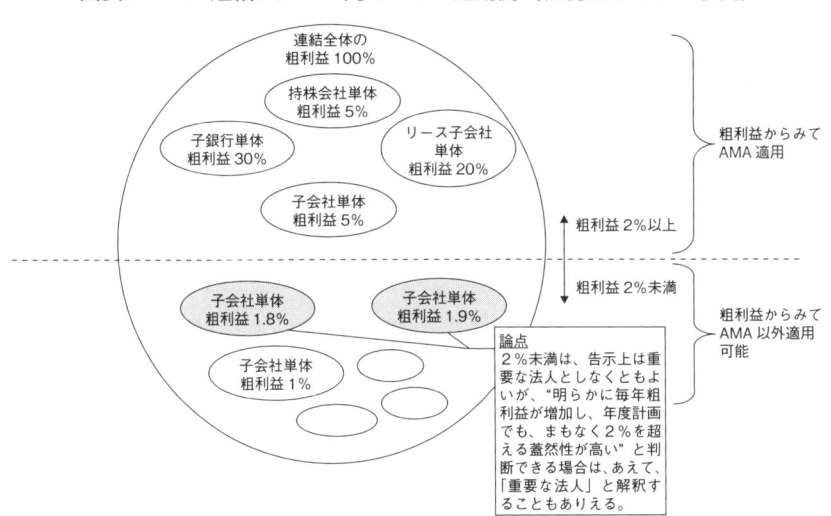

図表2-15 連結グループ内のAMA適用例（粗利益からみた事例）

```
                    連結全体の
                    粗利益100%
              持株会社単体
              粗利益5%
       子銀行単体        リース子会社
       粗利益30%         単体
                       粗利益20%
              子会社単体
              粗利益5%                    粗利益2%以上
─ ─ ─ ─ ─ ─ ─ ─ ─ ─ ─ ─ ─ ─ ─ ─ ─ ─ ─ ─ ─ ─ ─ ─ ─
       子会社単体    子会社単体            粗利益2%未満
       粗利益1.8%    粗利益1.9%
                   ┌─────────────────┐
              子会社単体 │論点              │
              粗利益1%  │2%未満は、告示上は重 │
                      │要な法人としなくとも │
                      │よいが、"明らかに毎年粗│
                      │利益が増加し、年度計画 │
                      │でも、まもなく2%を超 │
                      │える蓋然性が高い"と判 │
                      │断できる場合は、あえて、│
                      │「重要な法人」と解釈す │
                      │ることもありえる。   │
                      └─────────────────┘
```

粗利益からみて
AMA適用

粗利益からみて
AMA以外適用
可能

後）額が、連結全体の粗利益合計額からみて2%以上を占める法人である。

　一つ目の例として、たとえば、クレジット・カード子会社が、外部不正データの大多数を占めているとする。もし、この子会社を除外すると、当該イベントタイプ（外部不正）に関するリスク管理の仕組みが大きく変わってしまうような場合には、粗利益の割合にかかわらず除外すべきでないと判断できる。

　次に、この2%ルールは、半年ごとの見直しが必要とされており、その際には5年間の粗利益の平均値で判定することとされている。メガバンクや大手の金融持株会社では、比較的頻繁にM&Aなどによる子会社の増減が発生する場合もあり、見直しの業務負荷は、決して少なくはないと思う。

　また、見直しにより、新たに2%を超えることが認められた場合には、別途「変更に係る改善計画」を提出し、先進的計測手法（AMA）への適用を開始することになる。さらに、先進的計測手法（AMA）は任意の中断が認められていないため、粗利益が2%を下回ったとしても継続使用しなければ

第2章　バーゼルIIにおける先進的計測手法（AMA）とは　91

ならない点も注意が必要である。

(2) ロールアウト・プランと部分適用について

> 第318条1項　先進的計測手法採用行は、すべての業務区分及び法人単位について、先進的計測手法を用いなければならない。

> 第319条1項　前条第1項の規定にかかわらず、先進的計測手法採用行は、先進的計測手法実施計画に記載がある場合には、次に掲げる基準に適合するときに限り、業務区分又は法人単位の一部について先進的計測手法を用い、その他の業務区分又は法人単位については基礎的手法又は粗利益配分手法（業務区分の一部について先進的計測手法を用いない場合には、粗利益配分手法に限る。）を用いることができる。

> 第319条3項　第1項の場合において、先進的計測手法採用行が、前条第2項の規定により先進的計測手法を用いてオペレーショナル・リスク相当額を算出する業務区分又は法人単位を段階的に拡大しようとするときは、段階的な拡大の期間の終了の時点において、すべての重要な業務区分又は法人単位について先進的計測手法を用いていることを要するものとする。

　原則、すべての法人について、先進的計測手法（AMA）を採用しなければならないが、重要性の原則に従い、重要でない法人については、先進的計測手法（AMA）以外の採用も可能とされている。

　また、先進的計測手法（AMA）を採用しなければならない重要な法人に

ついて、合理的な「先進的計測手法実施計画」を立案することで、段階的な適用が認められている（ロールアウト・プラン）。

### (3) 部分適用の制限（10%ルール）について

> 第319条１項五号　先進的計測手法を使用しない業務区分又は法人単位の粗利益の合計が当該先進的計測手法採用行の連結財務諸表に基づく粗利益の10パーセントを超えないこと。

重要性の原則に照らして、部分適用とする法人やロールアウト対象とする法人の、合計粗利益額（原則として連結修正仕訳後）が、連結上の粗利益合計額の10%を超えてはならないとされている。また、２％ルールと同様、半年ごとの見直しが求められており、かつ、５年間の粗利益の平均値で判定することとされている。

## 第５節　AMA 承認要件に関する定量的論点の解説

以下では、定量要件といわれる、四つの要素や、計量モデルに関する項目について、論点となるポイントを解説する。

本節では、告示上の解釈の話にとどめているが、第３章において、さらに詳細にテクニカルな側面からの解説を行っており、参考にしていただきたい。

# 1　計量モデル全般に関する要件

## (1)　オペレーショナル・リスク損失の定義について

> 第315条3項一号　オペレーショナル・リスクの計測手法において、オペレーショナル・リスクの損失事象が適切に把握されていること。

　ここで、最初に検討が必要な事項は、明確にどのリスク事象をオペレーショナル・リスクの計測対象とするかを、定義しておくことである。
　一般的には、別表第二に定められているイベントタイプとして生じるオペレーショナル・リスク損失と考えられる。さらに機会費用や逸失利益の扱いなど、各金融機関のリスクプロファイルやリスク管理の方針に合わせて、どの範囲まで計測の対象とするのが適切かを、十分に吟味しておくことが肝要と考える。

## (2)　グラニュラリティ（計量単位の詳密性）について

> 第315条3項二号　リスクの特性、損失事象の種類（別表第二の上欄に掲げるものをいう。以下同じ。）、業務区分その他の区分に応じてオペレーショナル・リスク相当額を算出する場合は、当該区分に応じて算出されたオペレーショナル・リスク相当額を合計すること。ただし、当該区分に応じて算出された各オペレーショナル・リスク相当額の間の相関関係が適切に把握されているときは、当該相関関係に基づいてオペレーショナル・リスク相当額の調整を行うことができる。

　バーゼル委において、グラニュラリティ問題は、重要な論点の一つとなっ

ている。ここで述べられているのは、計量単位を組織全体で一つの単位（シングル・グラニュラリティ）とするのではなく、ある複数の単位ごとにオペレーショナル・リスク相当額を算出する場合（マルチ・グラニュラリティ）には、最終的な組織全体での合算の際に、個々単位ごとの相関関係を考慮してもよい、という内容である。

　この要件では、シングル・グラニュラリティがよいのか、マルチ・グラニュラリティがよいのか、さらにマルチ・グラニュラリティは、どの単位での計測がよいのかなどにはいっさい言及していない。

## 2　計量に求められる4要素に関する要件

### (1)　4要素について

> 第315条3項三号　オペレーショナル・リスク相当額の算出において、内部損失データ（銀行の内部で生じたオペレーショナル・リスク損失に関する情報をいう。以下同じ。）、外部損失データ（銀行の外部から収集したオペレーショナル・リスク損失に関する情報であって、銀行におけるオペレーショナル・リスクの管理に資するものをいう。以下同じ。）及びシナリオ分析（重大なオペレーショナル・リスク損失の額及び発生頻度について、専門的な知識及び経験並びにオペレーショナル・リスクに関する情報に基づいて推計する手法をいう。以下同じ。）が適切に用いられていること。また、業務環境及び内部統制要因（オペレーショナル・リスクに影響を与える要因であって、銀行の業務の環境及び内部統制の状況に関するものをいう。以下同じ。）が適切に反映されていること。

　この要件では、オペレーショナル・リスク計測の際の必須要素である、4要素（内部損失データ、外部損失データ、シナリオ分析、業務環境及び内部統制

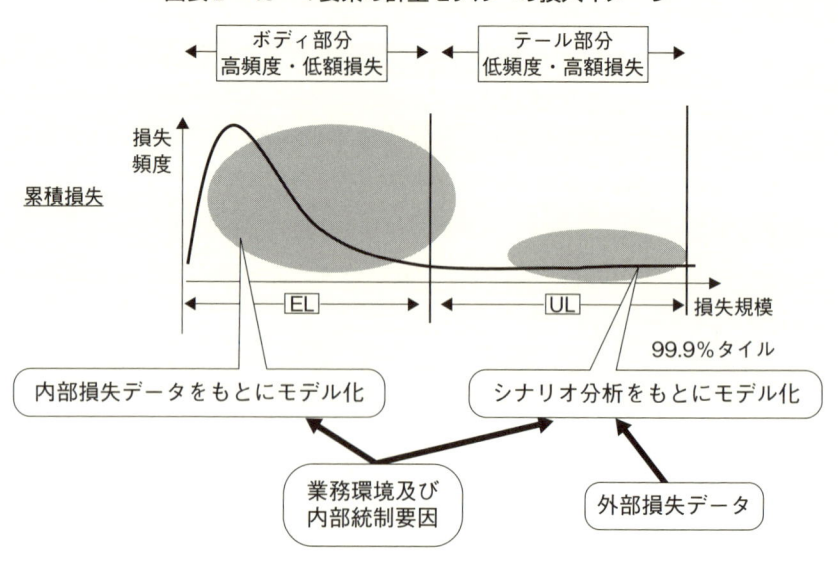

図表2－16　4要素の計量モデルへの投入イメージ

```
          ┌─────────────┐  ┌─────────────┐
          │  ボディ部分  │  │  テール部分  │
          │高頻度・低額損失│  │低頻度・高額損失│
          └─────────────┘  └─────────────┘
```

損失
頻度

累積損失

EL　　　　　UL　　　損失規模
　　　　　　　　　　99.9%タイル

内部損失データをもとにモデル化　　　シナリオ分析をもとにモデル化

業務環境及び内部統制要因　　　外部損失データ

要因）について定義されており、若干の論点について解説を加えたい。

　外部損失データは、「銀行におけるオペレーショナル・リスクの管理に資するものをいう」と定義されている。「資する」とは一般的に、役立つとか、助けとなるという意味であり、つまり、外部損失データは、直接的・間接的を問わず、「資する」ものであれば、どのように活用してもよいという解釈が可能である。

　シナリオ分析については、「専門的な知識及び経験並びにオペレーショナル・リスクに関する情報に基づいて推計する手法をいう」と定義されており、ある一定程度の定量的な"推計"を行うことが必要である。金融機関によっては、「専門的な知識及び経験」に基づいて、感覚的にシナリオを構築しているケース（定性的な判断によるエキスパート・ジャッジやプロフェッショナル・ジャッジと呼ばれる対応方法）もみられるが、これだけでは要件を充足したことにはならないと思われる。

　ちなみに、ここでいう「専門的な知識及び経験」は、内部の専門家や、外

部の専門家などの区別には触れられておらず、この点は特に論点とはならないと考える。

最後に、業務環境及び内部統制要因(BEICFs：Business Environment and Internal Control Factors) だが、金融機関によって、どの業務要素がBEICFsに該当するのか異なるはずである。各金融機関において、業務要素や業務環境の変化、内部統制の機能の変化が、どの程度オペレーショナル・リスクの計量モデルへ影響を与えるか、その因果関係の分析から開始する必要がある。

ところで、内部損失データ、外部損失データ、シナリオ分析の3要素は「適切に用いる」ことが求められており、BEICFsは「適切に反映する」と取扱方法が定義されている。「適切に用いる」とは、一例として、計量モデルのインプットとして使用することが、まず想像される。また、「適切に反映する」とは、そのインプットデータや計量モデル自体に対して、なんらかの調整材料として反映させることをイメージしたものと考えられる。

また、必ずこの取扱方法であることを求めているのではなく、適切な取扱方法を各金融機関が工夫することが大切であることはいうまでもない。

### (2) 内部損失データの管理基準について

---

第315条3項五号　内部損失データの収集について、次に掲げる基準が満たされていること。
　イ　内部で定める客観的な基準を用いて過去の内部損失データに含まれるオペレーショナル・リスク損失の額及び回収額を業務区分ごとに、損失事象の種類に応じて配分した結果について、金融庁長官の求めに応じて提出できるよう整備していること。

---

本要件では、三つの内容が記述されている。

一つは「内部損失データはグロスで収集する」ことである。すなわち損失額と回収額は、独立して（データ上の紐付けは必須だろうが）管理する。しかし、計量モデルへの投入はネット額でよいと考えられる。ただし、ここでいう回収額には、自動車保険や火災保険など保険支払による回収は含まれていない。保険の取扱いについては、104頁の第6節で整理する。

　次に、内部損失データは、「業務区分ごとに、損失事象の種類に応じて配分」することが求められている。これは、内部計測手法（IMA）検討時の名残かもしれないが、オペレーショナル・リスクを管理していくうえでは、標準的な分類区分の考え方と思われる。もちろん、内部管理上、告示の業務区分よりさらに詳細な独自の業務区分により、オペレーショナル・リスクを管理している金融機関であれば、そのまま要件を充足するものと考えられる。

　そして、最後の一文である「金融庁長官の求めに応じて提出できるよう整備していること」に関しては、定性要件（第315条2項三号）（89頁）で解説した内容において対応可能と考えられる。

### (3)　重大性を加味した情報量の定義について

---

第315条3項五号ニ　内部損失データは、各損失事象が発生した日付（発生した日付が不明な場合は発覚した日付とすることができる。）、当該損失事象についてのオペレーショナル・リスク損失の額、回収額及び発生要因に関する情報を含むこと。損失事象の発生要因に関する情報は、オペレーショナル・リスク損失の額の大きさに応じて詳細なものとすること。

---

　ここで記述されている「損失の額の大きさに応じて詳細なもの」とする要件は、定性要件（第308条1項六号）（88頁）にある「重大なものを含むオペレーショナル・リスクの情報」における重大性の定義と整合的にすることが

肝要と考えられる。

### (4) 分類の基準の明文化

> 第315条3項五号ホ　情報システム部門その他の複数の業務区分に関係する特定の業務を集中的に行う部門におけるオペレーショナル・リスク損失のデータ及び複数の業務区分にまたがる活動におけるオペレーショナル・リスク損失のデータを業務区分に分類する基準並びに異なる時点に発生した相互に関連する複数の損失事象から発生したオペレーショナル・リスク損失のデータを損失事象の種類に応じて分類する際の基準を作成していること。

ここでは二つの視点からの分類基準が求められている。一つは業務を横にまたがるケースで、もう一つは年や月など管理の期単位をまたがるケースである。いずれも、ルールを作成し明文化することで金融機関が定めてよいと考える。その際には、業務担当者が迷うことなく、統一的な分類ができるよう、具体的な事例を記載した業務マニュアルを作成することなどが必要と考えられる。

> 第315条3項五号へ　信用リスクに該当するとともにオペレーショナル・リスクにも該当する損失は、信用リスク・アセットの額の算出において反映されていること。また、当該損失のうち重要なものは、オペレーショナル・リスク・データベース（オペレーショナル・リスク損失に関する情報の集合物であって、特定のオペレーショナル・リスク損失に関する情報を検索できるように体系的に構成したものをいう。）においてすべて特定されていること。

データの分類の際、信用リスクに関するオペレーショナル・リスク事象については、データに"信用リスクに関連している"というフラッグを立てたうえで、オペレーショナル・リスクの定性管理の対象とする。

要件上は計量の対象とする必要はないが、信用リスク側で計量対象とされていない場合には、オペレーショナル・リスクの計量対象とする検討が必要である。たとえば、元本が消滅した後の与信に関する信用リスク事象など、信用リスク側で管理するための管理番号などのキー項目が存在しない場合などが想定される。

また、本要件についても、ルールとして明文化し、判定事例を記載するなど業務マニュアルの作成も検討したい。

---

第315条3項五号ト　マーケット・リスクに該当するとともにオペレーショナル・リスクにも該当する損失は、オペレーショナル・リスク相当額の算出において反映されていること。

---

マーケット・リスクに関するオペレーショナル・リスク事象も、信用リスク事象と同様に、フラッグを立てて、オペレーショナル・リスクの定性管理の対象とする。さらに、計量上もオペレーショナル・リスクの計測対象とすることと定められている。

また、本要件についても、ルールとして明文化し、判定事例を記載するなど業務マニュアルの作成を検討したい。

## (5) 外部損失データについて

---

第315条3項六号　外部損失データには、オペレーショナル・リスク損失の額、損失事象が発生した業務の規模に関する情報、発生の要因及び状況に関する情報並びに当該損失データを参照することの妥当性を

> 判断するために必要なその他の情報が含まれていること。また、外部損失データをオペレーショナル・リスク相当額の算出のために使用する条件及び方法並びにそれらを決定するための手続が体系的に規定されており、かつ、当該規定が定期的に検証されていること。

　外部損失データを、直接的に使用するのか、間接的に使用するかなどには言及されていないが、「使用する方法や手続が規定され、定期的に検証されること」が求められている。後述するが、オペレーショナル・リスク管理全体の、検証フレームワークの定期検証項目として定例化する対応が考えられる。

　ちなみに、バーゼルⅡ最終文書においては、「銀行は、外部データを使用しなければならない状況や、データを組み込むための手法（例えば、スケーリング、定性的調整、あるいはシナリオ分析改善の進展の情報など）を決定するのに、体系立ったプロセスを具備していなければならない。外部データ利用の条件および実務は、定期的な検証を受け、文書化し、定期的な独立した検証を受けなければならない。」（パラグラフ674）とされている。

### (6) シナリオ分析について

> 第315条3項七号　シナリオ分析においては、損失額が大きい損失事象の発生が合理的に想定されていること。また、その結果については、実際のオペレーショナル・リスク損失との比較による検証が適切に行われていること。

　この要件は、シンプルな表記ではあるが、大変困難な説明課題が求められている内容である。
　まず、「損失額が大きい損失事象」を定義しなければならないが、いきな

り金額を示しても、その合理性を説明するのは困難ではないだろうか。そこで、最初に金融機関の99.9％信頼区間に相当するオペレーショナル・リスク額の計測から始め、次に、その99.9％オペレーショナル・リスク相当額に対して、影響（寄与度）の大きなシナリオは、何であるかを観測し、特定することから始めるとよい。そのうえで、それらシナリオの損失額の推計ロジックが合理的であることを説明するという手順が考えられる。

また、定義されたシナリオ分析の結果と、実際に発生した類似のオペレーショナル・リスク損失とを比較検証する手法を開発する必要もある。これは、いわゆるバック・テストの一機能とする考え方もありえるだろう。

### (7) 業務環境及び内部統制要因の反映について

> 第315条3項八号　オペレーショナル・リスクの計測手法に、業務環境及び内部統制要因を反映するに当たって、以下の基準が満たされていること。
> 　イ　各要因のオペレーショナル・リスク相当額への影響が可能な限り定量化されていること。

> 第315条3項八号ロ　各要因のオペレーショナル・リスク相当額への影響を定量化する際には、各要因の変化に対するリスク感応度及び要因ごとの重要性が合理的に考慮されていること。また、業務活動の複雑化及び業務量の増加による潜在的なリスクの増大の可能性が適切に勘案されていること。

定量要件（第315条3項三号）（95頁）で示したとおり、業務環境及び内部統制要因（BEICFs）は、計測手法に対して「適切に反映する」とされており、

その反映の際には、ある程度の定量的な仕組みを取り入れる必要がある。そして、BEICFsによる反映を行った後、BEICFsを構成する要因ごとの、リスク量の増減度合（リスク感応度）を測定し、反映方法が合理的であったかどうかを判定することが要求されている。

しかしながら、合理性の説明に際しては、数理統計的なモデルなど、緻密な計算式を利用することまでは、必ずしも必要ないとされている。よって、影響度合いを結果からさかのぼり、その仕組みが、合理的であったことを示すなど、帰納的説明手段を検討するのが得策ではないだろうか。

## 3　ユース・テストや検証フレームワークにおける仕組みについて

> 第315条3項九号　内部損失データ及び外部損失データの使用方法並びに業務環境及び内部統制要因の反映方法の適切性が検証されていること。

すべての定量的要件が実現できた後、最終的に、四つの要素の取扱いが適切であることを説明する仕組みを備える必要がある。

たとえば、外部損失データの場合、直接的にデータ投入する手法としたならば、その推計モデルの適合度合いや、データ・スケーリングの妥当性、外れ値の取扱いなど数理的な検証が中心となる。また、間接的な手法とした場合は、外部損失データをモデルなどへ反映するロジックから恣意性が排除されていることなどが、主な適切性の検証項目となる。

以上のように、それぞれの4要素ごとに、ユース・テストにおいての検証対象とし、通常運用のなかでの検証フレームワークに組み込むことが必要である。

## 第6節 規制要件として残された課題について

　第4〜5節では、主要な告示要件について、筆者の経験も交え解説を試みた。しかしながら、先進的計測手法（AMA）は、まだ採用事例は少なく、また検討すら進展していない要件も、いくつか存在している。

　今後、詳細検討が必要であったり、業界動向をよくみておく必要があると思われる項目を示しておく。

### 1　リスク削減・保険の適用について

　告示では、「オペレーショナル・リスク相当額の20%を限度として、オペレーショナル・リスクに対する保険契約に基づく保険金支払限度額の範囲において、オペレーショナル・リスク相当額の削減を行うことができる」とされている。ここでいう「保険」には、大規模な災害等に対する保険だけでなく、日常業務に関する少額な保険（自動車保険など）も対象になるとしている。

　リスク削減を適用するには、保険会社の信用格付や、保険契約内容に関する制約条件などが存在する。また、キャプティブ保険のような自家保険など代替的なリスク保険（ART：Alternative Risk Transfer）手法は認められないとした普及上の制約もあり、日本国内における適用事例はまだない。今後の動向を注視しておく必要がある。

　欧米では、多くの金融機関が包括的な補償保険を適用しており、オペレーショナル・リスクに関連する保険事例がいくつかある。ただしバーゼルⅡ上の「リスク削減」適用となるかどうかは、個別の検証が必要とされる。

## 2 計量モデル選択の課題について

　オペレーショナル・リスクの計量モデルに関する研究は、まだ緒についたばかりである。他のリスク・カテゴリの計量モデルのように、デファクト・スタンダードもなく、論点整理もできているとは言いがたい。

　告示において「先進的計測手法を用いて算出するオペレーショナル・リスク相当額は、銀行の内部管理において用いられるオペレーショナル・リスクの計測手法に基づき、片側九十九・九パーセントの信頼区間で、期間を一年間として予想される最大のオペレーショナル・リスク損失の額に相当する額とする」とされているだけで、パラメトリック法がよいのかノン・パラメトリック法がよいのかなど、まだまだ根本的な議論が進展中の段階である。

　また、ほかにも、前節でも述べた「シングル・グラニュラリティ」と「マルチ・グラニュラリティ」の選択問題、さらには連結・単体のオペレーショナル・リスク相当額の計算方式の選択問題（例として、子銀行に対する配分手法（アロケーション手法）と呼ばれる技術に関する議論）など、さまざまな論点からモデルの研究を継続発展させる必要がある。

　業界の成熟度合いを注意深く観測していくとともに、各種の研究会などの団体や学会に積極参加する、あるいは先進的な国内金融機関や海外金融機関の事例研究などの機会をとらえ、情報収集や意見交換などを継続していただきたい。

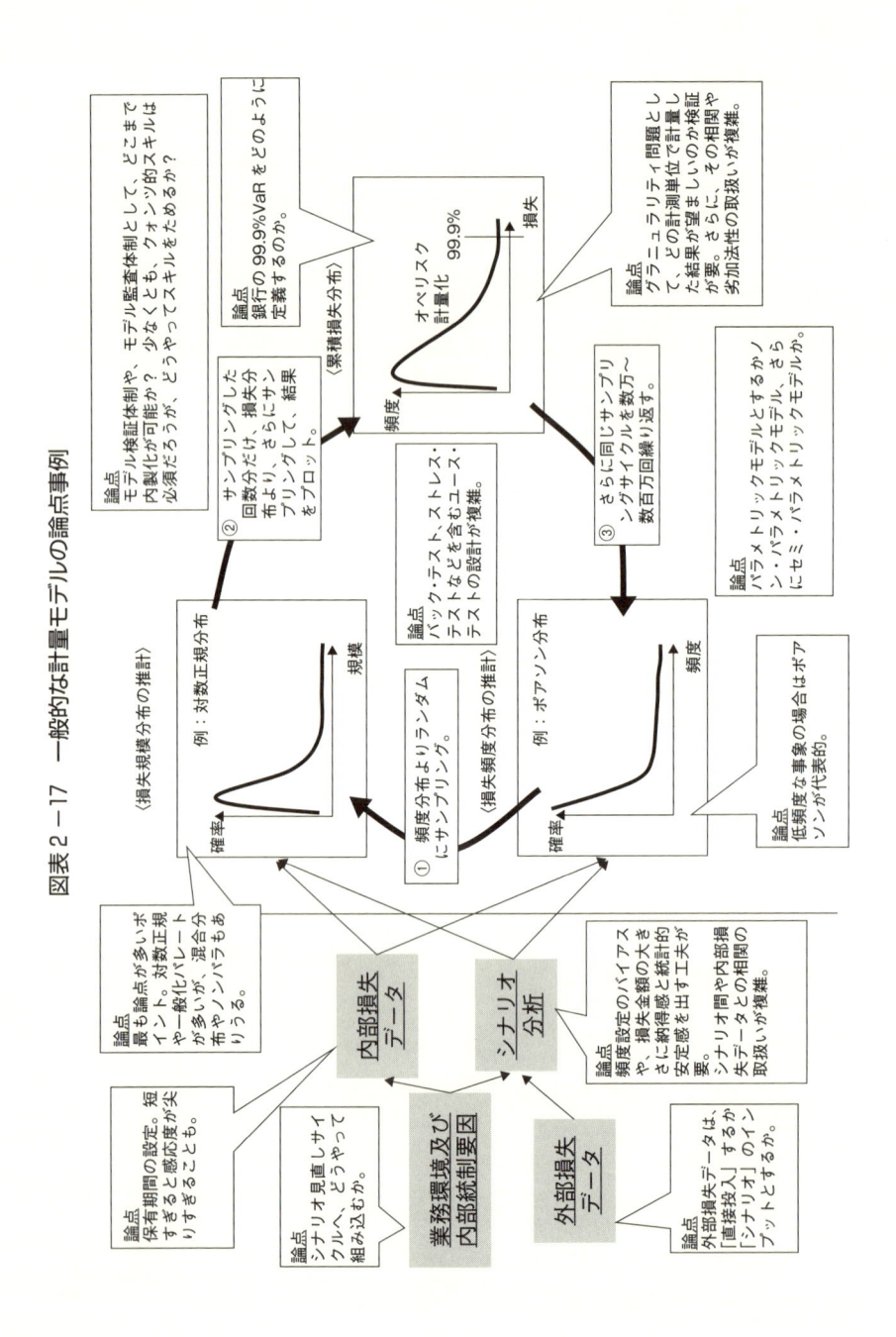

図表2-17 一般的な計量モデルの論点事例

# 第3章

# オペレーショナル・リスク計量フレームワークとその検証

本章では、先進的計測手法における、オペレーショナル・リスクの計量フレームワークとその検証について、数理的側面を中心に解説する（確率統計の基礎やVaRの定義などに関しては既知であるとする）。

　先進的計測手法においては、どのようにリスク量を計測するかについて、銀行に大きな自由度が与えられている。一方、その妥当性を自ら検証し監督当局に対して示すことも求められている。この分野はいまだ発展中であり、リスク量の計測方法や検証方法に標準化された手法が確立されているわけではない。いろいろな手法が研究されているが、そのなかでも代表的なものの考え方と、実施方法を設計する際の論点を本節では述べていくこととする。

　本章の構成は以下のとおりである。第1節「オペレーショナル・リスクの計量フレームワーク」では、告示の規程を満たすリスク計測方法について、代表的な方法の紹介や実施上の論点の説明を行う。第2節「計量フレームワークの検証」では、リスク計測方法の妥当性検証の考え方、および、特に重要である挙動分析と精度評価の方法・論点について述べる。第3節「配分手法とその検証」では、先進的計測手法で特に子銀行に対して認められている"配分手法"によるリスク計測方法、およびその妥当性検証について概説する。

## 第1節　オペレーショナル・リスクの計量フレームワーク

　告示によると、先進的計測手法によるオペレーショナル・リスク見合いの規制上の資本額は、「片側九十九・九パーセントの信頼区間で、期間を一年間として予想される最大のオペレーショナル・リスク損失の額に相当する額」とされている。また、それを計測する際に、「内部損失データ、外部損失データ、シナリオ分析、業務環境及び内部統制要因」の情報を適切に利用

することが求められている。ほかにもいくつかの条件が定められているが、具体的な計測方法の設計は基本的に銀行に委ねられている。一方、当該計測方法の妥当性を監督当局に示せることも、先進的計測手法を採用する条件の一つとなっている。なお表現の簡略のために、本章においては、以下

「オペレーショナル・リスクの損失」を「損失」
「リスク計測の対象となる1年間」を「保有期間」
「確率変数Xの確率分布の下側99.9パーセンタイル点」を「VaR［X］」
「業務環境及び内部統制要因」を「BEICFs」

と表すことにする。また、正確な定義は後に行うが「どのような損失事象がどのような組合せで発生し、それぞれがどれくらいの規模になるかの確率分布」を「リスクプロファイル」と述べることにする。

数理的には、これらの告示要件は損失の発生を確率的事象であるとみなしたうえで、以下を要求していることになる。

・保有期間での総損失額をLとし、リスク量VaR［L］を規制資本額とする。
・上記4要素の情報を適切に利用して、リスク量VaR［L］を推定せよ。
・リスク量VaR［L］の推定方法の妥当性を監督当局に示せ。

上記の要件を満たすオペレーショナル・リスク計量フレームワークは、基本的に次頁図表3―1に示すようなものになる。

**情報収集とデータ化**においては、内部損失データ、外部損失データ、シナリオ分析、BEICFsに関する情報が収集され、次段以降の処理のための入力データに変換される。

**モデルによるリスク量推定**においては、保有期間中のリスクプロファイルやLの確率分布が数理モデルに基づいて推定され、リスク量VaR［L］の推定結果が出力される。

**モデル弱点の顕在化検出と補償**においては、モデルによるリスク量VaR［L］の推定結果が信頼できるのかチェックされる。チェックの結果、必要で

あればモデルの出力に適切な補償を施したものを、リスク量 VaR[L] の最終的な推定結果＝規制資本額として出力する。

　どんなモデルにも限界があり、状況によっては推定がうまくいかなくなる場合もある。「モデル弱点の顕在化検出と補償」の処理は、そのような状況になっているときにもそれを検出し、必要な補償が行われたものを最終的に VaR[L] の推定結果（＝規制資本額）として出力するための仕組みである。「将来にわたって当該フレームワークで規制資本額を計測する」ことの妥当性を、承認審査という一時期の情報のみで当局に示すためには、本処理が必

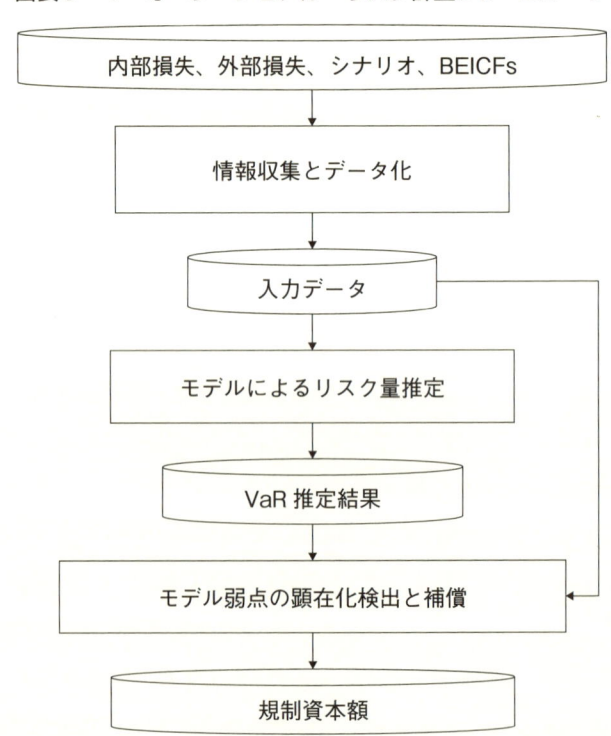

図表3－1　オペレーショナル・リスク計量フレームワーク

```
   ┌─────────────────────────────┐
   │ 内部損失、外部損失、シナリオ、BEICFs │
   └─────────────────────────────┘
                  │
                  ▼
   ┌─────────────────────────────┐
   │      情報収集とデータ化         │
   └─────────────────────────────┘
                  │
                  ▼
   ┌─────────────────────────────┐
   │         入力データ             │──┐
   └─────────────────────────────┘  │
                  │                  │
                  ▼                  │
   ┌─────────────────────────────┐  │
   │    モデルによるリスク量推定      │  │
   └─────────────────────────────┘  │
                  │                  │
                  ▼                  │
   ┌─────────────────────────────┐  │
   │        VaR 推定結果           │  │
   └─────────────────────────────┘  │
                  │                  │
                  ▼                  │
   ┌─────────────────────────────┐  │
   │   モデル弱点の顕在化検出と補償   │◀─┘
   └─────────────────────────────┘
                  │
                  ▼
   ┌─────────────────────────────┐
   │         規制資本額             │
   └─────────────────────────────┘
```

須である。

　以下、各処理の概要と具体的な方法を設計する際の論点を述べていく。各処理とも「こうすればよい」という決定的な方法があるわけではなく、設計上の選択肢に関して多くの論点がある。さらに、それらは互いに複雑な方法で影響を及ぼし合うため、独立に選択できるものではない。120頁の第2節で述べる検証作業を通して、フレームワーク全体として妥当になるように、方式設計をしていかなくてはならないのである。

# 1　情報収集とデータ化

　まず、「情報収集とデータ化」では、内部損失データ、外部損失データ、シナリオ分析、BEICFs に関する情報が収集され、以降の処理のための入力データに変換される。各情報とも、収集結果そのままではなく、フィルタリングや整形、変換等が施されてから入力データとされる場合が多い。各情報の収集とデータ化の概要、数理的側面からの主な論点は以下のとおりである（収集や管理の方法といった定性的な側面に関しては、第2章（35頁）参照）。

### (1)　内部損失データ

　告示上の定義は「銀行の内部で生じたオペレーショナル・リスク損失に関する情報」である。

　損失の発生は確率的現象であるとする先進的計測手法の立場からは、内部損失データは「データ収集期間中のリスクプロファイルに従って発生した損失の標本（サンプル、確率変数の実現値）」ということになる。データ収集期間と保有期間でリスクプロファイルが変わらないとすれば、このデータから統計的手法等により、保有期間中のリスクプロファイルや総損失額 $L$ の分布を推定できることになる。

　内部損失データの収集・データ化を実施する際の論点としては
　・データ期間：どれくらい過去のデータまで使用するか

短いとサンプル数が少ない。長すぎると保有期間中とリスクプロファイルが大きく違う可能性がある。
・最低金額：どれくらい小額のデータまで使用するか
　　金額によってリスクプロファイルが異なる場合は、うまく設定することでリスク量の推定が容易になる場合などがある。
・丸め単位：損失額を万円単位で丸めるのか等
　　推定プログラムの負荷等に影響。

等があげられる。

## (2) 外部損失データ

告示上の定義は「銀行の外部から収集したオペレーショナル・リスク損失に関する情報であって、銀行におけるオペレーショナル・リスクの管理に資するもの」である。

外部損失データは、当該銀行のリスクプロファイルに従って発生したのではないので、これを利用して直接的に当該銀行のリスクプロファイルを推定する等はできない。しかしながら、本データの収集先と当該銀行のリスクプロファイルがなんらかの意味で類似しているのであれば、本データを補助的に利用することにより、推定精度の向上が期待できる可能性もある。

外部損失データに関する論点としては、上記のデータ期間、最低金額、丸め単位などのほかに
・データ収集方法：どうやってデータを集めるか
　　新聞等だとニュースになりやすいものに偏って収集される。インターネット等だと正確性・信憑性に問題あり。互いに内部損失データを開示し合う契約を結ぶ例もある（データコンソーシアム）。
・データ収集範囲：同業態に限るのか、類似業態／他業態を含めるか
　　狭い収集範囲ではサンプル数が少ない。広くしすぎると当該銀行とデータの収集先でリスクプロファイルが大きく違う可能性がある。

等があげられる。

また、上記の論点に解を与えるのが困難な場合には、入力データ化するのではなく、シナリオ分析の網羅性／正確性を向上させるために利用される場合も多い。本書でも、そのような利用法を想定し、外部損失データを入力データ化しないフレームワークを例として記述していく。

### (3) シナリオ分析

告示上の定義は「重大なオペレーショナル・リスク損失の額及び発生頻度について、専門的な知識及び経験並びにオペレーショナル・リスクに関する情報に基づいて推計する手法」である。

損失の発生を確率的現象とみなす立場からは、シナリオ分析の結果というのは、保有期間中のリスクプロファイルにおける、いくつかの損失の額や発生頻度に関する（標本取得以外の方法で得た）情報ということになる。これは、データ収集期間ではなく、保有期間中のリスクプロファイルに関する情報が直接得られるという点で、上記の二つの損失データとは性質が決定的に異なる。シナリオ分析が適切に行われるのであれば、そのデータを利用することで、保有期間中のリスクプロファイルや総損失額Lの分布の推定精度を向上させることができる。

シナリオ分析に関する主要な論点としては

・データ形式：どのような情報を入力データにするか

　　各損失事象に対して平均的な額と頻度を入力データにするか、特定の額を超える頻度等を入力データにするのか、それらの組合せか等。データ形式によって、シナリオ分析の手間やリスク量の推定精度が変わってくる。

・網羅性／正確性の確保：どうやって漏れ／間違いをなくすか

　　属人的な知識や経験のみに依存せず、いろいろな情報（外部損失データ・BEICFsなど）を参考にする。

等があげられる（シナリオ分析法等の定性面での論点は本節の範囲外）。

### (4) BEICFs

告示上の定義は「オペレーショナル・リスクに影響を与える要因であって、銀行の業務の環境及び内部統制の状況に関するもの」である。

これは、保有期間中のリスクプロファイルに対して影響を与える情報（のなかで特に業務環境と内部統制関連のもの）ということになる。

BEICFs も外部損失データと同様、シナリオ分析の網羅性／正確性を向上させるために利用される場合が多い。本書でも、そのような利用法を想定し、BEICFs を入力データ化しないフレームワークを例として記述していく。

上述のとおり、外部損失データと BEICFs は入力データ化するのではなく、シナリオ分析の網羅性／正確性を向上させるために利用する場合を例として、本書は記述する。以下、内部損失データから生成された入力データの集合を ILD、シナリオ分析から生成された入力データの集合を SD と書くことにする。

## 2 モデルによるリスク量推定

「モデルによるリスク量推定」においては、保有期間中のリスクプロファイルや総損失額 L の確率分布が数理モデルに基づいて推定され、リスク量 VaR[L] の推定結果が出力される。標準的な方法が確立しているわけではないが、大枠としては以下のプロセスに従うのが一般的になってきている。

① 損失事象の計量単位への分解

まず、リスクプロファイルの推定や後述の検証作業を容易にするために、当該銀行で発生する損失事象を、イベントタイプやビジネスラインなどに応じてグルーピングする。分解された一つ一つのグループをここでは計量単位と呼ぶことにする。以下、全部で $U^1, \cdots, U^C$ の C 個の計量単位に

分解したとする。
② 計量単位ごとの頻度分布と規模分布推定

次に、計量単位ごとに頻度分布と規模分布を入力データから推定する。ここで、頻度分布とは「保有期間中に生起する損失事象の回数の確率分布」であり、規模分布とは「保有期間中に生起する個々の損失事象の損失額の分布」である。

計量単位 $U^i$ における保有期間中での損失事象の生起回数を $N^i$、同計量単位における保有期間中での j 番目の損失事象で被る損失額を $L_j^i$ と書くことにする（i＝1, …, C、j＝1, …, $N^i$）。$N^i$ の従う分布が計量単位 $U^i$ の頻度分布、（何番目の事象かを無視した）$L_j^i$ の従う分布が $U^i$ の規模分布である。以下、$U^i$ の頻度分布の推定結果を $F^i$ と記し、規模分布の推定結果を $S_0^i$ と記すことにする。

③ 計量単位ごとの総損失額の分布推定

さらに、計量単位ごとに「保有期間中の総損失額 $L_1^i + \cdots + L_{N^i}^i$」の分布を推定する。上記総損失額を $L^i$ と書くことにする。$L^i$ の分布を推定するには $N^i$ や $L_j^i$ の間の確率的依存関係（相関）の影響に関しても適切に織り込む必要があるが、一般にはこれらがすべて独立であると置いてしまうことが多い。これらの独立性を仮定すれば、頻度分布の推定結果 $F^i$ と規模分布の推定結果 $S_0^i$ を使って、$L^i$ の分布を推定することができる。$L^i$ の分布の推定結果を $S^i$ と書くことにする。

④ 分布の統合とリスク量（99.9％点）の推定

最後に計量単位ごとの推定結果を統合して、銀行全体の総損失額 L の分布とリスク量 VaR[L]を推定する。上記の記号を用いると L＝$L^1 + \cdots + L^C$ である。L の分布の推定結果を S と表すことにする。L の分布の推定には $L^1, \cdots, L^C$ の間の確率的依存関係、すなわち損失額の計量単位間の相関（依存性）の影響を適切に織り込む必要がある。それができない場合は、計量単位ごとに推定したリスク量 VaR[$L^i$] の総和を銀行全体のリスク量

の推定値とすることが告示で要求されている。

以下、上記のリスク量推定プロセスを設計する際の論点を述べる。

### (1) 計量単位への分解の詳密性（グラニュラリティ）

計量単位への分解の細かさは"グラニュラリティ"と呼ばれる。どのように分解すると推定や検証が容易になるかは、その銀行のリスクプロファイルや、推定のために置く仮定に依存する。そのため、適切なグラニュラリティに関しては銀行間で考え方に大きな差があり、まったく分解を行わない方法から、百近くに分解する方法までが提案されている。また後述するように、分解方法は計量単位間の相関（確率的な依存関係）の取扱い方と密接な関係があるので、その面からも検討が必要になる。

### (2) 頻度分布の推定

損失事象発生タイミングの予測不可能性や、単位時間当りの発生確率の不変性等を考慮して、頻度分布の推定においてはポアソン性を仮定し、そのパラメータを入力データから推定することが多い。一方、内部損失データの傾向を観察した結果や、フレームワークの保守性の確保等の観点から、ポアソン分布のパラメータ自体も確率的に揺らぐ（混合ポアソン分布）と仮定する方法や、ベイズ的な手法に基づく例等も見受けられる。

### (3) 規模分布の推定

規模分布の推定において設けられる仮定は多様である。仮定される分布の主な種類だけでも、対数正規分布、ワイブル分布、一般化パレート分布、g-and-h分布やそれらの切断／混合分布などがあげられる。そのパラメータを推定する方法としても、最尤法やモーメント法、幾何学的な方法やそれらのバリエーションなどが、状況に応じて採用されている。一方、特定の分布の種類を仮定するパラメトリックなアプローチではなく、ノン・パラメトリッ

クに規模分布を推定する方法やセミ・パラメトリックな手法も提案されている。また、同一銀行内でも計量単位によって違う分布を採用している例も多くある。

### (4) 計量単位ごとの総損失額の分布推定

計量単位内での総損失額 $L^i$ の確率分布を推定するためには、個別の損失事象における損失額 $L_1^i, \cdots, L_{N^i}^i$ の間の相関に関する情報も推定する必要がある。しかしながら（前述のとおり）これらは互いに独立に同じ $S_i^i$ に従うと仮定する場合が多い。さらに損失件数 $N^i$ もこれらと独立に $F^i$ に従っていると仮定して、これら頻度分布と規模分布の推定結果から、総損失額 $L^i$ の確率分布をモンテカルロシミュレーションで推定する例がほとんどである。すなわち、

① 事象件数 $N^i$ を、頻度分布の推定結果 $F^i$ に従う疑似乱数で生成し
② その数だけの損失金額 $L_1^i, \cdots, L_{N^i}^i$ を、規模分布の推定結果 $S_i^i$ に従って独立に疑似乱数で生成したうえで
③ それらの合計額 $L^i = L_1^i + \cdots + L_{N^i}^i$ を求める

という試行を多数回繰り返し、得られた $L^i$ の経験分布を総損失額の確率分布の推定結果 $S^i$ とするということになる（次頁図表3－2）。

この手法においては、$F^i$ や $S_i^i$ に従う疑似乱数の適切な生成方法や、試行の回数が設計上の論点になる。一方、モンテカルロシミュレーションによらず、畳み込み演算を効率化すること等で解析的に $S^i$ を求めようとする方法等も提案されている。

### (5) 分布の統合と相関の取扱い

銀行全体での保有期間中の総損失額 L の確率分布を推定するためには、計量単位ごとの総損失額 $L^1, \cdots, L^c$ の間の相関に関する情報を推定する必要がある。そのような情報がある程度の信頼性をもって入手できるのであれ

図表3—2　モンテカルロシミュレーションによる累積損失額の分布計算

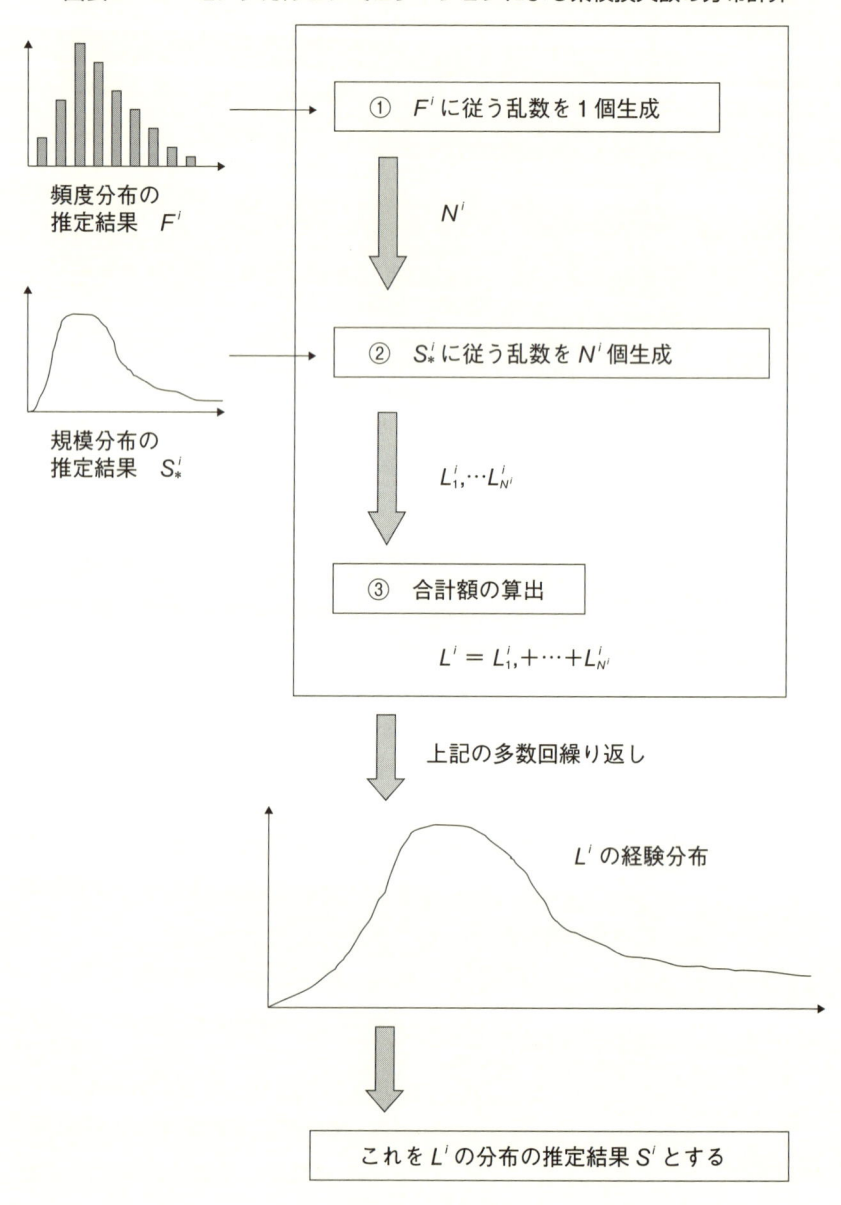

頻度分布の推定結果　$F^i$

規模分布の推定結果　$S^i_*$

① $F^i$に従う乱数を1個生成

$N^i$

② $S^i_*$に従う乱数を$N^i$個生成

$L^i_1, \cdots L^i_{N^i}$

③ 合計額の算出

$L^i = L^i_1 + \cdots + L^i_{N^i}$

上記の多数回繰り返し

$L^i$の経験分布

これを$L^i$の分布の推定結果$S^i$とする

ば、コピュラなどの手法を用いることによって、$S^1, \cdots, S^c$ から L の分布を推定することはできる。しかしながら、相関の情報を得るのは一般に非常に困難であり、実務上そのような例はほとんど見受けられない。

相関を適切に考慮できない場合は、告示の要求のとおり、計量単位ごとに推定したリスク量 $\mathrm{VaR}[L^i]$ の総和を銀行全体のリスク量の推定値とすることになる。これは、計量単位ごとのリスク量を単純加算したもの $\mathrm{VaR}[L^1] + \cdots + \mathrm{VaR}[L^c]$ のほうが、銀行全体のリスク量 $\mathrm{VaR}[L^1 + \cdots + L^c]$ より大きく（リスク量の劣加法性が成立）、結果として保守的になるだろうという考えからきている。実際、この単純加算の方法を採用している場合が多い。

単純加算したものをリスク量とするということは、相関を1（完全相関）とすることに相当する。計量単位内の損失事象間を独立であると仮定する場合、計量単位を細かく（グラニュラリティを高く）定義するほど、単純加算のもとでは銀行全体として事象間の相関を強く仮定することになる。結果として多くの場合、計量単位を細かくした際のリスク量の推定結果は大きく、粗くした場合の結果は小さくなる傾向がある。計量単位の個数を小さく定義する場合には、最終的に出力されるリスク量の推定結果の保守性について、特に強く留意して検証する必要がある。

## 3 モデル弱点の顕在化検出と補償

「モデル弱点の顕在化検出と補償」においては、モデルによるリスク量 $\mathrm{VaR}[L]$ の推定結果が信頼できるのかチェックされる。チェックの結果、必要であればモデルの出力に適切な補償を施したものを、リスク量 $\mathrm{VaR}[L]$ の最終的な推定結果＝規制資本額として出力する。

どんなモデルにも限界があり、状況によってはうまく推定ができない場合もある。たとえば、リスクプロファイルの変化等により、いくつかの仮定が不成立となっている場合や、シナリオデータが不正確となっている場合には、モデルがリスク量を過小推定してしまうことも想定される。そのような

状況になっているときにもそれを検出し、必要な補償が行われたものを最終的に VaR[L] の推定結果（＝規制資本額）として出力するための仕組みである。

モデルの推定結果を信頼できるかどうかは、リスクプロファイルといった時間とともに変化するものにも依存していることに加え、シナリオ分析の網羅性や正確性など、確認するのにある程度の期間の情報を蓄える必要があるものにも依存する。そのため、この「モデル弱点の顕在化検出と補償」は、規制資本額の計測を行うたびに実行される必要があるものである。

この仕組みを設計するためには
① どのような条件の場合、モデルによるリスク量推定結果が、どの程度信頼できるのかの評価
② 信頼できなくなる条件（モデルの弱点）の列挙と、その条件下での推定結果の過小度合い
③ 対処すべき弱点の決定
④ 各弱点に相当する条件が成立（弱点の顕在化）してしまった場合に、それを検出し過小分を補償する方法の設計

等の段階を踏む必要がある。この詳細については124頁「第 2 節　2　モデルの精度評価と弱点補償」で述べる。

## 第 2 節　計量フレームワークの検証

先進的計測手法においては規制資本額の計測方法、すなわち、前節のオペレーショナル・リスク計量フレームワークの妥当性を銀行自らが検証し、監督当局に示すことが、承認要件の一つとなっている。数理的側面から示すべき妥当性は、大きく分けて以下の三つである。

**整合性**：計測方法に概念的破たんや矛盾／数学的な間違いがない

整合性は計量フレームワークの妥当性検証の出発点である。

その検証は、第三者が再構築可能なレベルでの計測手順の記述、すべての仮定した内容のリストと、そこからの計測手順の導出過程等を文書化したうえで、それらを専門家がチェックすることにより行う。当局にも、これらの文書を示して、整合性を主張することになる。

**感応性**：入力データの変化に対応して、計測結果が適切に変化する

計測結果の適切な変化とは「大きい損失が起きればきちんと資本額が増大する」「リスク軽減策の結果としてシナリオが修正されれば資本額が減少する」「瑣末な入力データの変化で過度に資本額がぶれない」等のことである。

ユース・テスト（第2章参照）のためにも感応性は重要である。

感応性の検証は、計測モデルおよび計量フレームワークの入出力関係を詳しく調べる「挙動分析」によって行う。詳細に関しては本節で後述する。

**保守性**：計測結果が、当該銀行のリスク量 VaR[L] を下回らない／にくい

そして当然、VaR[L] 推定が保守的であることが大前提である。

保守性の検証は、計測モデルおよび計量フレームワークにおいて、「VaR[L] の推定が、どのような条件で、どれくらいぶれるか」を詳しく調べる「精度評価」によって行う。これに関しても詳細を本節で後述する。

感応性を検証するための挙動分析の詳細は「1　モデルの挙動分析」（122頁）で、保守性を検証するための精度評価の詳細は「2　モデルの精度評価と弱点補償」（124頁）で、フレームワーク全体の感応性・保守性の検証については「3　フレームワーク全体の検証」（138頁）で述べる。

なお、上記にあげた性質を厳密に追求していくと、一般的にきわめて複雑なフレームワークになってしまう。ユース・テスト上は運用に耐えるシンプルさも必要なために、どこかでバランスをとる必要がある。その場合、犠牲にされる性質と影響の大きさを完全に把握したうえで、当局との対話を行うことになる。

# 1 モデルの挙動分析

 感応性の検証は、モデルの挙動分析、および、フレームワーク全体の挙動分析によって行う。ここでは前者について述べる。

 本章では、内部損失データとシナリオ分析から入力データを生成するフレームワークを例として想定している（外部損失データと BEICFs はシナリオ分析のための補助情報としてのみ用いる）。前述のとおり、内部損失データを入力データ化したものを ILD、シナリオ分析を入力データ化したものを SD とする。モデルによるリスク量の推定とは、入力データから各分布の推定を行って、VaR[L] の推定結果を出力することであった。この入出力関係を関数 R で書くことにする。すなわち　VaR[L] の推定結果＝R（ILD, SD）となる。

 モデルの挙動分析とは「どのような入力データを与えると、どのようなリスク量の推定結果をモデルが出力するか」を詳しく調べることである。すなわち、いろいろな ILD や SD を与えたときの、R（ILD, SD）の値を網羅的に調査することになる。与えられた ILD、SD に対する R（ILD, SD）の値を求めるには、実際のモデルの推定プログラムを走らせてもよいし、解析的な方法等でいわゆる感度分析に相当することを行ってもよい。以下、挙動分析の際の論点を述べる。

## (1) 調べるべき入力データ

 ILD や SD の値には無限のバリエーションがあるので、そのすべてについて R（ILD, SD）を調べるのは不可能である。そこでまず、銀行が実際に現状保有している ILD、SD を出発点として、いくつかのデータを削除、もしくは仮想データを追加などして大体の傾向を把握し、特に不都合な挙動がみられた方向に調査範囲を拡大していくということが基本になる。

 当然、調べる ILD、SD は、モデルにとって都合のよい入力データばかり

であってはならない。モデルが頻度分布としてポアソン性を仮定しているなら、そうではないような入力データについても調べる必要がある。さらに、各種の独立性仮定が破られた状況に相当するような入力データなども調べる必要がある。

### (2) 感応の向きと大きさ

挙動分析の主眼の一つは、入力データを変化させたときの出力の変化の方向と大きさが、妥当であるかの観察である。新たな内部損失データやシナリオを追加したのに、出力されるリスク量がきちんと増大しなかったり、(内部統制の向上などに相当する) シナリオの頻度や規模の削減を行ったのに、リスク量がきちんと減少しなかったりする場合がないか調べる必要がある。あるいは、独立性仮定を破るような方向に入力データを変化させた場合に、出力が適切に増大するか等も観察する必要がある。

### (3) 安定性

その逆に、微細な入力の変化によって、極端な出力の変化が引き起こされる場合がないかも確認が必要である。

### (4) 挙動の要因分析

一般に、入出力関係を直接とらえるのは非常にむずかしい。そこで、頻度分布や規模分布のパラメータ、計量単位ごとのリスク量等の中間変数の推定結果と、入力データの関係をとらえるという挙動の要因分析が有益である場合が多い。あるいは、複数の中間変数の推定結果間の関係をとらえるというアプローチも同様である。特に、不適切な挙動が発見された場合に、その原因を探るのが容易になる。リスク管理になんらかの中間変数も利用しているのであれば、その推定結果の挙動分析はユース・テスト上、必須となる。

(5) 分析結果の整理と傾向の把握

調査したILD、SDとR（ILD，SD）の関係は、データの羅列として蓄積してあるだけでは不十分であり、十分に整理を行う必要がある。少なくとも以下の観点からは、直感的な言明ができる程度にまで傾向を把握する必要がある。

① 損失データに対する感応度
　計量単位別に
　　特定の額（1億円、10億円等）の損失が起きたときの、資本の変化
　　頻度が特定の割合（2倍、3倍……等）増えたときの、資本の変化
② シナリオデータに対する感応度
　主要なシナリオごとに、金額や頻度を変化させたときの、資本の変化

## 2　モデルの精度評価と弱点補償

保守性の検証は、モデルの精度評価と弱点補償、および、それを経たフレームワーク全体の精度評価によって行う。ここでは、モデルの精度評価と弱点補償について述べる。

モデルの精度評価とは「どのような条件のときに、モデルによるリスク量の推定結果がどれくらいぶれるか」を詳しく調べることである。弱点補償とは、モデルがリスク量を過小推定するような状況になったときに、それを検出し必要な補償を行うことである。以下、若干の準備の後に、これらの方法について説明する。

(1) 準備——リスクプロファイルとリスク計量フレームワーク

精度評価の議論に必要なので、これまで述べてきたリスク計量フレームワークについて、銀行のリスクプロファイルとの関係を数理的観点からまとめておく。

### a　リスクプロファイル

まず、先進的計測手法において、損失事象の発生は確率的な現象であるとみなされている。すなわち、各計量単位における保有期間中の損失事象の回数 $N^i$ (i=1,…,C)、およびそれらの各損失額 $L_j^i$ (j=1,…,$N^i$) は確率変数である。それらすべての同時確率分布関数を

$$P^*(N^1,…,N^C,L_1^1,…,L_{N^1}^1,…,L_1^C,…,L_{N^C}^C)$$

と表すことにする。この分布関数は「保有期間中に各計量単位で発生する損失事象の個数と額のすべての組合せ」についてその確率を与えるものであり、発生する事象間の相関関係の情報等もすべて表現したものになっている。保有期間中に発生する一連の損失事象の可能性をすべて表したものなので、これが当該期間の（事象回数と金額に関する）リスクプロファイルそのものである。以下、この分布関数をリスクプロファイルと呼び、特に混乱のない場合は $P^*$ と略記することにする。

計量単位ごとの総損失額 $L^i = L_1^i + … + L_{N^i}^i$ や、銀行全体の総損失額 $L = L^1 + … + L^C$ は、上記の確率変数の関数であるので、これらも確率変数である。$L^i$ や L の（同時）確率分布は、リスクプロファイル $P^*$ により一意に既定される。

### b　規制資本額

告示要件「片側九十九・九パーセントの信頼区間で、期間を一年間として予想される最大のオペレーショナル・リスク損失の額に相当する額」というのは、$P^*$ によって既定される L の確率分布の99.9パーセンタイル点、すなわち VaR[L] である。これを推定することを先進的計測手法は求めていることになる。

$P^*$ が既知であれば、L の確率分布を計算し VaR[L] を求めることは簡単であるが、$P^*$ は未知である。これまで説明してきたリスク計量フレームワークは、この $P^*$ を推定したうえで、L の確率分布および VaR[L] を推定しようとするものである。

以下、さらに詳しく、リスク計量フレームワークの各処理について、銀行のリスクプロファイルとの関係の観点からまとめておく。

### c　情報収集とデータ化

「内部損失データ」は、データ収集期間における当該銀行のリスクプロファイルに従って生成された、$N^i$ と $L^i_j$ の標本（実現値）データである。入力データ化の方法（百万円以上、万円単位で丸め等）により、標本そのままではなく加工等された結果が推定モデルへの入力データ ILD となる。

「シナリオ分析」は、リスクプロファイル $P^*$ に関する一部の情報をなんらかの方法で専門家等が入手する作業である。$P^*$ のどのような情報が入手され、どのような形式で推定モデルへの入力データ SD とされるかは、入力データ化の方法により決まる。

「外部損失データ」と「BEICFs」については、シナリオ分析の補助のみに用いられるとして、ここでの記述は割愛する。

### d　モデルによるリスク量推定

モデルによるリスク量推定においては「計量単位間で損失事象は互いに確率的に独立である」や「頻度や各損失金額は互いに確率的に独立である」「頻度分布はポアソン分布に従う」等のように、損失事象発生の確率構造にいくつかの仮定を置いたうえで、各確率変数の分布を入力データから推定し、それに基づいて VaR[L] を推定する。リスクプロファイル $P^*$ との関係の観点からは、この処理は以下のことをやっているのに相当する。

まず、損失事象発生の確率構造に仮定を置くというのは、$P^*$ の関数形に制限を与えているということである。たとえば「計量単位間で損失事象は互いに確率的に独立である」と仮定するのは、$P^*$ の関数形は

$$P^1(N^1, L^1_1, \cdots, L^1_{N^1}) \times \cdots \times P^C(N^C, L^C_1, \cdots, L^C_{N^C})$$

のように、計量単位ごとの確率分布関数の積で書けるものに制限していることになる。さらに「頻度や各損失金額は互いに確率的に独立であり、計量単位内では、各損失金額が同一の分布に従う」と仮定すると、$P^*$ の関数形は

$$\prod_{i=1}^{c} P_F^i(N^i) \prod_{j=1}^{N^i} P_S^i(L_j^i) \qquad (式1)$$

という積の形に書けるものに制限していることになる。加えて「頻度分布はポアソン分布に従う」「規模分布は対数正規分布」等と仮定すると、$P_F^i$ と $P_S^i$ がポアソン分布、対数正規分布の関数形になっているものに限るとすることになる。

このような仮定を置いたうえで、各確率変数の分布を入力データから推定するということは、$P^*$ の関数形が上記のような制限を満たすとして、それを入力データから推定していることに相当する。$P^*$ に何の制限もないと、入力データを与えられても、$P^*$ を推定するのはきわめて困難である。しかしながら、$P^*$ の候補として式1のような形のものだけを想定すればよいのであれば、その推定は、入力データからの $P_F^i$、$P_S^i$ の推定に帰着し、容易になる。すなわち、モデルによるリスク量計測とは、$P^*$ の候補を一部に絞ったうえで、それを入力データから推定し、必要な各値を推定していることになる。

当該銀行リスクプロファイル $P^*$ のもとでのリスク量 VaR[L] を $R^*$ と書くことにする。一方、上記のようにさまざまな仮定や $P^*$ への制限を行った末の、入力データ ILD、SD に対するモデルによる VaR[L] の推定結果を R (ILD, SD) と書くことにする。

一般に、さまざまな仮定や制限を行ったうえで推定した $P^*$ は、もとの $P^*$ と一致しない。すなわち、リスクプロファイル $P^*$ のもとでの VaR[L] と、モデルによるその推定結果は一般には一致しない。以下の議論においては、銀行のリスクプロファイル $P^*$、および、そのもとでの各変数の確率分布と、モデルによるそれらの推定結果を混同しないように注意されたい。

### (2) モデルの精度評価

モデルの精度評価とは「その銀行のリスクプロファイル $P^*$ のもとでの VaR [L] である $R^*$」と「それを入力データ ILD、SD からモデルが推定した結果

であるR（ILD, SD）」がどのようなときにどれくらい食い違うかを把握することである。理想的には、いかなるときにも、常に$R^*$とR（ILD, SD）が一致するようなリスク計量フレームワークが望ましいが、それは不可能である。たとえば後者にはILDという「確率変数の標本値」が含まれており、その関数であるR（ILD, SD）は本質的に**確率的揺らぎ**をもってしまう。また、R（ILD, SD）の計算中にモンテカルロシミュレーション等の確率的アルゴリズムが含まれる場合は、それもR（ILD, SD）の確率的揺らぎの原因になる。さらに、揺らぐにしても、R（ILD, SD）の挙動の非対称性から、$R^*$に比べてR（ILD, SD）が小さくなることが多かったり、その逆であったりという**バイアス**が存在する。

　R（ILD, SD）がどのように揺らぐかは「リスクプロファイル$P^*$がどうなっているか」「シナリオは網羅的に作成されているか」「それらに誤りはないか」といったさまざまな条件に依存する。

　どのような条件のときに、R（ILD, SD）がどのように揺らぐかを把握できれば、各条件下で、モデルが出力するリスク量の推定結果をどれくらい信じてよいのか（誤差が何割くらいありそうか、過小評価になっている可能性がどれくらいあるのか等）メドをつけることができる。保守性の検証においては、この「どのような条件のときに、R（ILD, SD）がどのように揺らぐか」の把握をまず行う。

　「どのような条件のときに、R（ILD, SD）がどのように揺らぐか」を把握することをモデルの精度評価と呼ぶ。以下、その方法と実施上の論点を述べる。

### a　数値実験による精度評価

　「ある特定の条件下での、R（ILD, SD）の揺らぎ方」は、以下の数値実験により評価することができる。この数値実験をいろいろな条件に対して行うことで、「どのような条件のときに、R（ILD, SD）がどのように揺らぐか」を把握していく。

**【数値実験による精度評価方法】**

手順1　保有期間のリスクプロファイル $P^*$ を一つ固定する。

手順2　$P^*$ のもとでの99.9％点である $R^*$ を計算する。

手順3　$P^*$ に従う乱数生成によりILDを生成する。

手順4　銀行のシナリオ作成規定に従い、$P^*$ からSDを生成する。

手順5　上記ILD、SDを入力としたモデルの出力R（ILD, SD）を計算する。

手順6　上記 $R^*$ とR（ILD, SD）を比較する。

手順7　手順3から手順6を多数回繰り返し、手順6の比較結果の統計的性質を観察する。


　手順1で固定する $P^*$ は必ずしも表式を書き下ろす必要はなく、手順2、3、4の実行が可能でさえあればよい。手順2、3は $P^*$ に従う乱数の生成ができれば実行可能である。手順4については131頁の「c　$P^*$ からシナリオ（SD）への変換」を参照。

　手順2の $R^*$ は、保有期間中の銀行のリスクプロファイル $P^*$ を知っていてはじめて計算できる、いわば当該銀行の真のリスク量である。これは、できる限り数値的な誤差の小さい方法で計算する必要がある。この計算に小さくない誤差が含まれると、手順7の結果の解釈がきわめて困難になる。また、モデルが仮定する条件を満たさない $P^*$ も扱う必要があるので、計算プログラムはモデルと別に準備する必要がある。

　手順3は、内部損失データ収集期間のリスクプロファイルが、保有期間のリスクプロファイル $P^*$ と同一であると仮定していることに相当する。$P^*$ により「１年間にどの計量単位で何件の損失事象が起こり、それぞれの損失金額がいくらになるかの確率」が規定されるので、それに従う乱数をデータ収集期間の分だけ発生させてILDとすればよい。データ収集期間としては、銀行の"内部損失データ収集規定"等で定められているものと一致させる必

要がある。収集する最低金額や、丸め単位等も規定されているのであれば、それに正確に従ってILDを生成させる。

　手順4も、銀行の"シナリオ作成規定"等で定められているものと一致する方法でSDを生成する必要がある。たとえば、シナリオ作成規定で「計量単位ごとに、1,000年に1回以上起きると想定される、最大損失額をシナリオ化する」と定めてあるのであれば、手順1で指定した$P^*$から当該損失額を計算し、それをSDとすることになる。$P^*$からSDを生成する方法に関しては「c　$P^*$からシナリオ（SD）への変換」で後述する。

　手順5は、リスク計量フレームワークの「モデルによるリスク量推定」そのものである。特に理由のない限り当該アルゴリズムそのものを使って、上記で生成されたILDとSDからリスク量R（ILD，SD）を計算する。

　手順6、7により、上記で特定される条件のもとで、モデルによるリスク量推定結果R（ILD，SD）が$R^*$と比べてどのように揺らぐかが観察できる。

　モデルの精度評価においては、上記の数値実験をさまざまな条件で実行し、最終的に「どのような条件のときに、R（ILD，SD）がどのように揺らぐか」を把握するところまで到達する必要がある。特に、弱点検出と補償の仕組みの構築や、ユース・テストを含む規制上の定性的基準の満足のためには、条件と揺らぎ方の関係を直感的に言明できる程度まで、検証結果を十分に整理する必要がある。実際にモデルの精度検証を行う際の論点を述べる。

### b　調べるべき$P^*$の決定方法

　$P^*$には無限のバリエーションがあるので、そのすべてについて上記の数値実験を実行するのは不可能である。そこで、まずシンプルな$P^*$について何通りか調べて傾向を把握し、非保守的になる方向へ$P^*$の調査範囲を広げていくということが基本になる。

　当然のことながら、調べる$P^*$は、モデルに都合のよいものばかりであってはならない。たとえば、モデルが頻度分布としてポアソン分布を仮定しているのであれば、そうでないような$P^*$に関しても調べる必要がある。規模

分布に関しても同様に、仮定されていない $P^*$ について調べる必要がある。さらに同様に、モデルが仮定しているいろいろな独立性に関しても、それが成立していない $P^*$ を調べていく必要がある。

### c　$P^*$ からシナリオ (SD) への変換

上記の手順4において、調べるべき $P^*$ が指定された後に、銀行のシナリオ作成規定に従って SD を生成するというのは通常は困難である。この困難性を回避するには、$P^*$ の表し方に以下のような工夫をするとよい。

ここまで、損失事象を「どの計量単位に属するか」で分解し、$i$ 番目の計量単位での事象回数を $N^i$ 等と置いてきた。その分解に加えて、損失事象を「どのシナリオに属するか」でさらに細分するのである。すなわち $i$ 番目の計量単位における $k$ 番目のシナリオに属する損失事象の回数を $N^{i,k}$ と定義し、各損失金額を同様に $L_\ell^{i,k}$ と定義する ($\ell=1,\cdots,N^{i,k}$)。そのうえで、手順1においては、$P^*$ を指定するかわりに、これらの変数の同時確率分布 $P^{**}$ を指定する。

$P^{**}$ が指定されると、$k$ 番目のシナリオに属する損失事象の回数と金額の同時確率分布が決まるので、その情報から銀行のシナリオ作成規定に従って SD を生成することは容易である。たとえば「各シナリオとも10億円以上の損失になる確率をデータ化する」とシナリオ作成規定で定めてあるなら、$P^{**}$ によって規定される「各シナリオの回数と金額の同時確率分布」から当該確率を求め、それらを SD とすればよい。

一方、細分前の $N^i$ や $L_j^i$ は細分後の $N^{i,k}$ や $L_\ell^{i,k}$ の関数であるので、その同時確率分布 $P^*$ は $P^{**}$ が指定されると決まる（$j$ と $\ell$ の対応の自由度は残るが、手順2、3の実行には影響を与えない）。なお、上記の細分によって $P^*$ 自身には何の制限も加わらないことに注意。

上記のような細分を行い、$P^{**}$ を指定することで、$P^*$ とそれに対応する SD を機械的に生成することができる。調べるべき $P^{**}$ の決定方法に関しては、「b　調べるべき $P^*$ の決定方法」を参照。

### d　シナリオの書き漏らし／書き間違いの反映

　$P^{**}$を経由する方法で、リスクプロファイル$P^{*}$に対応するSDを生成すると、$P^{*}$に対して完璧なシナリオ分析ができた場合の結果、すなわち「保有期間中のリスクプロファイルにおける各シナリオの頻度や規模等が完全に正しく記述されたSD」が生成される。しかしながら、シナリオ分析は専門家の経験等に基づいて行われるものであるので、書き漏らしや、書き間違い（頻度／規模の記述が$P^{*}$に対応するものとは異なること）が生じると想定するほうが自然である。

　この書き漏らし、書き間違いがR（ILD, SD）の揺らぎに与える影響も調べる必要がある。これらを数値実験に反映するには、$P^{**}$から生成されたSDに対して、削除（書き漏らしの反映）や変更（書き間違いの反映）を手順4において行えばよい。どれくらいの書き漏らし／書き間違いが、どれくらい精度に影響を与えるかを調べるために、削除割合や変更方法の条件を変えて、数値実験を行うことになる。

### e　内部損失データ収集期間の影響

　手順3では、内部損失データ収集規定に定められている期間に相当する分のILDを生成する。一方、銀行が新規業務に参入した場合などは、該当する部分においては、規定で定められているより短い期間分のILDからリスク量を推定することが想定される。逆に、モデルが仮定する条件を$P^{*}$が満たしていない場合は、内部損失データの収集期間を長くするほど計測結果が非保守的になるような場合も想定できる。

　これらの影響の検証も必要である。そのためには、手順3において生成するILDの収集期間を、規程に定められているもの以外にも変化させて、数値実験を行うことになる。

### f　精度の要因分析

　上記の一連の手順は、R（ILD, SD）の揺らぎ方だけを特定の条件のもとで評価するものである。しかしながら、条件と揺らぎ方の関係を直感的に言

明できるほどに把握するためには、「R（ILD, SD）の計算プロセスのどの部分が、揺らぎにどのように寄与しているか」という精度の要因分析が有益である。

たとえば、計量単位ごとに上記の手順で精度評価をしたり、手順7において手順5、6のみを繰り返したり（モンテカルロシミュレーションの収束具合の観察）、手順3、5、6のみを繰り返したり（ILDの不確定性の影響の観察）等を行うことが想定できる。

あるいは、手順6においてリスク量を比較するだけではなく、$P'$のもとでの$N^i$の分布と、ILD, SDからモデルが推定した$N^i$の分布（頻度分布）を比較するといった、モデルによる中間推定結果との比較も要因分析に有効である。

要因分析を行うことで、各条件が揺らぎ方へ影響を与える様子の理解や、モデルの弱点として検出すべき条件の同定も容易になる。また、計量フレームワーク設計時に要因分析をやっておけば、どの部分の精度を上げることに注力すべきかの情報も得ることができる。

#### g 検証結果の整理と傾向の把握

少なくとも$P'$における以下の条件と揺らぎ方の関係は、直感的な言明ができる程度に把握する（ここでの条件とは、モデルにおける仮定の置き方ではない）。

① 頻度分布／規模分布の形

　銀行のリスクプロファイル$P'$において、どのような頻度分布／規模分布になると、モデルの推定結果が信頼できなくなるのか。

② 損失事象間の相関

　モデルでは独立と仮定している事象間や計量単位間において、銀行のリスクプロファイル上は相関が生じている場合に、モデルの推定結果はどれくらいずれてしまうのか。

③ 内部損失データの収集期間、数

新規参入業務に対応する計量単位において、モデルが信頼できる推定結果を出力するためには、どれくらいの期間、数の内部損失データの蓄積を待つ必要があるのか。モデルの仮定と銀行のリスクプロファイルが整合していないときに、長期間の内部損失データを入力することで、かえって過小推定になったりしないか。

④　シナリオの網羅性、正確性

　シナリオ分析において、どれくらい書き漏らし／書き間違いを行うと、モデルの推定結果がどれくらい悪くなるのか。きちんと過小推定なくモデルがリスク量を出力できるためには、どれくらいの網羅性や正確性が要求されるのか。

### (3)　モデル弱点の同定と対処

　前節で述べた精度評価により「どのような条件のときに、モデルの出力 R (ILD, SD) がどのように揺らぐか」が把握される。ある条件のもとで、R (ILD, SD) が揺らぎによって $R^*$ を下回る確率が小さくないことを、「その条件で、そのモデルは非保守的である」と表現することにする。また、あるモデルが非保守的になる条件のことを、「そのモデルの弱点」と呼ぶことにする。

　一般に、一つのモデルは複数の弱点をもつ。たとえば、精度評価により「内部損失データの収集期間が8年未満である」や「$P^i$ において、$N^i$ がポアソン分布でない」「シナリオの書き漏らしが20％以上ある」等の条件下では、そのモデルが非保守的になるということがみつかっていれば、これらはそのモデルの弱点ということになる。精度検証がしっかりできていれば、必然的に当該モデルの弱点も把握されることになる。以下、モデルの弱点、すなわち「そのモデルが非保守的となる条件」が成立してしまうことを「その弱点が顕在化している」と表現することにする。

　「将来にわたって当該フレームワークで規制資本額を計測する」ことの保

守性を示すためには、顕在化しうる弱点に対して対処がすんでいる必要がある。逆に、きわめて特殊な場合にしか顕在化しないような弱点に関しては、十分にその内容を確認したうえで、対処しないと決定するのも実務上望ましいことである。

　対処方法の第1は、第1節1や第1節2の設計上の論点等を考慮して「情報収集とデータ化」や「モデルによるリスク量推定」の方法を改良し、弱点自体を取り除いてしまうことである。一方、これらの改良では取り除けない、あるいは顕在化の可能性が低く、そのためだけに改良を行うことは現実的ではないような弱点も一般に存在する。これらに関しては、「**各弱点が顕在化していないか監視**」し、顕在化していると検出された場合には、モデルによるリスク量推定結果R（ILD, SD）をそのまま規制資本額とするのではなく、「**推定結果に対して必要な補償をする**」仕組みの導入で対処することになる。これがリスク計量フレームワーク中の「モデル弱点の顕在化検出と補償」の処理である。

　モデルの弱点が顕在化するかどうかは、リスクプロファイルといった時間とともに変化するものにも依存していることに加え、シナリオ分析の網羅性や正確性など、確認するのにある程度の期間の情報を蓄える必要があるものにも依存する。そのため、この「モデル弱点の顕在化検出と補償」は、規制資本額の計測を行うたびに実行される必要があるものである。以下、弱点の顕在化検出と補償それぞれについて、考え方と論点を述べる。

### a　モデル弱点の顕在化検出

　「内部損失データの収集期間が8年未満である」等の弱点は、顕在化検出の方法は自明である。一方、「銀行のリスクプロファイル$P^i$において、$N^i$がポアソン分布でない」や「シナリオ分析の結果、書き漏らしが20%以上ある」等の弱点は、それが顕在化しているかを直接検出することはできない。過去の$N^i$の実現値や、そのなかで対応するシナリオが書かれていなかったものの割合などから、統計的な方法で判定することになる。

弱点のタイプによって、その顕在化検出の方法は基本的に以下のようなものになる。

① 頻度／規模などの分布の形が特定の条件を満たさない／満たす
　　内部損失データを用いて、分布のパラメータや適合度などの検定
② 計量単位間／事象間などの相関が一定以上に大きい
　　内部損失データを用いて、独立性の検定
③ 内部損失データの収集期間、数が特定の条件を満たさない
　　その期間データを集めたか、その数だけのデータを蓄積しているか（統計的な手法によらないで検出可能）
④ シナリオの網羅性、正確性が一定の条件を満たさない
　　内部損失データとシナリオデータを照らし合わせて、書き漏らし率の推定／検定や、頻度や規模分布のパラメータや適合度の推定／検定

　具体的な顕在化検出方法は、各弱点の詳しい内容に応じて設計していく必要があり、現状盛んに研究されている分野である。いずれの場合も、弱点ごとに客観的な検出のルール（ある検定統計量が一定の条件を満たす、ある統計値がある値を超える等）を定め、それが満たされた場合に「当該弱点が顕在化した」と（人間の意思等に左右されずに）自動的に判定される仕組みを導入する必要がある。検出ルールを設計する際の論点を以下に述べる。

(a) **検出力の確認**

　統計的な検出方法を採用する場合には、その検出力の高さを確認しておく必要がある。これは、当該弱点が顕在化している場合に、その検出方法できちんと検出できるかどうかを、第2節2(2)aの数値実験と同様な方法で確認することになる。すなわち、当該弱点に相当する条件のもとでILDやSD等を乱数発生させ、それを採用する検出方法へ入力したときに「顕在化している」と検出できるか観察することを、繰返し実験することになる。この実験の結果、検出力が低い（「顕在化している」と検出できない場合が多い）よう

であれば、別の検出方法を設計する必要がある。どの程度の検出力が必要かは、「第2節　3　フレームワーク全体の検証」を参照。

(b) **弱点顕在化の包括的な検出**

対処しないと決定した弱点、さらには精度検証時に発見できなかった弱点を完全に無視してしまうのは危険である。高い検出力は望めないにしても、これらに関しても包括的に監視しておくのは望ましい。たとえば、いわゆるバック・テストのように、モデルが予測した損失額の分布と、実際に実現した損失額の比較を毎期保有期間後に行う等が考えられる。この場合も、検出ルール（特定の確率分位点の超過回数など）を決めて、それが成立したら「顕在化した」と自動的に判定する仕組みを導入する。検出時の補償なども（後述の）対処すると決定した弱点に対する補償と同じ考え方で行うことになる。

b **顕在化した弱点に対するリスク量の補償**

検出ルールによって顕在化していると判定されたモデルの弱点に対しては、それによって生じるリスク量の過小推定に対して必要な補償を行う。以下、その方法と、補償の妥当性検証に関して述べる。

(a) **補償の方法**

モデルが出力するリスク量を補償する最も基本的な方法は、当該リスク量への調整項の加算や、調整係数の乗算である。ある弱点が顕在化しているときの、モデルのリスク量推定結果 R（ILD, SD）の揺らぎ方は、第2節2(2) a の数値実験を用いた精度評価により知ることができる。それに基づいて、必要な調整項や調整係数の大きさを設計すればよい。たとえば、ある弱点の顕在化時に R（ILD, SD）が $R'$ の半分程度になるのであれば、調整係数として2程度にするといった具合である。

リスク量自体に調整項や調整係数を適用するのではなく、モデルや入力データに調整を行うことで、結果的にリスク量が補償されるような仕組みも想定できる。たとえば、特定の弱点が顕在化していると検出された場合は、

規模分布のあるパラメータを2倍にしたり、各シナリオの頻度を3倍にしたりするといった方法である。これらの調整によりR (ILD, SD) が大きく計算されるようになり、補償になるはずだという考え方である。これらの方法は複雑である半面、「モデルの仮定や推定結果をより真実の$P'$に近づけている」や「シナリオデータの書き間違いを補正している」とも解釈できるので、採用される場合も多い。

(b) **補償の妥当性検証**

補償された後のリスク量の大きさを$R'$で表すことにする。採用する補償方法に対しては、当該弱点に相当する条件のもとでの、$R'$の揺らぎ方を確認しておく必要がある。Rに直接に調整項/係数を適用する補償方法を採用するのであれば、Rの揺らぎ方がわかっているので、$R'$の揺らぎ方を確認するのは簡単である。モデルや入力データへの調整で補償を行うのであれば、第2節2(2)aの数値実験と同様の方法で、当該条件下での$R'$の揺らぎ方を評価する必要がある。補償をしても$R'$が$R'$を下回る確率が小さくないのであれば、別の補償方法を設計する必要がある。

また、補償後の$R'$に対して、第2節1で述べたような挙動の把握もしておく必要がある。この場合もRに調整項/係数を施す補償方法であれば、Rの挙動がわかっているので$R'$の挙動を把握するのは簡単であるが、モデルや入力データへの調整を行う補償方法であれば、再度、挙動分析をやり直す必要がある。補償をした結果、$R'$の挙動がユース・テスト等の観点から受け入れられないようなものになるのであれば、別の補償方法を設計する必要がある。

## 3 フレームワーク全体の検証

上記のように、モデルによるリスク量推定結果に対して必要な補償がなされた結果が、オペレーショナル・リスク計量フレームワークから最終的に出力され、規制資本額となる。この規制資本額の挙動分析や精度評価、すなわ

ち、フレームワーク全体としての検証作業を行うことで、先進的計測手法における規制資本額の計測方法として妥当性を示すことができる。

これまで述べてきた各種の挙動分析や精度評価、それに基づく処理の設計により、少なくとも以下の知見が得られているはずである。

① モデルによるリスク量推定結果（弱点顕在化が検出されていないときの、計量フレームワークの出力）の挙動／精度
② 対処すると決定した各弱点の
　　対応する条件と検出ルール
　　それが顕在化しているときに
　　　検出に成功する確率
　　　対応する補償を施した後のリスク量の挙動／精度
　　　検出に失敗し、補償をしなかった場合のリスク量の挙動／精度
③ 対処しないと決定した各弱点の
　　対応する条件
　　それが顕在化しているときに
　　　補償を施さないリスク量の挙動／精度

これらを整理することにより、以下の観点からフレームワーク全体の検証を行うことになる。

### (1) フレームワーク全体の挙動分析

「どのような入力データを与えたら、どの検出ルールに合致／不合致して、どのような規制資本額が出力されるか」の関係の把握を行う。実施上の論点（安定性の確認、直感的な把握の必要性等）は、推定モデルの挙動分析におけるそれらと同じである。ただし、第2節1のような挙動分析をフレームワーク全体を対象にしてすべてやり直す必要はなく、できるだけ上記でまとめた知見から情報を抽出し整理することで行ったほうが、挙動の要因分析の観点からも望ましい。

### (2) フレームワーク全体の精度評価

「どのような条件のときに、どの検出ルールが成功／失敗して、どのように規制資本額が揺らぐか」の関係の把握を行う。実施上の論点（条件の設定方法、直感的な把握の必要性等）は推定モデルの精度評価におけるそれらと同じである。こちらもフレームワーク全体を数値実験により評価し直す必要はなく、上記で得られた知見を活用することが望ましい。

これらの検証がすべて終了してはじめて、採用したフレームワークにより計測される規制資本額の妥当性について、根拠をもって主張することができるようになるのである。

## 第3節 配分手法とその検証

先進的計測手法においては、連結ベースで計測した規制資本額を配分することで子銀行の規制資本額を求めることが（当局が重要であると認めた子会社を除き）認められている。以下、これを配分手法と呼ぶことにする。本節では、配分手法とその検証に関する概要と論点を述べる。

### 1 配分手法の概要

金融庁「バーゼルⅡに関するQ&A」によれば、配分手法において、「子銀行等に配分されるオペレーショナル・リスク相当額を合計した額は、連結ベースのオペレーショナル・リスク相当額と一致しない場合もありえます」とされている。これにより、子銀行の規制資本額の計測方法としては、「連結ベースの規制資本額の計測結果に対して、それを分配する」という方法は必ずしもとらなくてよいことがわかる。一方、同Q&Aでは「配分手法の妥

当性を監督当局に説明できなければなりません」ともしている。これらをあわせると、配分手法の主眼は規制資本額を配分することではなく、「連結ベースで収集される情報を十分に活用して、当該子銀行の規制資本額を適切に求める」こと、すなわち情報を配分することであるといえる。

これまで述べてきたオペレーショナル・リスク計量フレームワークに従って規制資本額を計測するのは、小規模な銀行においては以下の理由から困難な場合がある。

① 内部損失データに関する情報が少ないことに起因する、規制資本額の不安定性、大きな揺らぎ、弱点検出力の低さ

② シナリオ分析情報が少ないことによる、シナリオ網羅性／正確性の低下[1]

ほかにも困難性の原因を想定できるが、それらはほぼすべてが情報の少なさに起因するものであろう。

しかしながら、いくつかの仮定を置くことで、連結ベースで収集した情報を活用して、上記の困難性を回避することができる場合がある。たとえば、子銀行の入力データだけでは情報が足りなくて精度よく各種の推定ができないような場合でも、「いくつかの分布のパラメータが、連結ベースでも当該子銀行でも等しい」という仮定を導入することで、連結ベースで収集した情報を利用して子銀行での推定精度を向上できる場合があるであろう。配分手法が採用されている例はきわめて少ないが、その方法は基本的に

① リスクプロファイルや入力データの性質に関して、連結ベースと子銀行の間でなんらかの関係が成立していると仮定を置く

② その仮定に基づいて、連結ベースで収集される情報を活用し、子銀行のみで収集した情報を補う

といった原理に基づいている（次頁図表3―3）。

配分手法自体が非常に新しい分野で、設計する際の論点をまとめられる段

---

[1] 業務範囲が狭いことによる、書くべきシナリオ自体が少ないことの有利さはある。

図表3-3 配分手法

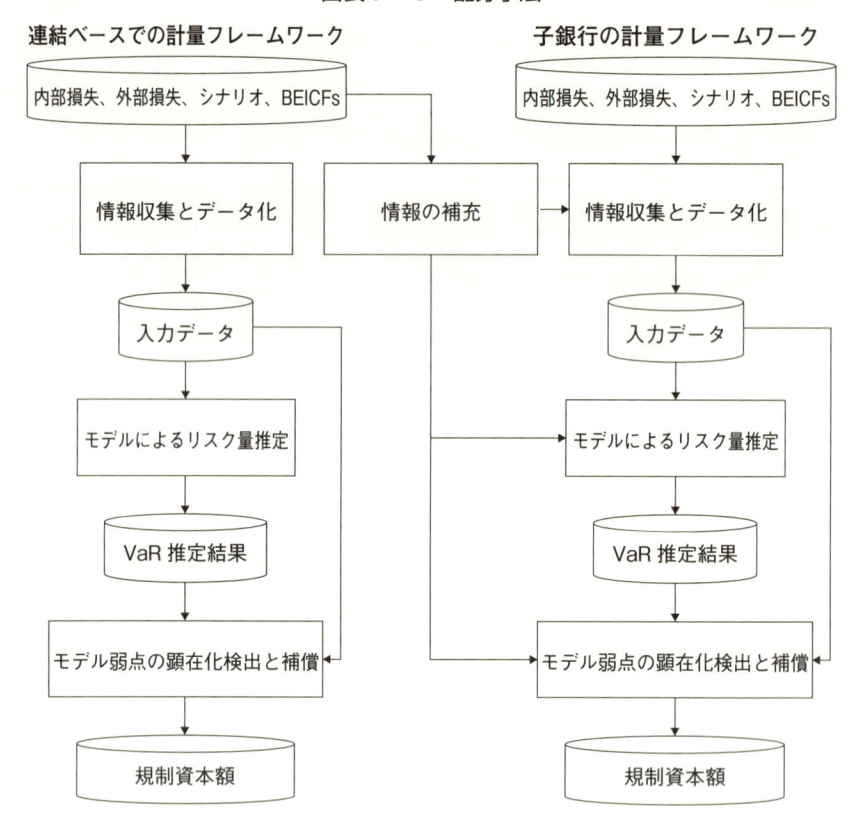

連結ベースでの計量フレームワーク／子銀行の計量フレームワーク

内部損失、外部損失、シナリオ、BEICFs → 情報収集とデータ化 → 入力データ → モデルによるリスク量推定 → VaR推定結果 → モデル弱点の顕在化検出と補償 → 規制資本額

中央：情報の補充

階ではないが、あえてあげるとすれば以下になるであろう。

## (1) 連結ベース・子銀行間の関係として置かれる仮定

① 頻度や規模など分布（の一部のパラメータ）が等しい
② 計量単位間、損失事象間の相関の入り方が等しい
③ 統計量の間に成立している関係（分布の $\alpha$%点と $\beta$%点の比率等）が等しい
④ 特定のシナリオ（の一部の情報）が等しい

⑤ 個別シナリオ間の関係（頻度や額の大小関係・比率等）が等しい
⑥ シナリオの網羅性／正確性が等しい

### (2) 連結ベースで収集した情報による子銀行の情報の補い方

① 連結ベースでの推定結果の一部を流用
② 直接推定することがむずかしい量を、統計量の関係から推定
③ シナリオの追加や修正
④ 検出ルール、補償方法のなかの変数に使用

### (3) 情報を補うことにより子銀行で期待する効果

① シナリオ分析の網羅性や正確性が向上
② モデルによるリスク量計測の精度が向上
③ 弱点顕在化の検出力向上
④ 補償後の規制資本額の精度向上

## 2　配分手法の検証

　配分手法の採用においても、妥当性を検証し当局に対して示すことが承認条件になる。示すべき妥当性はこれまでと同様、整合性・感応性・保守性である。整合性に関しては前述の文書化と専門チェックによる。感応性・保守性に関しては、やはり挙動分析と精度評価を行うことになる。論点などはこれまで述べてきたものと同様であるが、配分手法はその仕組みが複雑であることから、一般に検証も複雑になる。

　挙動分析においては、連結ベースの情報も利用されることから、「連結ベースにどのような入力データを与え、子銀行にどのような入力データを与えたら、子銀行の規制資本額がどうなるか」の関係の把握を行うことになる。

　精度評価においては、「連結ベース／子銀行それぞれでどのような条件の

ときに、子銀行の規制資本額がどのように揺らぐか」の関係の把握を行う。特に、連結ベースの情報に起因する揺らぎによって、子銀行の規制資本額の揺らぎがかえって増幅していないかどうかの確認や、連結ベース／子銀行間の関係性に関して置いた仮定が破れた場合の精度を評価し、必要であれば弱点としての顕在化検出と補償の仕組みを導入することが必要になる。

　実際に配分手法が採用されている例はきわめて少ないが、その貴重な実例に関しては、第4章（145頁）を参照。

# 第4章

# 先進的計測手法の銀行実務

本章では、先進的計測手法の銀行実務について、三井住友銀行のケースを例に紹介する。同行では、2008年3月に、本邦で初の承認を金融庁から取得し、自己資本比率の算定にこの手法を使用している。

　ところで、この先進的計測手法というのは、これまでの章でおわかりのとおり、規制の一つの選択肢でありながら、何かこれと決まったものがあるわけではなく、かなりの自由度が各銀行に与えられている。したがって、ここでご紹介するのも、あくまでその一例であることをこの章の冒頭にお断りしたい。

　さて、各銀行にかなりの自由度が与えられているということだが、これが実は大変やっかいで、逆に、この手法を使用するためには、これらの自由度に対してどう対応したか、各銀行が自ら説明責任を果たす必要があるということだ。については、本章でも、単に、結果や事実を羅列するのではなく、なぜこういうやり方をとったのか、という理由づけや判断のところをできるだけ詳しく解説したい。ある意味で、どこでどう悩んできたかの「苦労話」を綴っていくことで、その本質を実感いただければと念じるものである。

　ここで歴史を振り返ってみると、BIS規制の見直しが始まった90年代の後半、オペレーショナル・リスクも自己資本規制の対象とする方向で議論が始まったが、その頃は、筆者自身もそうだが、信用リスクに比べて、オペレーショナル・リスクに関心をもつ人はほとんどいなかったのではないか。そして、オペレーショナル・リスクを定量的に扱えるかについて、実は、当局も業界も、大変、懐疑的であったのではないか。

　その後、月日が流れて、当局と業界の対話が進み、また経営者の理解も進んでこの分野に多くのリソースが割かれるようになり、多くの努力が実ってきて計量化も可能となってきた。ところが、その一方でオペレーショナル・リスクの体系がどんどん複雑になってきたことは否定できない。皮肉なことに、努力して計量化が進めば進むほど、そして正確になればなるほど、人気を失っていくという傾向が出てきた。したがって、先進的計測手法の導入準

備に際して、何にもまして意識が必要なのは、できるだけシンプルでみんなにとってわかりやすく、実効性の高いものとすることである。

　もう一つ、この章を執筆するに際して思い出すのは、拙い引用かもしれないが、ギリシャ神話のイカロスだ。建築家で職人であった父親がイカロスのために翼をつくる。これは、閉じ込められ、陸からも海からも逃げられないなかで、空からの脱出を図り作り出したものだ。ただ、この翼はつなぎ目に蝋が使われており、熱に弱い。製作した父はもちろんこのことを承知しており、イカロスに警告する。イカロスは、空を飛び自由になるのだが、調子に乗って父の警告を忘れ太陽に近づくところまで高く飛び、結局は蝋が熱で解けて墜落死するという話だ。

　本章で紹介する手法も、事故とか不祥事とかを計量化するわけで、ある意味でこれまでになかったパワーをもつ。しかしながら、弱点もある。使い方を誤ったばかりに、こんなものがなければよかった、となってはならない。

　人類は、空を飛ぶことをやめるのではなく、より安全に飛ぶためのイノベーションを重ねてきた。先進的計測手法も、読者の皆様により、使用に際して、いまある弱点がしっかり認識されるとともに、さらにはこれらの弱点が克服され、より適切なリスク管理手法へと発展していくことを願い、この章の筆をとるものである。

## 第1節 三井住友銀行での先進的計測手法導入の取組経緯とオペレーショナル・リスク管理体制

### 1 先進的計測手法導入の取組経緯

本節では、三井住友銀行（SMBC）での先進的計測手法の導入に関する取組経緯を説明する。

#### (1) 規制への取組経緯

1998年にBIS規制の見直しの検討が開始され、2003年4月には、第3次市中協議案が公表されて、いわゆる「新BIS規制」が明らかとなった。そこでは、オペレーショナル・リスクが新たな規制対象となり、管理の高度化が要請されることとなったため、三井住友銀行では、2003年5月に、後述するような各部横断的なプロジェクト・チーム（以下「PT」という）の組成等を行い、オペレーショナル・リスク管理について本格的な検討に着手し、外部のコンサルティングを導入するなどして、リスク・コントロール・アセスメントなどを実施してきた。

その後、2004年6月に、バーゼル銀行監督委員会の最終案が公表され、さらに、2005年3月には金融庁から告示案が公表され、オペレーショナル・リスク所要自己資本算出の三つの手法や、各手法の要件等が明らかとなった後、最終的に、2006年3月に、金融庁より告示が正式に出され、2007年3月末基準よりバーゼルⅡがスタートした。

三井住友銀行では、これらの規制動向をふまえ、2005年7月の取締役会で、オペレーショナル・リスクの三つの計測手法のうち、最も高度な手法である先進的計測手法を、規制上最も早いタイミングである2008年3月末より

適用する前提で準備を進める方針を決議した。さらに、連結グループ会社で同手法に対応する会社についても規制の基準に照らして定めたことで、子会社を含めたグループ全体で、先進的計測手法適用に向けての対応を加速した経緯にある。

　告示上、先進的計測手法の適用の前には、予備計算を行い、金融庁宛に報告することが求められているが、三井住友銀行では、上記取締役会で決議した方針に従い、2006年4月に金融庁宛に先進的計測手法の届出を実施し、2006年3月末基準から2007年9月末基準まで、半期ごとに合計4回の予備計算を実施した（告示上、2008年3月末基準より使用を開始する場合は、2年間の予備計算が求められていた）。

　この2年間の予備計算期間中は、管理の高度化のために、金融庁との対話を繰返し行ったことで、ようやく一定の評価が得られ、2008年2月末に取締役会で決議のうえで、同3月に金融庁宛先進的計測手法の承認申請を実施し、3月末に金融庁より同手法の使用に係る承認を取得したものである。また、三井住友銀行での承認と同時に、子銀行である、みなと銀行・ジャパンネット銀行についても、個別行として、金融庁より先進的計測手法の使用に係る承認を受け、2008年3月末より同手法の使用を開始している。

　以上が先進的計測手法承認までの規制への対応であるが、三井住友銀行が、先進的計測手法の導入を最終的に決定した理由としては、

① まず、オペレーショナル・リスクは、業務上のミスやシステム障害、災害による損失等、その範囲が広く、また、どこにでも発生する可能性があるリスクであるため、その管理にあたり、同リスクを定量的に見積もり（計量化）、業務における潜在的な同リスクの所在や、その増減を網羅的に把握・管理できる手法であること

② 業務に対する所要自己資本の把握が可能となるため、適切に経営、管理できること

③ 先進的計測手法は損失事象に対して適度な感応度をもつため、損失事象

を抑制することができればオペレーショナル・リスクに係る所要自己資本を削減できるなど、リスク削減に資する手法であること
④　さらに、オペレーショナル・リスクに対する適切な所要自己資本を確保でき、同値や管理の枠組みなどを開示していくことで、その健全性を示しうること

などがあげられる。

　もっとも、先進的計測手法はリスク感応度が高いがゆえに、大きな事故がいったん発生すると所要自己資本が急増することや、規制上、定性面・定量面ともハイレベルな管理を求められるため、その体制整備等には相応の経営資源を投入する必要があるといったマイナス面も確かにある。

　しかしながら、三井住友銀行では、こういった先進的計測手法のマイナス面をしっかり認識したうえでも、やはり、オペレーショナル・リスクを定量的に把握できることや、リスクセンシティブな管理を可能とする同手法は、内部管理上のメリットが非常に大きいと判断し、この手法を導入することを決定したものである。

### (2)　組織対応

　三井住友銀行では、上記(1)の先進的計測手法の導入までの間、規制で定められる定性的基準・定量的基準を充足するべく、さまざまな組織対応や、計量化の枠組の構築といった体制整備を進めてきた（図表4－1）。

　以下では、三井住友銀行での組織対応について説明し、下記(3)において、計量化の枠組構築の経緯を説明する。

①　バーゼルⅡ導入に向けての議論のなかで、三井住友銀行では、組織的な対応として、まず、2003年5月に新BIS規制対応PTを立ち上げ、内部損失データの収集体制やリスク・コントロール・アセスメントの枠組構築などの、オペレーショナル・リスク管理全般についての体制の整備を開始した。
②　その後、2004年のバーゼルⅡ最終合意や金融庁の告示案の公表等をふま

図表4-1 三井住友銀行の先進的計測手法への取組状況

| | 2004年度以前 | 2005年度 | 2006年度 | 2007年度 | 2008年度 |
|---|---|---|---|---|---|
| 規制 | バーゼルⅡ最終合意案公表（2004／6） | 金融庁告示 | | 基礎的手法の導入（2007／3末～） | AMAの導入（2008／3末～） |
| 組織 | 新BIS規制対応PT（2003／5）<br>リスクアセスメントPT（2003／10） | グループとしてのAMA採用を含む基本方針を決定（7月）<br>オペリスク管理室設置（4月）<br>第1回オペリスク委員会（10月） | 予備計算届出（4月）<br>第1回予備計算（3月末）<br>第2回（9月末） | 第3回（3月末）／第4回（9月末）／金融庁承認 | |
| アセスメント | アセスメント（RCA）試行 | RCA（2月）第2回 | RCA 第3回（9月）／第4回（2月） | RCA 第5回（9月）／第6回（3月） | 半期ごとに開催 |
| | | | 外部監査法人による検証実施（2006年9月、2007年3月・6月・12月） | | |
| 損失データの収集 | | 内部損失データの収集 | 外部損失データの収集 | | 半期ごとに実施 |
| 計量化モデル | 計量化モデルの開発・高度化 | オペレーショナル・リスク資本計測PTによる高度化 | | 定期的な検証の実施 | |

第4章 先進的計測手法の銀行実務 151

え、2005年4月にオペレーショナル・リスク管理を統括する部署として、コンプライアンス部門である総務部内にオペレーショナルリスク管理室を設置し、事務リスクやシステムリスクを管理担当する部署や計量化を担当する部署などとともに、オペレーショナル・リスクを総合的に管理する体制を構築した。

　ここで、総務部内にオペレーショナル・リスクの管理部署を設置するという対応は、他の銀行ではあまりみられないと思われる。三井住友銀行では、もともと、総務部がオペレーショナル・リスク損失が発生した場合の対応、再発防止の検討等、いわば顕在化したオペレーショナル・リスクへの対応を行う部署として機能していることから、オペレーショナル・リスク管理といういわば潜在的なリスクへの対応を行う部署を一緒にすることで、ノウハウや人材の共有、他の部署への牽制の観点から望ましいと考えたものである。

③　さらに、2005年7月には、後述する部門横断的な組織である「オペレーショナルリスク委員会」を設置し、定期的にオペレーショナル・リスク情報の報告やリスク削減等の協議を行う体制を構築した。

### (3) オペレーショナル・リスク計量化の枠組構築

次に、詳細は後述するが、先進的計測手法の適用上要請される各種データの収集・活用体制整備や、内部計測システム（以下「計量化モデル」という）の開発への取組経緯を説明する。

①　まず、後ほど詳述するリスク・コントロール・アセスメントについては、2003年5月に設置された「新BIS規制対応PT」を引き継ぐ形で、2003年10月に事務統括部内に「リスクアセスメントPT」を設置し、重点的にリスク・コントロール・アセスメントの手法を構築した。その結果、一定の試行を経て、半年ごとの頻度で定期的に実施する体制が整備された。

②　また、内部損失データについては、1998年4月から収集を開始し、2008

年3月で10年分を蓄積している。
③　これらのデータを用いてオペレーショナル・リスクを計測する計量化モデルについては、オペレーショナルリスク管理室設置後の2005年度から2006年度にかけて、「オペレーショナルリスク資本計測PT」を組成し、計量化モデルの改良と検証を集中的に実施。計量化モデル構築の仕上げを行い、最終的に計量化モデルやその検証を網羅的に記載した文書を策定したうえで、完成させている。
④　さらに、このように構築した体制や、オペレーショナル・リスク計量化の枠組については、定性面・定量面とも、定期的な内部監査の実施に加え、2006年度当初から外部監査法人による検証も受けてきており、第三者による客観性を確保している。

### コラム4—1

　事故が起こると、損失額が自己資本を直接減少させるが、本文で述べたとおり、先進的計測手法というのは、さらに追加の所要自己資本を要請し、レバレッジが働く。逆に、事故が減ると所要自己資本が減る、というように、この手法には増幅効果がある。そのため、「安定化に資することがなく、何のためのリスク管理か」というそもそも論をつきつける。

　これは、時価評価やバリュー・アット・リスク（以下「VaR」）によるリスク管理モデルの共通の課題であるプロシクリカリティ（procyclicality）として、バーゼルⅡ全体の批判としても論じられることが多い。

　では、こういう手法は全否定されるのか。これから説明する手法では、マグマとして潜在的なリスクが高まると、たとえ大きな事故が起こっていなくとも所要自己資本が高まる仕掛けであり、早期にシグナルを出す。また、たとえ事故があってもその後の対策が定着すると所要自己資本が削減できるもので、その意味で実効性のある、またフォワードルッキングな管理がある程度可能で安定化に資するものである。こういう点を十分に味わいながら本章をお読みいただければ幸いである。

## 2 オペレーショナル・リスク管理体制

### (1) オペレーショナル・リスクの定義

三井住友銀行でのオペレーショナル・リスクとは、バーゼルⅡの定義（48頁参照）と同様、「内部プロセス・人・システムが不適切であることもしくは機能しないこと、または外生的事象が生起することから生じる損失に係るリスク」をいう。

具体的には、事務リスク、システムリスクのほか、法務リスク、人的リスク、有形資産リスクといったリスクも管理の対象としており、バーゼルⅡで定める七つの損失事象の種類（イベントタイプ）を網羅するものである。

### (2) オペレーショナル・リスク管理の基本原則

三井住友銀行では、グループ全体のオペレーショナル・リスクの管理を行うに際しての基本的事項を定めた「オペレーショナルリスク管理規程」を制定している。そのなかで、「重要なリスクの認識・評価・コントロール・モニタリングのための効果的なフレームワークを整備すること」「リスクの顕在化に備え事故処理態勢・緊急時態勢を整備すること」等を基本原則として、グループ全体のオペレーショナル・リスク管理の向上に取り組んでいる。

### (3) オペレーショナル・リスク管理の体制

このようなオペレーショナル・リスク管理の基本原則や、金融庁の告示をふまえ、三井住友銀行で構築したオペレーショナル・リスクの管理体制としては、図表4－2のとおりである。

① まず、オペレーショナル・リスク管理の基本方針等の重要な事項については、経営会議で決裁のうえ、取締役会で承認を得る体制としている（図

図表4－2　三井住友銀行の管理体制図

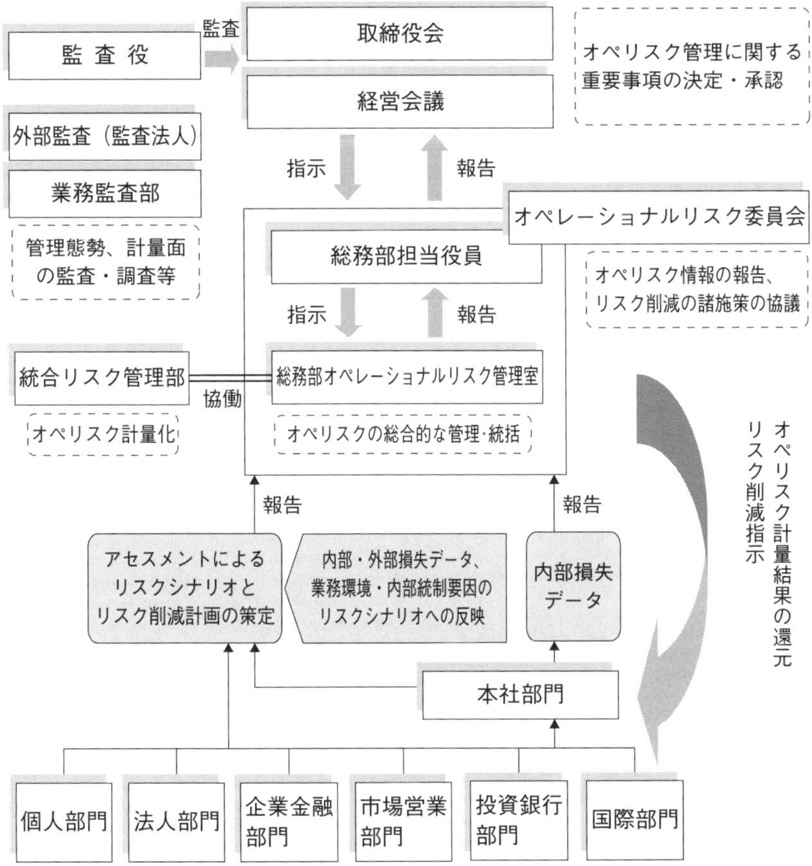

```
                    監査      ┌──────────────┐
┌──────────┐ ━━━━━▶│   取締役会    │      ┌─────────────────┐
│  監 査 役  │      ├──────────────┤      │オペリスク管理に関する│
└──────────┘      │   経営会議    │      │重要事項の決定・承認  │
                    └──────────────┘      └─────────────────┘
┌──────────┐           │指示 ↑報告
│外部監査(監査法人)│         ▼    │
└──────────┘      ┌──────────────┐      ┌──────────────────┐
┌──────────┐      │              │      │オペレーショナルリスク委員会│
│  業務監査部  │      │総務部担当役員 │      └──────────────────┘
└──────────┘      └──────────────┘      ┌──────────────────┐
┌──────────┐           │指示 ↑報告          │オペリスク情報の報告、  │
│管理態勢、計量面│         ▼    │             │リスク削減の諸施策の協議│
│の監査・調査等 │      ┌──────────────┐    └──────────────────┘
└──────────┘      │総務部オペレーショナルリスク管理室│
┌──────────┐協働  │              │
│統合リスク管理部│━━│オペリスクの総合的な管理・統括│
└──────────┘      └──────────────┘
┌──────────┐
│オペリスク計量化│
└──────────┘
        報告↑                         ↑報告
┌────────────┐┌──────────────┐┌──────────┐
│アセスメントによる││内部・外部損失データ、││ 内部損失  │
│リスクシナリオと  ││業務環境・内部統制要因の││ データ   │
│リスク削減計画の策定││リスクシナリオへの反映│└──────────┘
└────────────┘└──────────────┘
                        │
                  ┌──────────┐
                  │  本社部門  │
                  └──────────┘
┌────┬────┬────┬────┬────┬────┐
│個人 │法人 │企業金融│市場営業│投資銀行│国際 │
│部門 │部門 │ 部門 │ 部門 │ 部門 │部門 │
└────┴────┴────┴────┴────┴────┘
```

オペリスク計量結果の還元
リスク削減指示

図表4－3　取締役会・経営会議（年1回、および都度）

〈決議・報告事項〉
　・オペレーショナル・リスクの所要自己資本・リスクアセット
　・オペレーショナル・リスク管理の基本方針・重要規程
　・オペレーショナル・リスクの状況

表4－3)。
② また、オペレーショナル・リスク管理全般を統括するオペレーショナルリスク管理室では、事務リスク、システムリスク等の管理担当部署や、計量化を担当する統合リスク管理部とともに、オペレーショナル・リスクを総合的に管理する体制をとっている。

　その管理の概要としては、各部店で発生した内部損失データの収集および分析を行うほか、定期的に、各部店で後述するリスク・コントロール・アセスメント（なお、RCA、アセスメント、アセスといった表記も同義で用いる）を行い、その業務プロセス等から網羅的にオペレーショナル・リスクを伴うリスクシナリオを特定したうえで、各リスクシナリオの損失の額、および発生頻度の推計を行っている。また、各リスクシナリオに対しその影響度を評価したうえで、影響度の高いリスクシナリオについては関連各部署にリスク削減計画の策定を要請し、オペレーショナルリスク管理室で、そのリスク削減計画の実施状況をフォローアップしている。

　さらに、収集した内部損失データやリスクシナリオ等を用いて、オペレーショナル・リスクの計量化を行い、定量的な管理を行っている。

図表4－4　担当役員への報告事項（月次または四半期ごと）

| アセスメント | 内部損失データ | 外部損失データ |
| --- | --- | --- |
| 【月次】<br>・リスク削減計画の進捗状況 | 【月次】<br>・主要な内部損失データ<br>・収集・抽出された外部損失データ<br>・シナリオ判定結果 | |
| 【四半期】<br>・内部・外部損失データ、業務環境要因等によるアセスメント（シナリオ見直し）結果 | 【四半期】<br>・網羅的な発生状況 | |
| ・異例事象発生時には、オペリスクへの影響を分析し随時報告 ||||

figure 4—5　オペレーショナルリスク委員会（半期ごと）

〈構成メンバー〉委　員　長：総務部担当役員
　　　　　　　　副委員長：経営企画部担当役員
　　　　　　　　　　　　　統合リスク管理部担当役員
　　　　　　　　委　　員：業務部門統括部長、関連本社管理部門長

〈協議・報告事項〉

| 内部損失データ | アセスメントによる<br>シナリオ | 資本およびリスクアセット<br>の状況 |
|---|---|---|
| 網羅的な発生状況 | アセスメント結果（シナリオ、マグニチュード）、リスク削減計画（協議事項） | イベントタイプ別の所要自己資本およびリスクアセットの状況、部門別のリスクアセットの状況 |

③　こうした内部損失データの発生状況、リスク・コントロール・アセスメントによるリスクシナリオの結果、およびリスク削減状況等については、定期的に総務部担当役員に報告している（図表4—4）。

　加えて、前述した行内の部門横断的な組織「オペレーショナルリスク委員会」では、半期に一度の頻度で、オペレーショナル・リスク情報の報告や、リスク削減策等の協議を行う等、実効性の高い体制としている（図表4—5）。同委員会の委員長は、総務部担当役員で、メンバーは、各業務部門統括部長、関連する本社管理部門の部長であり、2008年末の時点では総勢23名で構成されている。

　最終的に、これらのオペレーショナル・リスクの状況を経営会議および取締役会に定期的に報告し、基本方針の見直しを行っている。

④　なお、これらのオペレーショナル・リスク管理体制全般については、行内の独立した業務監査部が定期的に内部監査を実施し、検証を行っている。これは、計量化モデルやグループ会社対応などもカバーするもので、すでに数年にわたり定期的に実施してきている。

## コラム4—2

　本章に内部監査が出てくるのはここだけだ。だからといって、監査の重要性が低いかといったらまったくそうではない。正反対に、オペレーショナル・リスク管理体制は、構築している段階でも運用をしている段階でも、監査は本質的な役割をもつ。

　というのは、オペレーショナル・リスクを評価したり管理したりというのは、いろいろなリスクのなかでもとりわけ、専門家の判断、これは得てしてバイアスが混入しやすい。また、複雑なプロセスを強いることも事実。したがって、独立した目での監査がきわめて大切となる。

　われわれも行内の内部監査部署の監査を定期的にここ何年も受けてきている。何人かのチームで来るわけだが、正直、大変手ごわい。そして、大きな指摘が提示され、経営レベルで対応を要するものもある。

　ところでこれはまったくの雑談だが、この監査のチームは大変多彩で、たとえていうなら、空振りが多いがホームランの指摘ができるやつ、それから、細かく安打をつなげるやつも必要だ。松井とイチローが必要ということだ。彼らをバッターボックスに迎えるわけであり、相当の牽制力となる。そういうのが、監査のチームではないだろうか。

# 第2節　先進的計測手法の概要とリスク削減への取組み

## 1　オペレーショナル・リスク計量化

　本節では、三井住友銀行におけるオペレーショナル・リスクの計量化を説明する。

## (1) 計量化の概要

### a　オペレーショナル・リスク「計量化」の意義

　前述の定義のとおり、オペレーショナル・リスクは、業務上のミスやシステム障害、災害による損失等、その範囲が広く、また、どこにでも発生する可能性があるリスクである。したがって、その管理にあたっては、重要なオペレーショナル・リスクを見落としていないかを監視し、全体の状況がどうなっているのかを俯瞰的にみてチェックし、管理していくことが必要である。

　そのためには、オペレーショナル・リスクとしての共通の枠組みによって「計量化」し、業務における潜在的なオペレーショナル・リスクの所在やその増減を網羅的に把握し管理することが有効である。また、内部管理上は、リスク削減策を実施することでオペレーショナル・リスクが数値的に削減されるような、計量化手法である必要もある。

### b　三井住友銀行における計量化手法

　三井住友銀行では、バーゼルⅡで定める三つのオペレーショナル・リスクの計量化手法のうち、先進的計測手法の使用の承認を金融庁より取得し、オペレーショナル・リスクの計量化手法とした。2008年3月末基準の自己資本比率の算出以降、同手法により算出したオペレーショナル・リスクアセットを算入している。

### c　基本的な枠組み

　先進的計測手法は、「内部損失データ」「外部損失データ」リスク・コントロール・アセスメントによる「リスクシナリオ」、および「業務環境及び内部統制要因」という四つのデータ（以下「四つの要素」という）を各行で構築した内部計測システムに反映することが求められている。

　また、先進的計測手法により算出するオペレーショナル・リスク相当額（以下「所要自己資本」という）は、99.9％という非常に高い確率でその値以

下となる理論上の1年間の最大損失額をカバーしていることが求められている。

こうした規制上の要件をふまえた、三井住友銀行の先進的計測手法による計量化の基本的枠組みは図表4—6のとおり。

① 四つの要素のうち、収集した内部損失データ、およびリスク・コントロール・アセスメントによるリスクシナリオの結果を、後述する計量化モデルに直接投入し、所要自己資本およびリスクアセット（所要自己資本を8％で除したもの）を算出している。

② また、外部損失データ、業務環境および内部統制要因を、内部損失データとともに、リスクシナリオの評価・検証に使用することで、その客観性・正確性・網羅性を確保している。

三井住友銀行では、将来発生しうるオペレーショナル・リスク把握の網羅性や、リスク削減に向けた取組の実効性を確保する観点から、リスクシナリオを8,000本あまり導出し、内部損失データとともに、リスク・コントロー

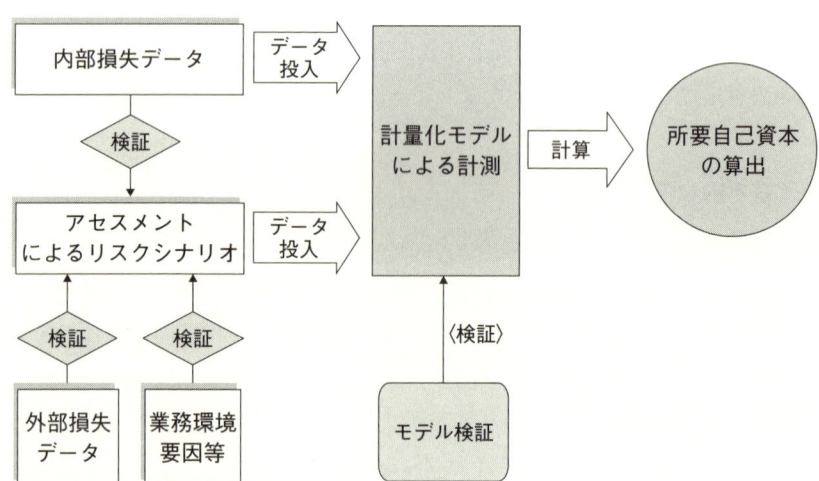

図表4—6　三井住友銀行のオペレーショナル・リスク計量化の基本的枠組み

ル・アセスメントをオペレーショナル・リスクの計量化の基軸に据えている。

また、計量単位は、三井住友フィナンシャルグループ連結、三井住友銀行

### コラム4—3

　自己資本規制上、先進的計測手法を用いる場合、99.9%の信頼水準での最大損失額を算定し、所要自己資本とすることが要請される。これは、1,000年に1回起こる損失額であり、こんなものを求めてどうなるのか、荒唐無稽ではないか、とお感じかもしれない。また、世界の大手金融機関がこのようなリスク把握をしていても、昨今の金融危機は起こったではないか、と。この点をいま一度考えてみよう。

　99.9%というと、競合先が1,000社あれば年間1社はここまでの損失額が発生する水準ともいえる。だが、競合先が1,000社というのは現実感がない。世界的に金融機関の統合が進み、たとえばここでは、競合先が全世界で20社とする。そうすると、50年に1回は、競合先20社のどこか1社で発生することになる。

　さらに、グローバル・エコノミーの連動性や業務の相互関係の高まりで、競合先同士のリスクの連関性が高まっていることも事実だ。そこで、たとえば、99.9%水準の大規模損失が2社同時に起こるとしたら、100年に1度、20社中の1割に当たる2社でここまでの損失を被ることになる。

　したがって、99.9の信頼水準で資本をもっていても、100年に1度は、競合先の1割で債務超過となる大規模損失が発生する。今回の危機は、このような損失が現実になったものといえるのではないか。

　また、規制上、各金融機関に、99.9%で自己資本を要請するというのは、一見すると非現実的ともいえるような水準だが、金融機関の世界的な統合と連関が強まるなかでは、今回のような危機が現実に招きうるレベルともいえる。こう考えてくると、99.9%というのは荒唐無稽でもなんでもなく、昨今の金融危機を少なくとも100年に1回にとどめるために、当然求められる水準といえよう。

連結、三井住友銀行単体とし、規制で定める七つのイベントタイプごとに計量を実施し、全イベントタイプの単純合算により先進的計測手法の適用先の所要自己資本を算出している。

さらに、先進的計測手法の適用先以外のグループ会社のオペレーショナル・リスク相当額については、粗利益に一定の掛け目を乗じて計算する基礎的手法で算出し、これらを合計することで、三井住友フィナンシャルグループおよび三井住友銀行グループの所要自己資本・リスクアセットを算出している。

### d 所要自己資本・リスクアセット

次項以降、計量化モデルや四つの要素の活用方法について順次説明していくが、その前に、この枠組みで計算される、三井住友フィナンシャルグルー

図表4－7　三井住友フィナンシャルグループ（SMFG）の所要自己資本・リスクアセット

【オペリスク所要自己資本・リスクアセットの状況（2008年3月末基準）】
　オペリスク所要自己資本（SMFG連結）：2,682億円（基礎的手法の場合：3,236億円）
　　　⬇ 12.5倍（8％で除する）
　オペリスクアセット（SMFG連結）　：33,520億円（基礎的手法の場合：40,450億円）

【リスクアセット全体に占めるオペリスクアセットの割合】
$$\frac{\text{オペリスクアセット}\quad 33,520億円}{\text{リスクアセット全体}\quad 631,173億円} = 5.3\%\quad \left(\begin{array}{l}\text{信用リスクは基礎的}\\ \text{内部格付手法}\end{array}\right)$$

【オペリスクアセットの自己資本比率影響】
〈a. 自己資本比率〉
$$\frac{\text{自己資本の額}\ 66,655億円}{\substack{\text{リスクアセット}\\ \text{全体}}\ 631,173億円} = 10.56\%$$

〈b. オペリスクを除く自己資本比率〉
$$\frac{\text{自己資本の額}\quad 66,655億円}{\substack{\text{リスクアセット}\\ \text{全体（除くオペ）}}\ 597,654億円} = 11.15\%$$

$$(631,173 - 33,520)$$

$$a - b = ▲0.59\%$$

プの所要自己資本やリスクアセットの水準を示す（図表4—7）。

記載のとおり、先進的計測手法で計測した、2008年3月末基準のオペレーショナル・リスクの所要自己資本は2,682億円で、これをリスクアセットに換算すると3兆3,520億円となる。

ちなみに、基礎的手法で算出した場合は、所要自己資本で3,286億円、リスクアセットで4兆450億円であり、先進的計測手法による計測結果は基礎的手法の場合の83％で、リスクアセットにして約7,000億円の優位性を示している。

また、オペレーショナル・リスクアセットが全体リスクアセットに占める割合は、5.3％であり、また、自己資本比率に与える影響でいえば、0.59％というレベルである。

## コラム4—4

　先進的計測手法を採用することで、基礎的手法より7,000億円もリスク・アセットで有利となった。つまり、資本でいうと、その上の行で約600億円の資本調達・増資をしたのと同じ自己資本比率上の効果をもつ。
　増資は、普通株で行えば希薄化し株価が下がる。また、優先証券なら、相応に高い配当が必要であり、たとえば5％だと30億円の配当増となるのを抑えたことになる。それほどの効果をもたらす。
　どこからも増資していないし、貸出を削減していないのに、自己資本の余裕が600億円もできた。あたかも埋蔵金のようである。
　これは、基礎的手法というのが、どこにでも適用できるように相当保守的に計算される一方、先進的計測手法は、精度を上げてぎりぎり見積もるからできる差額である。
　ただ、この見積りが狂っていると、結局、資本不足で墜落する。つまり、先進的計測手法というのはこういう宿命をもつものである。

## (2) 計量化モデル

　計量化手法のうち、オペレーショナル・リスクを計測する計算ロジックやそのための装置・仕組みといった内部計測システムを、三井住友銀行では「計量化モデル」と呼んでいる。

### a 概　　要

　計量化モデルの概要は図表4－8のとおり。

① まず、過去の内部損失データの件数から、「損失頻度分布」（1年間に発生しうる損失事故件数（＝損失頻度）の確率分布）を生成する。

② 次に、内部損失データおよびリスク・コントロール・アセスメントによって得られる「低頻度・高額損失」の発生頻度を用いて、「損失規模分布」（損失事故1件当りの損失額（＝損失規模）の確率分布）を生成する。

③ この損失頻度分布と損失規模分布から、モンテカルロシミュレーションにより損失件数と損失金額をさまざまなバリエーションで掛け合わせて「損失分布」（1年間に発生しうる損失額の確率分布）を生成し、得られた損失分布から、99%VaRを算出する。ここで99%VaRとは、99%の確率でその値以下となる理論上の1年間の最大損失額を指す。

④ 最後に、三井住友銀行で「リスク資本換算係数」と呼んでいる一定の係数を99%VaRに掛け合わせて、99.9%VaRを算出する。

　この計量化モデルは、顕在化した内部損失データのみでなく、リスク・コントロール・アセスメントにより評価した潜在的なリスク（シナリオ）の大きさも織り込めることで、オペレーショナル・リスクの特性である「低頻度・高額損失」を計量化に反映することが可能である。

　加えて、推計精度が低くなりがちな99.9%VaRを直接推計するのではなく、リスク資本換算係数を導入することにより、比較的推計精度が高い99%VaRを使って、安定的な推計結果を得ることが可能となる、といった点が特長となっている。

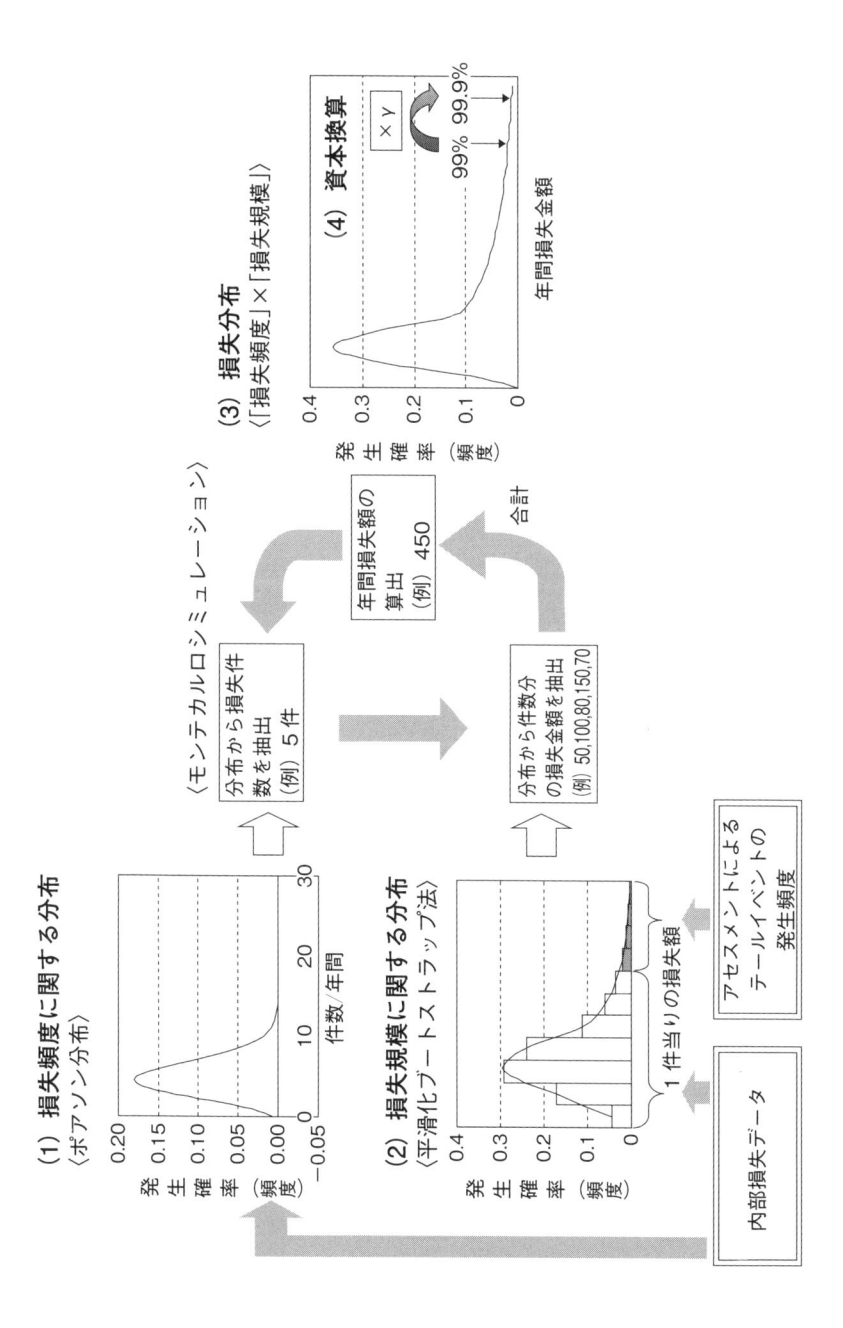

図表4-8 三井住友銀行の計量化モデルによる計測

(1) 損失頻度に関する分布
〈ポアソン分布〉

(2) 損失規模に関する分布
〈平滑化ブートストラップ法〉

(3) 損失分布
〈「損失頻度」×「損失規模」〉

(4) 資本換算

〈モンテカルロシミュレーション〉

分布から件数を抽出
(例) 5件

分布から件数分の損失金額を抽出
(例) 50,100,80,150,70

年間損失額の算出
(例) 450

合計

1件当りの損失額

内部損失データ

アセスメントによるテールイベントの発生頻度

第4章 先進的計測手法の銀行実務 165

なお、後述するが、この計量化モデルについては、事前・事後の定例検証の枠組みを導入することで、その計測精度を確保している。

次項以降では、損失頻度分布・損失規模分布の生成およびリスク資本換算係数について、より詳しく説明する。

b 損失頻度分布

損失頻度分布には「ポアソン分布」を用いている。ポアソン分布を推計するには、年間平均損失件数を推計する必要があるが、計量化モデルでは単純に全損失件数の年間平均をとるのではなく、シミュレーションごとに年間平均損失件数を推計する手法を採用し、同件数の変動を仮定する手法としている。

このような取扱いから、過去の損失発生状況の期ごとの変動を計量化モデルのなかに織り込むことが可能となり、より適切に将来起こりうる損失件数を推計することが可能となっている。

c 損失規模分布

(a) 平滑化ブートストラップ法

計量化モデルでは、損失規模に関する分布の生成において「平滑化ブートストラップ法」を採用している。同手法は分布を滑らかに結ぶ手法の一つで、ここでは、「顕在化したリスク」と「潜在的なリスク」を滑らかに結ぶ手法である。

同手法は、分布全体では分布形の仮定を置いていないが、局所的に分布形の仮定を置いているので、一般的に知られている「パラメトリック」（分布形を仮定する手法）の長所と「ノン・パラメトリック」（分布形を仮定せず、たとえば、過去に実際に起こった損失からサンプリングする手法）の長所をあわせもつ手法となっている。

まず、損失事象には「高頻度・低額損失」のもの（軽微な事務ミスによる損失等、発生頻度は高いが損失金額は低額なもの）と、「低頻度・高額損失」のもの（地震災害による損失等、めったに発生しないが損失金額は高額となるもの）

とがある。パラメトリックな手法で分布形を仮定しようとする場合、実際の内部損失データ以外の標本を作り出すことはできるものの、これらの損失事象を的確に表現する分布形を選定することは困難である。

　他方、ノン・パラメトリックに、過去に実際に発生した内部損失データをそのまま損失規模分布に用いると、実際の観測点以外の標本を作り出すことができないこと、また、収集した内部損失データだけでは、特に「低頻度・高額損失」のデータが必ずしも完全でないことから、特に裾の厚い分布を表現することが困難となる。

　そこで、三井住友銀行では、平滑化ブートストラップ法を採用し、実際に発生した過去の内部損失データ（顕在化したリスク）にはないような発生頻度の低い高額な損失（潜在的なリスク）のデータを作り出すことを可能としている。すなわち、損失規模分布の生成において、分布の本体部分である「高頻度・低額損失」の部分については過去の内部損失データをベースとしつつ、「低頻度・高額損失」であるテール部分については、リスク・コントロール・アセスメント等により評価した潜在的なリスクの大きさ（頻度）も反映させることができる仕組みになっている（次々頁図表4－9）。具体的には、四つの損失額（1億円、10億円、50億円、100億円）のおのおのの発生頻度によりテール部分を反映させる。

　このように計量化モデルでは、顕在化したリスクと潜在的なリスクを整合的に結合することを可能としている。

　(b)　**極値理論による補完**

　潜在的なリスクの把握には、リスク・コントロール・アセスメントの結果に加えて、「極値理論」と呼ばれる統計手法も用いている。極値理論とは、実際に発生した高額の内部損失データから将来起こりうるリスクを統計学的に評価する手法で、リスク・コントロール・アセスメントを補完する役割を果たしている。

#### d　リスク資本換算係数 γ

　三井住友銀行では、規制上求められる99.9%VaR の推計にあたり、まず、推計した損失分布から99%VaR を計測し、これにリスク資本換算係数γ（ギリシャ文字のガンマ。以下「γ」という）を乗じることにより、99.9%VaR を推計している。この点も大きな特長の一つである。

　これは、推計精度が低くなりがちな99.9%VaR を直接推計するのではなく、γを利用して、比較的推計精度が高い99%VaR を使用することにより、安定的な推計結果を得ることを可能としたものである。

　γは99.9%VaR と99%VaR の割合を意味する。言い換えれば、損失分布のリスクプロファイル、テール部分の特徴を表す指標となっている。損失分布のリスクプロファイルは計測単位であるイベントタイプごとに異なることを統計学的に検証しており、その特性を反映するため、γはイベントタイプごとに別の値を設定することを基本としている。期待損失が大きな損失分布はγが小さく、同分布のテール部分が密になると同様にγが小さくなる等の傾向がある。

　γの当初設定にあたっては、損失分布のリスクプロファイルがさまざまに変化しうることを前提に分析を行い、計量の安定性や資本の保守性を保つ値を設定している。

　また、損失分布から直接推計される99.9%VaR と99%VaR の比率を定期的にモニタリングすることにより、損失分布のリスクプロファイルの変化を把握し、同変化が一定の水準以上に変化した場合には設定したγの見直しを実施することで、γに損失分布のリスクプロファイルの変化を適切に織り込むことを可能としている。

#### e　所要自己資本の算出

　このようにして推計した99.9%VaR に、イベントタイプごとに、後述するバック・テストの超過回数に応じて定まる乗数を乗じて所要自己資本を算出している。

図表 4−9　損失規模分布の生成

## 顕在化リスクの把握

内部損失データの収集

過去7年間で起こった実損額（7年取得できない場合は、さかのぼれる期間内でデータを収集）

（例）

| 時期 | 損失額 |
|---|---|
| 2003年度上 | 5,000,000 |
| 2004年度上 | 10,000,000 |
| 2005年度上 | 8,000,000 |
| 2005年度上 | 15,000,000 |
| 2005年度下 | 7,000,000 |
| … | … |

## 潜在的リスクの把握

内部損失データから統計的に推定（極値理論）｜リスク・コントロール・アセスメントの実施等

今後発生しうる潜在的なリスクの推定

（例）

| 損失額 | 発生頻度 |
|---|---|
| 1億円以上 | 5年に1度発生 |
| 10億円以上 | 10年に1度発生 |
| 50億円以上 | 50年に1度発生 |
| 100億円以上 | 100年に1度発生 |

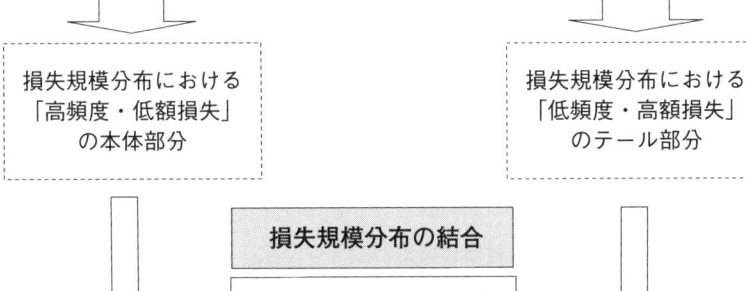

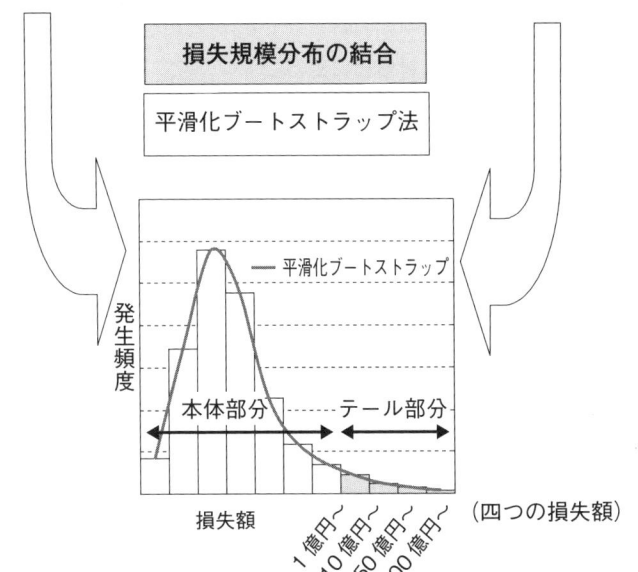

損失規模分布における「高頻度・低額損失」の本体部分

損失規模分布における「低頻度・高額損失」のテール部分

### 損失規模分布の結合

平滑化ブートストラップ法

発生頻度／損失額　本体部分　テール部分　平滑化ブートストラップ

（四つの損失額）　1億円〜　10億円〜　50億円〜　100億円〜

## コラム4―5

　こむずかしい内容が続いているので、一息いれたい。この原稿を執筆している2008年末は、ここ何カ月というもの、未曾有の金融市場の混乱が続いており、実態経済への影響が懸念されている。市場の動きは、相当なもので、株価の下落も、もうこれで終わりかと思うと、また下がるという毎日。かつては、暗黒の木曜日とか、ブラックマンデーとかあったが、このところは、「ブラック・エブリデー」だ。

　では、リスク管理で何ができるのか。そもそも、リスクとは一体何であり、これをどうしたいのか。実は決して簡単ではない。皆さんは「家内安全、商売繁盛」という言葉をご存知だろう。「えべっさん」とか「酉の市」での神頼みのフレーズだ。実はこの二つの概念を両立させるのが大変むずかしく、祈るしかないことを人は直感的に知っていたのであろう。リスクがなく安定した社会がほしい。一方でリスクを伴うが繁栄もほしい。どうすればいいのか。まずは、リスクの状態をできるだけ的確に把握し、そのうえで乗り切る努力をするしかない。

　特にこの章でご紹介する計量化によるリスクのマネジメントとは何なのか。これは、たとえていうなら、社会が複雑化し、これまでのような有視界飛行がきかないところで、計器飛行を可能とするもの、といえるのではないか。

　皆様も国際線の長距離便に乗るとスクリーンに、10時間も先なのに到着までの時間が分刻みの正確さで、かつ刻一刻、見直されていることをご覧になっているだろう。到着までの時間は燃料がもつかどうかで非常に大切。効率をあげるため最小限の燃料を積んで運行している。また、高度を維持することも大切。これらを計器でモニターして運行している。

　ところが、その設計が誤っていたか、もしくは、燃料費を切り詰めて儲けるため、計器を操作したとしよう。それで墜落したとして、「だから計器飛行はだめなんだ、リンドバーグの時代に戻ろう」というだろうか。ところが、このところの金融危機では、だからこんな新しい商品や手法はだめなんだと、全否定し退行を促すような人が大勢いるのはおかしな話だ。必要なのは、さらなる発展と整備ではないだろうか。

ただ、コックピットのなかにはたくさんの計器があり、パイロットが十分熟練しまた整備もしっかりしてはじめて乗客が安心して乗れるように、経営者や現場が安心して先進的計測手法を使うためには、リスク管理部門の相当の努力と絶え間ない検証が必要であると、ここで申し上げたい。

### (3) 計量化の四つの要素の活用

　前述のとおり、三井住友銀行では、先進的計測手法による計量化の四つの要素のうち、収集した内部損失データ、およびリスク・コントロール・アセスメントによるリスクシナリオの結果を計量化モデルに直接投入し、所要自己資本およびリスクアセットを算出している。

　また、外部損失データ、業務環境および内部統制要因を、内部損失データとともに、リスクシナリオの評価の検証に使用している。

　本項では、具体的な四つの要素の内容や使用方法について説明する。

#### a　内部損失データ

##### (a)　内部損失データの収集

　内部損失データとは、「オペレーショナル・リスクが原因で自社が損失を被る事象に関する情報」のことであるが、この内部損失データの網羅的な発生状況の把握は、会社全体の業務に存在するオペレーショナル・リスクの傾向、いわゆるリスクプロファイルをつかむうえで、不可欠なことである。したがって、オペレーショナル・リスク管理体制の構築についても、まずは内部損失データを網羅的に収集し、リスクプロファイルを把握したうえで、それに合った管理体制を作り上げる、というのが一般的なやり方であると思われる。また、金融機関同士が合従連衡を検討するにあたっても、デューデリジェンスの際に、相手の会社の内部損失データ発生状況を把握し、得られたオペレーショナル・リスクのリスクプロファイルを最終的な経営判断における一つの材料とするというのは非常に重要なことであると考えられる。

　三井住友銀行では、上述のような考え方に則り、内部損失データについて

### コラム4—6

　オペレーショナル・リスクの開示はむずかしい。オペレーショナル・リスクというのは、もともと起こすと隠したいと考える内容が多い。評判リスクにつながると考えるからだ。特に日本ではそうなのではないか。ところが、開示しないともっとオペレーショナル・リスクがあるのではないかと疑われる。いずれ市場の要請として収斂してくるだろうが、大変悩ましい問題とだけ、ここで述べたい。

は、前述したとおり、1998年4月から2008年3月で10年間分にも及ぶ、回収前の損失金額（閾値）が1円以上の内部損失データをすべて収集している。この内部損失データは、最近10年間の三井住友銀行のオペレーショナル・リスクのリスクプロファイルを示す貴重な資料であると考えられる。

(b)　**内部損失データの活用**

　このように網羅的に収集した内部損失データについては、三井住友銀行におけるオペレーショナル・リスク計量化の枠組みのなかでは、計量化モデルに直接投入してオペレーショナル・リスクアセットを算出するのみならず、いろいろな局面で使用されている。まずは、三井住友銀行のオペレーショナル・リスク計量化の枠組みのなかで、内部損失データがどのように使われているかを以下に整理してみる。

① 　直近7年間分の全内部損失データを計量化モデルへ直接投入
② 　リスク・コントロール・アセスメントによるシナリオにおける発生頻度の推計（平均頻度評価テーブルの作成）
③ 　リスク・コントロール・アセスメントにより導出されたシナリオの網羅性・評価の妥当性の検証
④ 　その他（バック・テスト等の計量化モデルの検証など）

　さらに補足すると、三井住友銀行では、オペレーショナル・リスク計量化の枠組みのなかでは使用していないものの、現状は先進的計測手法を適用せ

ず基礎的手法を適用している連結子会社（いわゆる「部分適用の特例」先）の内部損失データについても、網羅的に収集している。収集した内部損失データは、その連結子会社において、オペレーショナル・リスクが想定以上に増大していないか等のモニタリング、ひいては、その子会社が先進的計測手法を使用すべき連結子会社（「基礎的手法を適用することにより、オペレーショナル・リスクを適切に反映しなくなるおそれがあると考えられる法人」）に該当しないかどうかを判断するための指標として使用している。

(c) 内部損失データ収集の要素

上記のように、三井住友銀行のオペレーショナル・リスクの計量化の枠組みのなかでは、実にいろいろな局面で、内部損失データを使用している。したがって、内部損失データを収集するうえで、重要な要素としては、以下のようなものがあげられる。

① 速報性

特に巨額の内部損失データが、発生部署からオペレーショナル・リスク統括部署へ、オペレーショナル・リスク統括部署から経営へ、適時に報告されていること

② 網羅性

1円以上の内部損失データが網羅的に収集されていること

③ 正確性

損失金額が正確であることやその損失データが規制で定める七つのイベントタイプに正確に分類されていること、など

このような要素を満たした内部損失データを網羅的に収集するために、三井住友銀行では、現場で内部損失事象が発生した際の報告システムの構築など、適時・適切に内部損失データがオペレーショナル・リスク統括部署である総務部オペレーショナルリスク管理室に報告される体制を整備してきた。報告システムでは、入力フォーマットを「損失額」「いつ発生した事故か」「どんな種類か（七つのイベントタイプ）」などに統一し、データの標準化を

図ることが重要だ。また、各部店の担当者が事故発生に際しシステムに直接入力し、行内のシステムネットワークを通じてそれをオペレーショナルリスク管理室でアクセスできる仕組みとしている。加えて、網羅性・正確性の確保のために、オペレーショナル・リスクが原因で実施された損失の勘定処理（雑損や仮払金など）のデータを取得し、現場からの報告に漏れがないかどうかの確認に使用するなどの対策を講じている。

(d) 論　点

さて、ここまでは全体的な枠組みについて述べてきたが、以下には内部損失データを収集し、それを実際に計量化に使用していくうえで、論点となるポイントをいくつかあげてみた。

① 引当金等の損失処理はしているが、顧客等への最終の支払は確定していないものを内部損失データとして計量化モデルに投入する必要があるか。
　⇒たとえば、敗訴の蓋然性が高まったとして、訴訟について雑損処理のうえ、引当金を積んだ場合に、その引当金を内部損失データとしてとらえる必要があるのか。

② 経済的に損失が発生していないが、勘定のうえでは損失処理したものを、内部損失データとして計量化モデルに投入する必要があるか。
　⇒たとえば、前年度以前に事務過誤等により顧客から過剰に受領した融資の利息やサービスの手数料などを、期末をまたぎ、今年度に顧客宛に返金する場合に、勘定上は雑損処理をするのが一般的である。その雑損処理についても、過剰に受領したものを返金するのみで、金融機関にとってトータルで考えると経済的に損失はないにもかかわらず、内部損失データとしてとらえる必要があるのか。

③ 同一事象で期末をまたいで損失が発生した場合に、内部損失データ上の取扱いはどうするか。
　⇒計量化モデルに投入する内部損失データを、1件の件別としてまとめて計上するのか、複数の件別として個別に計上するのか。

④　複数のイベントタイプをまたいで発生しているような1件の事象について、どのように取り扱うか。
⇒たとえば、「盗難された別人の預金通帳を銀行の窓口で呈示され、銀行が所定の本人確認を怠ったため、誤払いが発生した」というようなケースを考えてみる。このケースは、規制で定める七つのイベントタイプのうち、「盗み取った他人の預金通帳を以って、本人になりすまし、預金を引き出そうとする」という悪意のある行為を重視し、「外部からの不正」に分類するのか、「銀行が所定の本人確認を怠った」という銀行のミスの側面を重視し、「注文等の執行、送達およびプロセスの管理」に分類するのか。

　上記の論点について、「このようにしなければならない」という絶対的に正しい答えなどというものは当然ないわけだが、「金融機関には、合理的な判断根拠に基づく、恣意性のない」、かつ「先進的計測手法を使用する場合は、規制の要件を満たした」、取扱いが求められることから、上述したようなポイントについて先に規定化し、行内文書に取扱いルールを明文化する必要があると考えられる。

　さて、三井住友銀行が先進的計測手法に向けた取組みを本格化させた時期である2005年度以降というのは、奇しくも、預金者保護法の成立、貸金業法の改正に伴う過払利息（いわゆる「グレーゾーン金利」）の返還請求の増加、金融商品取引法の施行など、金融機関を取り巻く業務環境が相次いで大きく変化した期間と合致している。

　内部損失データの収集という観点からも、この期間は、こうした業務環境の大きな変化を受けて、損失の発生形態が多様化した時期であり、内部損失データというものが、その金融機関のリスクプロファイルを現す最重要な指標の一つであることを実感した期間であった。シナリオの想定していない内部損失事象も発生し、オペレーショナル・リスクを管理することのむずかしさもあらためて痛感させられた。

> **コラム4—7**
>
> 　またもたとえ話で恐縮だが、内部損失データとは星の光のようなものと感じる。昔の船乗りが、過去に星が発した光を頼りに方角を悟り、船の航行をしていたかのごとく、内部損失データは、過去の教訓をわれわれに示し、金融機関が今後進むべき道を示してくれるからである。たとえ1円という小額の内部損失データであれ、その内部損失データは大きな示唆を含んだものである可能性もある。内部損失データを収集・活用するにあたっては、常にこのことを意識していかなければならない。

　ただ、このようなきわめてむずかしい環境下においても、内部損失事象が発生するたびに、行内で関連部署との対話を実施し、金融庁とも何度も協議を重ねることで、合理的、かつ、恣意性の入らない、内部損失データの適切な収集や活用を、継続して実施することができたと思っている。振り返れば、このような経験自体が、三井住友銀行におけるオペレーショナル・リスク管理の高度化を図ってきた歴史の1ページになっており、突発的な内部損失事象についても、適時・適切に把握し、速やかに必要な対応策を講じることができるということが、先進的計測手法によるオペレーショナル・リスク管理の根幹であると考えられる。

b　リスク・コントロール・アセスメント／シナリオ分析
　(a)　概　　要
ア　リスク・コントロール・アセスメントの前提
　告示によれば、「シナリオ分析においては、損失額が大きい損失事象の発生が合理的に想定されていること」、また、「その結果については、実際のオペレーショナル・リスク損失との比較による検証が適切に行われていること」が求められている。
　具体的なシナリオの導出・評価を実施するリスク・コントロール・アセスメントの手法としてはさまざまなものが考えられるが、大きく分けると

「トップダウン方式」と「ボトムアップ方式」の二通りの考え方がある。

「トップダウン方式」は、全行的にみてきわめて影響度の高いシナリオを推定して、BS・PLやその他の指標から費用等の総量やその変化の量を割り出し、それをベースにリスク換算する方法である。一方、「ボトムアップ方式」は、リスクファクターを分解して積み上げ、ビジネスラインごとにリスクを分析していく方法である。

「トップダウン方式」は、リスクを包括的につかむには簡単な作業ですむ半面、リスクを減らすために個別に何をすべきかわからないという欠点がある。一方で、「ボトムアップ方式」はリスク要因の分析が可能であり、事務フローの見直しを含め、事務コストや事務リスク削減へのインセンティブづけに有効な方式である。

三井住友銀行では、リスク・コントロール・アセスメントについて、「ボトムアップ方式」によりオペレーショナル・リスクを把握し、シナリオを導出・評価している。

### イ　リスク・コントロール・アセスメントの概要

リスク・コントロール・アセスメントとは、「リスクと内部統制（＝コントロール）の有効性を評価（＝アセスメント）することにより、重大なオペレーショナル・リスクを伴うシナリオを特定し、そのシナリオの損失の額および発生頻度などを推計する手法」のことを指す（次々頁図表4－10）。

リスク・コントロール・アセスメントの目的は、業務等に内在する潜在的なリスクを把握し、潜在的なリスクの発生可能性に基づきリスクを計測し、必要な対応策を検討、実施すること、また、内部損失データのみでは推計することが困難な「低頻度・高額損失（発生頻度は低いが、発生した場合の損失が高額となる損失）」が発生する頻度を推計することにある。

銀行業務の内容は多岐にわたり、業務によってリスクの性質も異なると考えられることから、リスク・コントロール・アセスメントを実施するにあたっては、いくつかのセグメントに分けて検討していく必要がある。

一般の人が思い浮かべる銀行のイメージといえば、支店の窓口やATMコーナー、また、企業の経営者であれば外回りの営業マンなどがなじみ深いであろう。しかし、銀行業務には、このように顧客と接する営業店の業務以外にも、営業店業務の推進、商品の企画・開発、銀行全体の経営企画・管理等、本部機能を担うさまざまな業務が存在しており、これらを同様に評価するのはあまりに乱暴であることは感覚的にも理解を得やすいのではなかろうか。

　それではセグメントをどのように分けていくかが問題となるが、セグメントの分け方については、業務内容や組織体制等を勘案したうえで検討していくべきものであり、一律に決まった形があるわけではなく、三井住友銀行においても、規制上のイベントタイプを共通の尺度として参考にしつつ、試行錯誤し、議論を重ね、検討してきた経緯にある。

　具体的には、オペレーショナル・リスクに関する規制の枠組みができる以前から存在していた監査等の既存の枠組みなどをもとに検討を重ねた結果、現在の形となっている。セグメントの代表例をあげると、以下のとおりである。

○定型業務のリスク・コントロール・アセスメント
○非定型業務のリスク・コントロール・アセスメント
○地震リスク
○システムリスク

ウ　プロセス

　定期的に実施しているリスク・コントロール・アセスメントでは、各業務プロセス等に内在するオペレーショナル・リスクをリスクシナリオまたは単に「シナリオ」として認識し、シナリオごとにリスクおよびコントロールの状況を評価し、想定される発生頻度および損失額の推計を行っている。

　アセスメントの具体的なプロセスは、
○一次アセスメント

図表 4-10 リスク・コントロール・アセスメント

| ア. 業務棚卸とシナリオの導出 | イ. シナリオの評価 | ウ. シナリオごとに平均頻度評価、損失規模分布の想定 | エ. シナリオごとに最大損失額の算出 |
|---|---|---|---|
| ①事務手続等を点検(業務棚卸)<br>②業務プロセスに内在するリスクをシナリオとして網羅的に導出。 | ①シナリオごとに、リスク・コントロール評価を実施<br>②発見回復期間を評価 | ①過去の損失実績をふまえた「平均頻度評価テーブル」をもとにシナリオごとの平均頻度を評価<br>②取扱金額等の業務データと、市場変動率等のパラメータにより、シナリオごとに損失規模分布を想定 | ①平均頻度と損失規模分布により、テールイベントの頻度を算出<br>②また、100年に1回の損失額を算出し、マグニチュード評価 |

プロセス

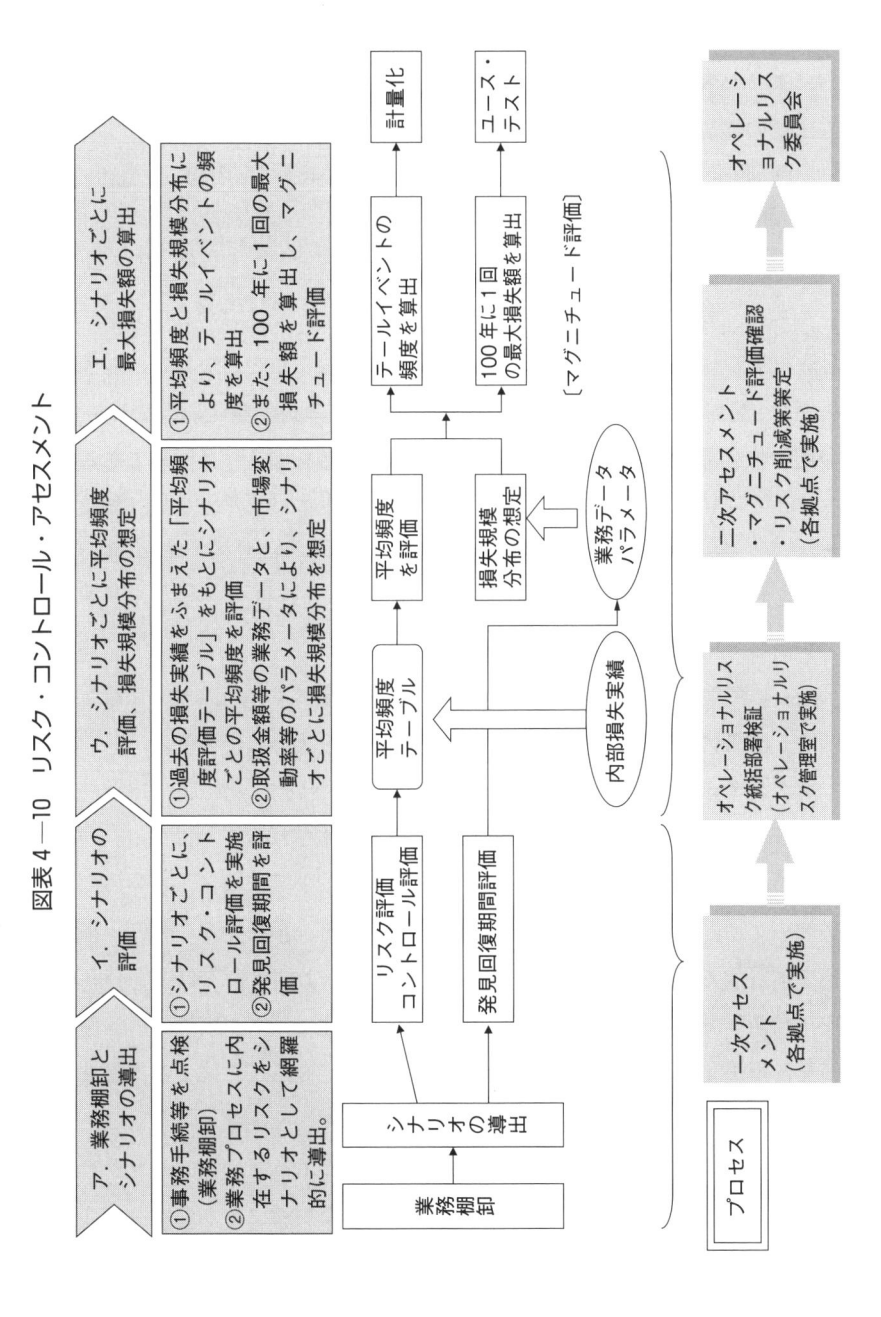

一次アセスメント（各拠点で実施） → オペレーショナルリスク統括部検証（オペレーショナルリスク管理室で実施） → 二次アセスメント・マグニチュード評価確認・リスク削減策策定（各拠点で実施） → オペレーショナルリスク委員会

シナリオの導出 ← 業務棚卸

リスク評価 コントロール評価
発見回復期間評価
→ 平均頻度テーブル ← 内部損失実績
→ 平均頻度を評価
損失規模分布の想定 ← 業務データ パラメータ
→ テールイベントの頻度を算出
→ 100年に1回の最大損失額を算出
→ 計量化
→ ユース・テスト

〔マグニチュード評価〕

第4章 先進的計測手法の銀行実務 179

○オペレーショナル・リスク統括部署検証

○二次アセスメント

の三つのプロセスより構成されており、各プロセスを経て、シナリオごとに、「低頻度・高額損失」が発生する頻度を、四つの損失額（1億円、10億円、50億円、100億円）において推計している。

エ 「マグニチュード評価」の実施

リスク・コントロール・アセスメントにおいて、上述のプロセスを経て計量化モデルに投入するシナリオデータが作成されることになるが、四つの損失額（1億円、10億円、50億円、100億円）における発生頻度の形ではリスクの度合いを感覚的につかみにくく、各部への浸透を図るのは困難である。

そこで、リスク・コントロール・アセスメントの結果をふまえ、効果的にオペレーショナル・リスクの削減を図る観点から、100年に1回の最大損失額（以下「シナリオエクスポージャ」）という、より感覚的につかみやすい形で算出している。

さらに影響度の高いシナリオを効果的に管理すべく、当該損失額を金額基準で5段階に分類する「マグニチュード評価」を実施している。

マグニチュード評価の結果、影響度が高いとされたシナリオについては、関連各部署においてリスク削減計画が策定・実施されることになる。

このようなリスク・コントロール・アセスメント手法は、①過去の内部損失データや、各業務に応じた取扱金額等をふまえ、損失発生の頻度・損失規模を推計することによる「客観性」、②リスクおよびコントロールの評価や取扱金額等を変動させることで、業務環境の変化やリスク削減策の実施状況等を、損失発生の頻度・損失規模の増減に反映させることによる適度な「感応性」等を確保している点が特長といえる。

若干補足すると、「客観性」については、リスク・コントロール・アセスメントにおける「評価」が、運用次第で主観的な判断になりかねないことをふまえ、過去の内部損失データに基づき頻度を推計すること、また、業務の

取扱量等をふまえて規模の分布を想定すること等により、評価の客観性を確保している。

また、「感応性」については、個別のシナリオに対して実施したリスク削減策の効果を、そのシナリオの評価に反映できるような頻度・損失規模の推計方法を模索した。その結果、後述する「平均頻度評価テーブル」という考え方の導入により、個別のシナリオごとにそれぞれ対応する頻度・損失規模を推計することを可能とした。これにより、過去の内部損失データをふまえて頻度を推計するという客観性を保ちつつ、個別のリスク削減策の効果を該当するシナリオの評価に反映できる仕組みを構築している。

(b) シナリオ分析の代表例

次項以降では、具体的なシナリオ分析の代表例として、

ア 「定型業務のリスク・コントロール・アセスメント」として、三井住友銀行の国内営業店におけるシナリオ算出例

イ 「非定型業務のリスク・コントロール・アセスメント」として、三井住友銀行の国内本店各部におけるシナリオ算出例

を説明する。

ア 三井住友銀行の国内営業店におけるシナリオ算出例

(ア) シナリオの導出にあたっての考え方

一般的に、銀行における定型業務については、国内事務の取扱手続が制定されており、業務の取扱量に関するデータがそろっているなどシナリオ導出を検討するにあたっては比較的着手しやすい。

三井住友銀行においても、当初は預金、為替、融資などの典型的な業務を「パイロット業務」として抽出し、シナリオ評価の枠組みを構築したうえで、国内事務の取扱手続をもとに全業務に拡大した経緯にある。

以下に具体的なシナリオの導出から計量化モデルに投入するシナリオデータの作成について記載する。

(イ) シナリオの導出および評価

(i) シナリオの導出

　国内営業店のリスク・コントロール・アセスメントにおいては、業務等に内在する潜在的なリスクを漏れなく把握するために、まず「業務棚卸」として、国内事務の取扱手続をもとに、「対象商品・業務」を漏れなく洗い出したうえで、それぞれの対象商品・業務ごとに、事務処理フローをあらかじめ11種類に分類した「処理類型」に分解することにより、一定規模以上の損失が発生すると考えられるシナリオを網羅的に導出している（図表4―11）。

　このように、対象商品・業務および処理類型に基づいて分類したものを「業務プロセス」として、シナリオの評価単位としている。

(ii) シナリオの評価

　シナリオの評価を行うには、シナリオごとに損失発生頻度および損失発生規模を定量的に推定する必要がある。三井住友銀行では、各シナリオの損失発生頻度を推計するために、すべてのシナリオに対して、以下のとお

図表4―11　シナリオの導出

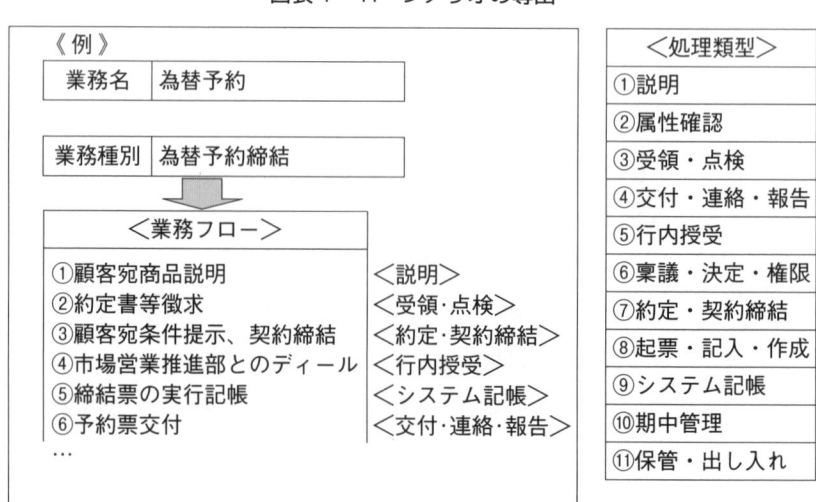

《例》

| 業務名 | 為替予約 |

| 業務種別 | 為替予約締結 |

〈業務フロー〉
①顧客宛商品説明　　　　　　　〈説明〉
②約定書等徴求　　　　　　　　〈受領・点検〉
③顧客宛条件提示、契約締結　　〈約定・契約締結〉
④市場営業推進部とのディール　〈行内授受〉
⑤締結票の実行記帳　　　　　　〈システム記帳〉
⑥予約票交付　　　　　　　　　〈交付・連絡・報告〉
…

〈処理類型〉
①説明
②属性確認
③受領・点検
④交付・連絡・報告
⑤行内授受
⑥稟議・決定・権限
⑦約定・契約締結
⑧起票・記入・作成
⑨システム記帳
⑩期中管理
⑪保管・出し入れ

図表4－12　リスク評価項目（例）

| 観　点 | 評価項目 | 主な評価の内容 | 評価 |
|---|---|---|---|
| 事務ミスの生じやすさ | ①処理量の多さ | 年間の処理量の多さ | 1 |
| | ②処理の集中度 | 処理の特定日集中度合い | 0 |
| | ③処理の時限性 | 処理の時限性、切迫の度合い | 2 |
| | ④処理の複雑さ | 処理の複雑さ、一工程当りの処理内容の多さ | 1 |
| | ⑤商品の複雑さ | 商品の複雑さ、種類の多さ | 0 |
| 事故へのつながりやすさ | ⑥対顧・対外処理 | 顧客・他行宛現物・資金移動処理 | 0 |
| | ⑦市場性商品の取扱い | 市場変動リスクを保有する商品の取扱い・取次ぎ | 0 |

り「リスク評価」および「コントロール評価」を実施している。

　まず、「リスク評価」については、業務プロセスごとにリスク管理状況勘案前の損失事故の生じやすさを測定するために、処理量の多さ、処理の集中度、処理の時限性などといった複数の項目に対して、それぞれの項目ごとに基準を制定しており、基準の充足度に応じていくつかの段階に分けて評価を実施することにより、リスク評価を得点化している（次頁図表4－12）。

　また、「コントロール評価」については、損失事故を事前に防止する観点および損失事故が発生してから速やかに回復させる観点の両面から、手続の整備、手続の内容、処理権限・事前検証などといった複数の項目に対して、それぞれの項目ごとに基準を制定しており、基準の充足度に応じていくつかの段階に分けて評価を実施することにより、コントロール評価を得点化している（次頁図表4－13）。

　このようにリスク評価とコントロール評価を得点化することに加えて、後述する「平均頻度評価テーブル」の考え方を導入することで、個別のシ

図表4—13　コントロール評価項目（例）

| 観　　点 | 評価項目 | 主な評価の内容 | 評価 |
| --- | --- | --- | --- |
| 手続整備 | ①手続の整備 | ○手続文書化、更新済否 | 1 |
| | ②手続の内容 | ○漏れなく正確に処理する規定の存在・強度 | 0 |
| 権限と検証 | ③処理権限・事前検証 | ○処理の権限、事前検証等 | 1 |
| | ④事後検証・発見 | ○事後検証、事故の発見の仕組み（予防効果） | 0 |
| システム処理化 | ⑤システム処理化 | ○システム処理化の度合い | 0 |

ナリオごとの損失事象の示現性（現れやすさ）を表すことができる。

　リスク削減策の効果をシナリオ評価に反映させる方法はこれに限られるものではないが、リスク削減策を実施することは損失事象の示現性（現れやすさ）を低減させることにつながるという考え方から、リスク評価項目とコントロール評価項目を具体的に設定することにより、リスク削減策の実施結果をシナリオ評価へ反映できる有効な枠組みを構築している。これは、各部によるリスク削減策の実施へのインセンティブという点でも有効なものとなっている。

　もっとも、リスク評価とコントロール評価については上記の項目を設定しているが、この評価項目はあくまで三井住友銀行における国内営業店での例にすぎない。

　たとえば、市場営業部門においても国内営業店と同様に、定型業務におけるリスク・コントロール・アセスメントを実施しているが、リスク評価項目やコントロール評価項目の内容は国内営業店の場合と異なる。どのようなリスク評価項目とコントロール評価項目を対象とするかは、セグメントごとに個別に判断する必要がある。

　また、リスク評価項目やコントロール評価項目の作成方法としては、ほ

かにも、監査で使用している項目を参考にして作成する等の方法も考えられる。

いずれにせよ、関係各部と議論を重ねたうえで慎重に検討する必要があろう。

(ｳ) シナリオにおける**損失発生頻度の推計**

(ⅰ) 国内営業店における平均頻度評価テーブルの作成

　過去に三井住友銀行の国内営業店にて発生した内部損失データを用いて、将来の損失が発生する頻度を推計するため、リスク評価およびコントロール評価の組合せからなるマトリクス上に1年当りのそれぞれの損失発生件数を推計した、「平均頻度評価テーブル」を作成する（図表4—14）。

　おのおののリスク評価とコントロール評価をもつようなシナリオの発生頻度を推計するわけだが、同じ評価をもつ業務で実際どの程度の事故が発生しているかを過去の内部損失データから割り出すことで行う。こうすることで、「平均頻度評価テーブル」ができ、過去の損失実績が存在しないようなシナリオであっても発生頻度が合理的に推計される。

　なお、リスク評価項目およびコントロール評価項目についてはそれぞれ

図表4—14　平均頻度評価テーブル（例）

|  |  | コントロール評価 ||||||
|---|---|---|---|---|---|---|---|
|  | スコア計 | ～2.0 | 2.4 | 2.8 | 3.2 | 3.6 | 4.0 |
| リスク評価 | 5.5～ | ＊＊＊ | ＊＊＊ | ＊＊＊ | ＊＊＊ | ＊＊＊ | ＊＊＊ |
|  | 4.5～5.5 | ＊＊＊ | ＊＊＊ | ＊＊＊ | ＊＊＊ | ＊＊＊ | ＊＊＊ |
|  | 3.5～4.5 | ＊＊＊ | ＊＊＊ | ＊＊＊ | ＊＊＊ | ＊＊＊ | ＊＊＊ |
|  | 2.5～3.5 | ＊＊＊ | ＊＊＊ | ＊＊＊ | ＊＊＊ | 2.40 | ＊＊＊ |
|  | 1.5～2.5 | ＊＊＊ | ＊＊＊ | ＊＊＊ | ＊＊＊ | ＊＊＊ | ＊＊＊ |
|  | 0.5～1.5 | ＊＊＊ | ＊＊＊ | ＊＊＊ | ＊＊＊ | ＊＊＊ | ＊＊＊ |
|  | ～0.5 | ＊＊＊ | ＊＊＊ | ＊＊＊ | ＊＊＊ | ＊＊＊ | ＊＊＊ |

損失事故件数への寄与率が異なると考えられることから、回帰分析を実施して、各評価項目の損失事故件数への寄与率を分析したうえで、各評価項目にウエイトづけをしている。

「平均頻度評価テーブル」については、過去の損失事象の発生件数に感応的であるとともに、シナリオ評価の算定に用いるにあたって安定的であることが求められるが、一般的にデータ数が限定的である場合には不安定になるという問題もある。この点を解決するための手法としては、たとえば、後述するスタビリティ・テストといった枠組みが効果的であろう。

(ⅱ) シナリオにおける損失発生頻度の推計

リスク評価およびコントロール評価について、評価項目ごとに上述のウエイトを勘案したうえで、リスク評価項目およびコントロール評価項目のそれぞれの合計点を算出する。そのうえで、平均頻度評価テーブルにおけるリスク評価およびコントロール評価のマトリクス上の発生頻度を求めることによって、各シナリオの発生頻度（シナリオの事象が1年間に発生する回数）を推計する。

(エ) シナリオにおける損失発生規模の推計

各シナリオの損失発生規模を推計するにあたっては、原則として、三井住友銀行の過去の業務の取扱量を用いて、損失発生規模の分布を生成することとしている。

具体的には、シナリオを導出するにあたって分類した対象商品・業務ごとに、過去の業務の取扱量が対数正規分布に従って分布していると仮定して、損失規模分布を生成する。

(オ) 「低頻度・高額損失」発生頻度の推計

四つの損失額（1億円、10億円、50億円、100億円）における発生頻度は、シナリオごとに対数正規分布を適用して、それぞれの損失額における発生確率を求めることによって推計される。より詳しく説明すると、以下のとおりとなる。

(i) シナリオを導出するにあたって分類した対象商品・業務ごとに、上述のとおり、過去の業務の取扱量を対数正規分布に従っていると仮定しているので、1年間に1件の損失事象が発生すると仮定した場合における損失額は、同様に対数正規分布に従うと考えることができる。したがって、この場合において、四つの損失額における発生頻度は、同分布における損失額として、それぞれの四つの損失額を代入することによって算出される。

(ii) 1年間に1件の損失事象が発生すると仮定した場合は上述のとおりであるが、1年間に複数の損失が発生する場合においては、それぞれの損失事象は互いに独立して発生すると考えられることから、1年間に1件の損失事象が発生すると仮定した場合において算出された確率に対して、複数の件数をべき乗することによって算出できると考えられる。

(iii) 1年当りの損失発生件数はシナリオごとに「平均頻度評価テーブル」を用いて推計されているので、上述の対数正規分布を適用して求められる確率に平均頻度評価テーブルによって求められた1年当りの損失発生件数をべき乗することによって、四つの損失額における発生頻度を推計することができる。

イ 三井住友銀行の国内本店各部におけるシナリオ算出例

(ア) シナリオ導出にあたっての考え方

本店各部の業務は、たとえば市場業務などのように、事務手続等で業務プロセスが定められている業務のほかに、たとえば企画・管理に関する業務など、非定型的かつ不均一な業務も数多く存在する。

前者については、前述した定型業務のリスク・コントロール・アセスメントにより実施が可能であるが、後者については別の枠組の検討が必要となる。

シナリオの具体的な導出方法および評価方法については後述するが、三井住友銀行では、そうした非定型的かつ不均一な業務については、所管事項等に基づき、それぞれの業務に精通した各部がリスク・コントロール・アセス

メントによりシナリオを導出することとした。

　なお、定型業務のように損失発生規模の推計にあたり、業務の取扱量のデータを用いることがむずかしいため、シナリオごとに発生頻度勘案前の最大損失額を個別に推計する方式とした。

　(イ)　シナリオの導出および評価
(i)　シナリオの導出

　　三井住友銀行の組織規程に基づき、各部の所管事項・職務権限から、発生する可能性のあるシナリオを導出している。

(ii)　シナリオの評価

　　定型業務のリスク・コントロール・アセスメントと同様、シナリオの発生頻度を推計するために、シナリオの評価を実施している。

　　ただし、非定型的かつ不均一な業務を対象としていることから、「リスク評価」については、評価基準の統一がむずかしいため、「コントロール評価」のみを行っている。

　(ウ)　シナリオにおける損失発生頻度の推計

　定型業務のリスク・コントロール・アセスメントと同様、平均頻度評価テーブルを作成するが、国内営業店のリスク・コントロール・アセスメントと異なり、各評価項目のウエイトづけは行っていない。また、シナリオにおける損失発生頻度の推計にあたっては、リスク評価を行わないことから、コントロール評価合計点のみにより、作成された平均頻度評価テーブルから、各シナリオの発生頻度を推計している。

　(エ)　シナリオにおける損失発生規模の推計

　定型業務のリスク・コントロール・アセスメントと異なり、非定型的かつ不均一な業務では、損失発生規模の推計に際し、業務の取扱量のデータが必ずしも存在しないことから、妥当性を十分検証したうえで、発生頻度勘案前の最大損失額を個別に推定している。

　(オ)　「低頻度・高額損失」発生頻度の推計

四つの損失額（1億円、10億円、50億円、100億円）における発生頻度は、シナリオごとに推計される損失発生頻度と損失発生規模を用いて、推計される。

c　外部損失データ
(a)　外部損失データの定義

外部損失データとは「銀行の外部から収集したオペレーショナル・リスク損失に関する情報であって、銀行におけるオペレーショナル・リスクの管理に資するもの」のことをいう。三井住友銀行では、三井住友銀行および連結グループ会社において発生可能性のある外部損失データを収集している。

(b)　外部損失データの活用

三井住友銀行では、めったに発生しないが経営に大きな影響を与える「低頻度・高額損失」のデータとして、リスク・コントロール・アセスメントによるシナリオをオペレーショナル・リスクの計量化に使用しているが、このシナリオの網羅性・妥当性を検証する際のデータの一つとして、外部損失データを活用している。

外部損失データの活用に際し問題となるのは、どのように情報を収集するかということだ。

収集の対象とする情報リソースを決め、国・業種・損失額等で一定の収集基準を設けない場合、収集対象が拡散し、効率的な運用を妨げる。一方で情報の網羅性も確保しなければならず、バランスが重要となる。

三井住友銀行では、過去7年間で5,000件以上の外部損失データを収集し、シナリオの検証に活用している。収集方法としては、自ら収集する新聞報道等の情報に加え、業者から購入したデータを活用することで、情報の網羅性および客観性を担保している。また、グループ各社で同じ損失データを共有できるよう、データベースを構築し、グループ全体のシナリオ検証に役立てている。

d 業務環境及び内部統制要因（BEICFs）
　(a) 業務環境及び内部統制要因の定義
　業務環境及び内部統制要因とは、「オペレーショナル・リスクに影響を与える要因であって、銀行の業務の環境及び内部統制の状況に関するもの」のことをいう。三井住友銀行では、業務環境及び内部統制要因の収集対象として、①業務に関する法令改正、②内部規程改定、③新種業務・商品に関するデータを定め、定期的に収集している。
　(b) 業務環境及び内部統制要因の活用
　告示においては、オペレーショナル・リスク計測手法への業務環境及び内部統制要因の反映について、以下の2点が定められている。
① 各要因のオペレーショナル・リスク相当額への影響が可能な限り定量化されていること。
② 各要因のオペレーショナル・リスク相当額への影響を定量化する際には、各要因の変化に対するリスク感応度および要因ごとの重要性が合理的に考慮されていること。また、業務活動の複雑化および業務量の増加による潜在的なリスクの増大の可能性が適切に勘案されていること。

　これをふまえ、三井住友銀行では、リスク・コントロール・アセスメントにおけるシナリオを検証する際のデータの一つとして、業務環境及び内部統制要因を活用している。
　具体的には、たとえば「預金者保護法」や「金融商品取引法」等の法令改正に関するデータや、こうした法令改正をふまえた内部規定の制定・改定に関するデータ、あるいは、新種業務・商品の取扱開始にかかわる行内通達等のデータを、シナリオの網羅性・妥当性の検証に活用している。また、重大と思われる業務環境及び内部統制要因の変化が発生した場合には、(a)に記載の収集対象以外の事象であっても、随時シナリオの検証を実施する体制としている。

(4) 検　　証

a　シナリオ検証

　三井住友銀行では、重大なオペレーショナル・リスクを伴うシナリオについて、四半期ごとに内部損失データ、外部損失データ、業務環境及び内部統制要因による検証を実施している。

　具体的には、収集した上記データを使って、シナリオの導出漏れがないか、シナリオの評価は妥当かを四半期ごとに見直すことにより、シナリオの網羅性・妥当性を確保している。

(a)　内部損失データによる検証

　三井住友銀行では、原則として、回収前の損失金額が1円以上の内部損失データを収集している。このうち、一定の基準に該当する内部損失データを抽出したうえで、損失事象の内容を検討して、シナリオの見直しの要否を判定している。

　具体的には、すでに三井住友銀行においてシナリオが存在しているのか、シナリオが存在している場合に損失事象で発生した損失額とシナリオの評価額の乖離が許容範囲であるか、等といった検討事項を複数設定したうえで、一定のロジックに従って、シナリオの見直しの要否を判断できるようにしている。

　シナリオの見直しが必要とされた場合は、該当の内部損失データをもとに再度、アセスメントを実施することにより、シナリオの新規導出やシナリオ評価の見直しなどを検討して、内部損失データを適切にシナリオへ反映している。

(b)　外部損失データによる検証

　三井住友銀行では、新聞記事などのマスコミ報道や業者から購入したデータをもとに、5,000件あまりの外部損失データのデータベースを保有しており、グループ会社間で共有できる枠組みを構築している。

このうち、一定の基準に該当する外部損失データを抽出したうえで、損失事象の内容を検討して、シナリオの見直しの要否を判定している。具体的には、すでに三井住友銀行においてシナリオが存在しているのか、シナリオが存在している場合に損失事象で発生した損失額とシナリオの評価額の乖離が許容範囲であるか、などといった検討事項を複数設定したうえで、一定のロジックに従って、シナリオの見直しの要否を判断できるようにしている。

シナリオの見直しが必要とされた場合は、該当の外部損失データをもとに、再度、アセスメントを実施することにより、シナリオの新規導出やシナリオ評価の見直しなどを検討して、外部損失データを適切にシナリオへ反映している。

(c) 業務環境及び内部統制要因による検証

三井住友銀行では、業務環境及び内部統制要因として、法令改正、内部規程改定、新種業務・商品に係るデータを収集している。この収集したデータ

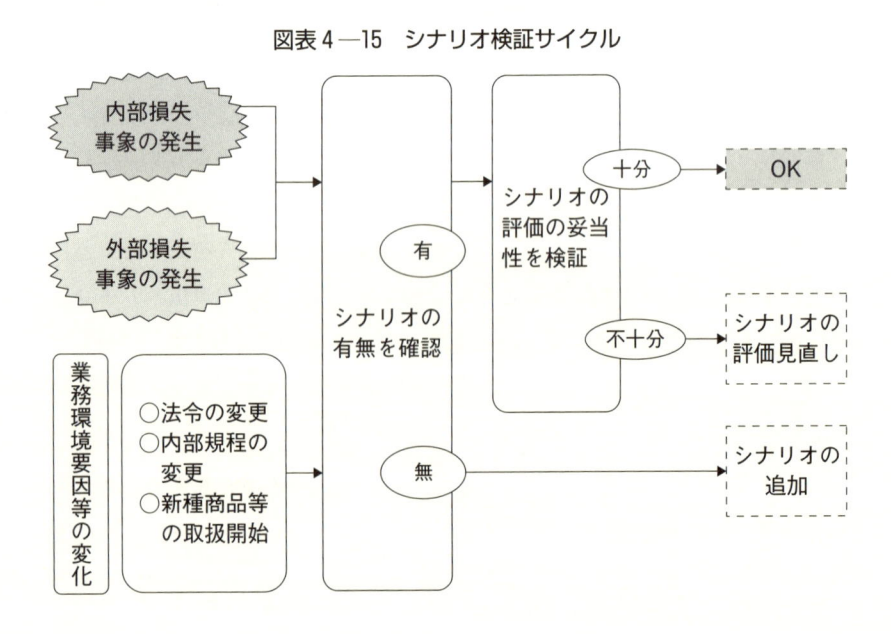

図表4—15 シナリオ検証サイクル

に対して、定期的にシナリオの見直しの要否を検討するとともに、これ以外の事象であっても、重大な業務環境要因等の変化が発生した場合には、随時シナリオの見直しを検討する体制としている（図表4－15）。

シナリオの見直しが必要とされた場合は、該当の業務環境及び内部統制要因をもとに、再度、アセスメントを実施することにより、シナリオの新規導出やシナリオ評価の見直しなどを検討して、業務環境及び内部統制要因を適切にシナリオへ反映している。

b　モデル検証

計量化モデルによる計測結果の妥当性（計測精度）に関しては、適切に片側99.9％の信頼区間で、期間を1年間として予想される最大のオペレーショナル・リスク損失の額に相当する額を計測できていることを、さまざまな感応度分析や検証を実施して確認している。

本項では、計測精度の評価方法や定期的な検証の枠組みについて説明する。

(a)　計測精度の検証

計量化モデルの信頼性に関しては、さまざまな観点での検証を通して確認している。

具体的には、計量化モデルの設計に際しての前提条件や仮定等から生じうる、計量結果の変動する可能性を定量的に把握し、特に所要自己資本をどの程度過小評価する可能性があるかを評価して、その可能性を後述する定期的な検証の枠組みでリカバリーすることができるかを分析している。

このように把握した過小評価する可能性をバック・テストの乗数に応用し、仮に計量化モデルの推計精度が悪化したときには同乗数を乗じる枠組みを導入することで、所要自己資本を過小評価することがないようにしている。

(b)　定例検証の実施

計量化モデルの継続的な適切性の確認のために、定期的に検証を実施している。具体的には、計測結果の適切性を総合的に判断する事後検証（バッ

ク・テスト)、および計測する前に計量化モデルの推計精度を検証する事前検証（プレ・テスト）の二つに大別される。

**ア　事後検証（バック・テスト）**

　バック・テストとは、計量化モデルの推計結果と実際に発生した損失額との比較を行い、計量化モデルによる計測結果の保守性や妥当性を事後的に検証するものである。実際の損失が計量化モデルによる推計結果よりも大きく発生したときには（「バック・テストで超過する」といわれる）、同テストの超過回数に応じて定まる乗数を乗じて、計量結果の保守性を維持するように対応している。

　バック・テストは計量化モデルのようなVaR（統計）モデルの適切性を総合的に検証するものとしてよく知られている方法であり（図表4―16)、ここでは、同テストが十分に機能すると考えられる信頼水準値の最大損失額を求め、その値と実際に発生した損失額を比較する枠組みとすることで、同テストの実効性を高めている。

**イ　事前検証（プレ・テスト）**

　上記のバック・テストで用いる乗数値は、計量化モデルが所要自己資本を

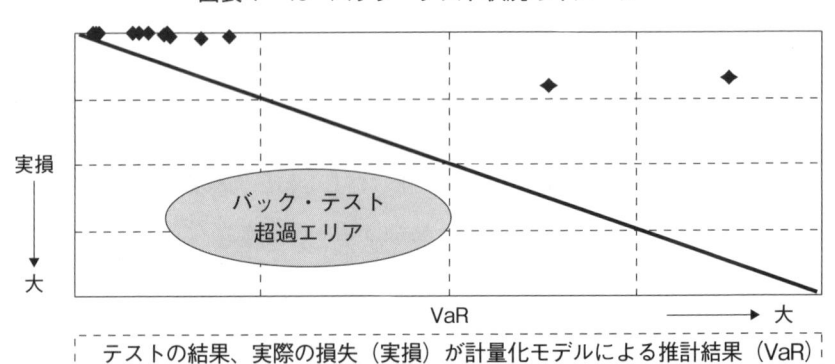

図表4―16　バック・テスト状況のイメージ

テストの結果、実際の損失（実損）が計量化モデルによる推計結果（VaR）よりも大きくなった場合、結果が斜線の左下部分（「バック・テスト超過エリア」）に表示される

過小評価する可能性に応じて決定しているが、事前検証（プレ・テスト）とは、その過小評価する可能性（モデルリスク）が拡大していないかどうか、実際に計量化モデルによる計測の前に定期的に検証するものである。

この検証により、バック・テストで用いる乗数値の保守性を確認し、モデルリスクが顕在化していないかどうかを継続的に検証している。

## 2　リスク削減への取組み（ユース・テスト）

三井住友銀行では、先進的計測手法による計量結果を活用したリスク削減、いわゆる「ユース・テスト」を、先進的計測手法によるオペレーショナル・リスク管理が「リスク削減の手立て」として実効性のあるものとなるための重要な要素と位置づけ、金融庁との協議および行内での議論を重ね、その枠組みを構築してきた。

本項では、三井住友銀行においてユース・テストとして実施している、前述した(1)マグニチュード評価に基づく影響度の高いシナリオのリスク削減について、また、(2)オペレーショナル・リスクアセットの各業務部門および各グループ会社への配賦によるリスク削減の取組みについて述べる（次頁図表4—17）。

### (1)　リスクシナリオのマグニチュード評価

#### a　マグニチュード評価に基づく影響度の高いシナリオのリスク削減

オペレーショナル・リスク管理はどちらかといえば、顕在化したリスクに対して再発防止策を打つことが中心であったが、予防的な観点から、潜在的なリスク削減にも注力していくことが、言うまでもなくきわめて重要である。

これは、規制にも現れており、たとえば、告示第308条1項四号には「管理部門により、オペレーショナル・リスクを特定し、評価し、把握し、管理し、かつ、削減するための方策が策定されていること」と定められている。

図表4—17 三井住友銀行におけるリスク削減への取組み（ユース・テスト）

| 目的 | | 管理プロセス/組織対応 | | |
|---|---|---|---|---|
| | | 計画 | 実施 | 評価・見直し |
| (1) リスクシナリオのマグニチュード評価 | グループ全体での影響度が大きいオペリスクの削減 | リスクアセスメントの結果、影響度の高いリスクシナリオについてリスク削減策を計画 | リスク削減策実施 | リスク削減策の実施をふまえてシナリオを再評価。リスク削減対象シナリオを見直し、再度、リスク削減計画策定・実施 |
| | | オペレーショナルリスク委員会にて決定 | リスクシナリオの所管部署にて実施 | オペレーショナルリスク委員会にて決定 |
| (2) オペリスクアセット計画 | 業務部門、グループ会社全体での自律的なオペリスク管理 | 先進的計測手法により各部門・各社の計画値を算出し、計画 | 内部損失の抑制や、リスクシナリオのリスク評価・コントロール評価の改善 | 部門ごと・各社ごとの計量結果、前期からの変動要因分析（シナリオの発生頻度・規模を含む）を各部門・各社に還元 |
| | | 各部門・各社の業務計画に係る経営会議等にて決定 | 各業務部門・各社の所管部署にて実施 | オペリスク統括部署から結果を還元/期末の経営会議等にて計画対比の実績を評価 |

また、同条六号では「オペレーショナル・リスク損失（中略）のうち重大なものを含むオペレーショナル・リスクの情報について、管理部門から各業務部門の責任者、取締役会等及び執行役員に定期的に報告が行われ、当該報告に基づき適切な措置をとるための体制が整備されていること」と規定されている。

　三井住友銀行においても、上記への対応として、アセスメントにおいて、重大なオペレーショナル・リスクを伴う「個別のシナリオ」を特定し、前述したマグニチュード評価に基づく影響度が特に高いシナリオのリスク削減を実施している。

　また、リスク削減の対象となるようなシナリオについては、役員への定期的な報告体制の整備といった、告示上の承認基準も満たすように、担当役員が委員長を務めるオペレーショナルリスク委員会の場で議論され、決定されており、実際に各部・各拠点で実施したリスク削減のための施策の結果に関しても、その場で協議できる体制となっている。

### b　個別のリスク削減対象シナリオが明示されるまでの経緯

　現状のリスク・コントロール・アセスメントは、すでにできあがったシナリオについて定期的に見直しを行い、必要に応じて加除修正を加えていく形で進行しており、ある程度、巡航速度に入ってきている（もちろん高度化の余地は随所にある）が、当初は、「無から有を作り出す」必要があったわけである。

　そのために三井住友銀行では、まず、2003年5月以降、アセスメントPTを設置し、約2年にわたり、順次アセスメント対象を拡大するなどして、手法の確定を進めた。ここで、現在のシナリオの「プロトタイプ」が形成されたわけである。そして、その成果をふまえ、正式にシナリオを導出したのが2005年度であったが、その時点のことを少し振り返れば、まず、7月末から一次アセスメントとして、各部・各拠点においてリスク・コントロール・アセスメントを行い、一からシナリオを導出した。次に、これらについて、オ

ペレーショナルリスク管理室にて、8月下旬から10月初旬まで、シナリオの検証、損失頻度と損失額の算出・検証、さらには影響度の評価としてマグニチュード評価を実施した。この後、10月初旬から各部・各拠点における二次アセスメントとして、シナリオの最終確認、マグニチュード評価の確認、特に影響度の高いシナリオについてはリスク削減計画の策定を行った。この、二次アセスメントにおいては、オペレーショナルリスク管理室の検証結果について、同室と各部・各拠点との間で評価の妥当性等を含め、多くの議論を重ね、個別のシナリオにつきマグニチュード評価を確定している。

さて、上記のとおり、この2005年の10月時点において、シナリオを影響度の大きいものから順に一覧にできたことで、三井住友銀行がもっていたその時点での潜在的なオペレーショナル・リスク全般を俯瞰的にみることが可能となったわけである。

実際、リスク削減策の対象シナリオのマグニチュード評価の大小は、納得感をもって迎えられたものもあれば、やや驚きをもって迎えられたものもある。類型化すれば、下記のようになるだろう。

① アセスメントを実施する以前より、すでに順次リスク削減策を打ちつつあるもの。
② アセスメントにより影響度の大きいリスクとして現れたが、実は個別の顕在化リスクへの対応等により、やはりすでに対策を講じているもの。
③ アセスメントにより影響度が大きいリスクとして現れたため、その時点から、リスク削減策を講じていくもの。

特に3番目の類型は、アセスメントによって、潜在的なリスクが初めて認識され、実際にリスク削減策が講じられたその後の経緯をみるに、大きな意義を有しているといえよう。

c　リスク削減策の進捗管理

個別のリスク削減については、リスク削減計画を各部・各拠点で作成し、オペレーショナルリスク管理室にて月次でリスク削減の進捗を管理し、その

結果をやはり月次で担当役員宛に報告している。また、前述したように、定期的に開催されるオペレーショナルリスク委員会でも、リスク削減対象シナリオとリスク削減策の取組状況については、報告・決定されている。

d 課 題

たしかに、影響度の大きい個別のシナリオのリスク削減というのは、ある特定された潜在的なリスクに対して、重点的にリスク削減策を打つという点では、実効性の高いものであるが、その個別のシナリオのリスク削減が終わってしまえば、そこで終わりという性質がある。そうすると、影響度はそれほど大きくはないが、ある程度のリスクをもつシナリオにつき、各部・各拠点で継続的にリスク削減を図っていくためのインセンティブづけといった点では、弱い部分がある。そのためには、やはり、各部門における収益予算の計数管理のような仕組みの導入が必要となったわけである。こうして、部門別のオペレーショナル・リスクアセット計画管理の導入が、ユース・テストの観点から必要となったのであるが、これについては次項で詳しく説明する。

## (2) オペレーショナル・リスクアセットの配賦によるリスク削減への取組み

(1)において述べた、影響度の高いリスクシナリオについてリスク削減策を計画、実施するという方法は、銀行全体でみたときにリスクの高い業務について、重点的にそのリスクを削減することができるという意味では非常に有効なものであるが、それだけでは、より次元の高い「各業務部門・各グループ会社による自律的なオペレーショナル・リスクの削減計画の立案・管理」を実現するには至らない。

この点にかんがみ、三井住友銀行では、計量化により算出したオペレーショナル・リスクアセットを三井住友銀行の各業務部門および各グループ会社に配賦することで、各部門・各社が業務計画に織り込む形でオペレーショ

ナル・リスクアセットの数値を計画・管理し、リスク削減に自律的に取り組むことを可能にしている。

a　オペレーショナル・リスクアセット配賦の枠組みを構築するまでの経緯

　このオペレーショナル・リスクアセットを配賦することでリスク削減につなげるというオペレーショナル・リスクアセット計画・管理の枠組みの導入にあたっては、ひとたび巨額の損失が発生するとオペレーショナル・リスクアセットが急増するという先進的計測手法の特性から、そもそも計画・管理にそぐわないのではないかという考え方もあり、行内でも相当の議論を重ねた。

　この点を克服するためには、オペレーショナル・リスクアセット計画・管理の枠組みが、実際にリスク削減計画を策定する各業務部門や各グループ会社にとって、理解しやすく納得できるものであること、リスク削減に向けたインセンティブとなりうる実効性のあるものであること、などが求められる。このようなポイントを満たすことで初めて、オペレーショナル・リスクアセット計画・管理が、配賦された数字の多寡によって一喜一憂するだけでなく、真の意味での「リスク管理」に資するものになると考えられる。

b　オペレーショナル・リスクアセット配賦の具体的な枠組み

　こうした考え方に基づき、三井住友銀行では、具体的には以下のように、オペレーショナル・リスクアセットを各業務部門・各グループ会社に配賦し、各業務部門・各グループ会社における自律的なリスク削減への取組みが可能な枠組みを構築している。

① 期初に、各業務部門・各グループ会社に帰属する内部損失データ、およびリスク・コントロール・アセスメントによるシナリオエクスポージャを用いて算出したオペレーショナル・リスクアセットを、各部門・各社に配賦する。

② 各業務部門・各グループ会社では、期中に起こりうる重大な損失や業務環境の変化、新規業務の開始計画などをふまえて、年度のオペレーショナ

ル・リスクアセット計画を立案する。
③　期中に、各業務部門・各グループ会社において、オペレーショナル・リスク顕在化の抑制や、リスク削減策を実施することで、シナリオのリスク・コントロールの改善に努める。
④　また、半期ごとに、各業務部門・各グループ会社のリスクアセット実績および、前期からの変動要因についてオペレーショナルリスク管理室において分析した結果を、各業務部門・各グループ会社宛に還元することで、各業務部門・各グループ会社での計画の見直しを実施する。
⑤　最終的に、期末に計画対比の実績を評価する。

### c　変動要因分析の還元

　上記の枠組みのなかで、特筆すべきは、④の各業務部門・各グループ会社のリスクアセットの変動要因分析結果の還元である。これは、リスク・コントロール・アセスメントの結果としてのシナリオエクスポージャが、アセスメントを構成する要因（リスク評価・コントロール評価等のアセスメント評価、平均頻度評価テーブル、業務の取扱量など）のうちのどの要因の変化により変動したのかを、オペレーショナルリスク管理室において分析し、その結果を、各業務部門・各グループ会社宛に還元することである。これにより、各業務部門・各グループ会社におけるリスクへの理解・認識を深め、ユース・テストとしての実効性を確保しようというものである。

　上述のような一連のプロセスについて、行内、特に各業務部門・各グループ会社との数多くの対話を通じ、各業務部門・各グループ会社に定着させたことで、定性的な側面の強かった従来のオペレーショナル・リスク管理から一歩踏み出すことができた。いまでは、各々の業務に伴うオペレーショナル・リスクを数値として認識し、その数値をみながら、そのリスクについて、損失を起こさないために未然にできることはないか、どのような対応策を実施すればリスクを削減できるのか、といったことを各業務部門・各グループ会社が真剣に考える実効的な枠組みがワークしていると考えている。

(3) ユース・テストのさらなる高度化

　上述してきたとおり、三井住友銀行では、銀行全体でみたときに影響度の高いリスクシナリオについてリスク削減策を計画、実施するマグニチュード評価管理と、各業務部門・各グループ会社にオペレーショナル・リスクアセットを配賦することで自律的な計画・管理を促進するオペレーショナル・リスクアセット計画・管理という二つの方法を、ユース・テストとして実施してきた。

　これらは、オペレーショナル・リスク管理、特にリスク・コントロール・アセスメントについて、ボトムアップ方式を採用してきたからこそ、可能となったものであり、計量化の全体像の設計とユース・テストの実効性は密接に関係しているものであることを、ここで強調しておきたい。

　今後のユース・テストのさらなる高度化の余地としては、EVA*（Economic Value Added：経済付加価値）や RAROC（Risk Adjusted Return on Capital：リスク調整後資本収益率）へのオペレーショナル・リスクの算入という点があげられる。EVA や RAROC といった管理指標にオペレーショナル・リスクを算入することは、各業務部門・各グループ会社がリスク削減するにあたり、より大きなインセンティブとなる。一方で、オペレーショナル・リスク損失の発現を抑制するなどして、これらの指標が計画比でより改善した場合に、収益をあげたのと同様の取扱いとする、すなわち、プラス評価するような体系を導入することが妥当か、というような論点もある。こういった論点につき、十分かつ慎重な検討が必要と考えている。

＊EVA は、米スターン・スチュアート社の登録商標

## 第3節　先進的計測手法（配分手法）の子銀行への導入

　本節では、三井住友銀行の子銀行における、個別行としての先進的計測手法（配分手法）の導入について説明する。

### 1　先進的計測手法導入の取組経緯

　子銀行については、個別行でも自己資本規制にかかることになるが、三井住友銀行では子銀行が国内に 3 行ある。2005年 7 月に、三井住友銀行で先進的計測手法を適用する方針を決定したことをふまえ、2006年 3 月には、各行でも、先進的計測手法の採用を目指し、2006年 3 月末基準より予備計算を行っていくことを決定した。

　各行での先進的計測手法の適用に向けた取組経緯は、次頁図表 4 ―18の年表に記載のとおりながら、この 3 行でも、三井住友銀行と、ほぼ同様な体制の構築を進めてきた。

　ただし、やはり一番の問題となったのは、三井住友銀行と同様に、計量化モデルを子銀行ごとに単独で適用することが、データ数が非常に少ないといった制約から困難であったことだ。

　そこで、親銀行のデータに計量化モデルを適用したうえで、そこから、子銀行の内部損失データやアセスメントによるシナリオデータを用いて一定の算式で子銀行におけるオペレーショナル・リスクの所要自己資本を算出する方法、いわゆる「配分手法」の適用を目指し取組みを進めた。

　ただ、一定の算式といっても、特に決められたものがあるわけではなく、その導出には、金融庁との協議も含め、相当の苦労を要した。

　何とか、2007年初めにはメドが立ち、その 3 月に、子銀行で配分手法の使用を正式決定したうえで、同年 3 月末基準の予備計算から、同手法を導入し

図表 4-18 子銀行における先進的計測手法（配分手法）導入の取組状況

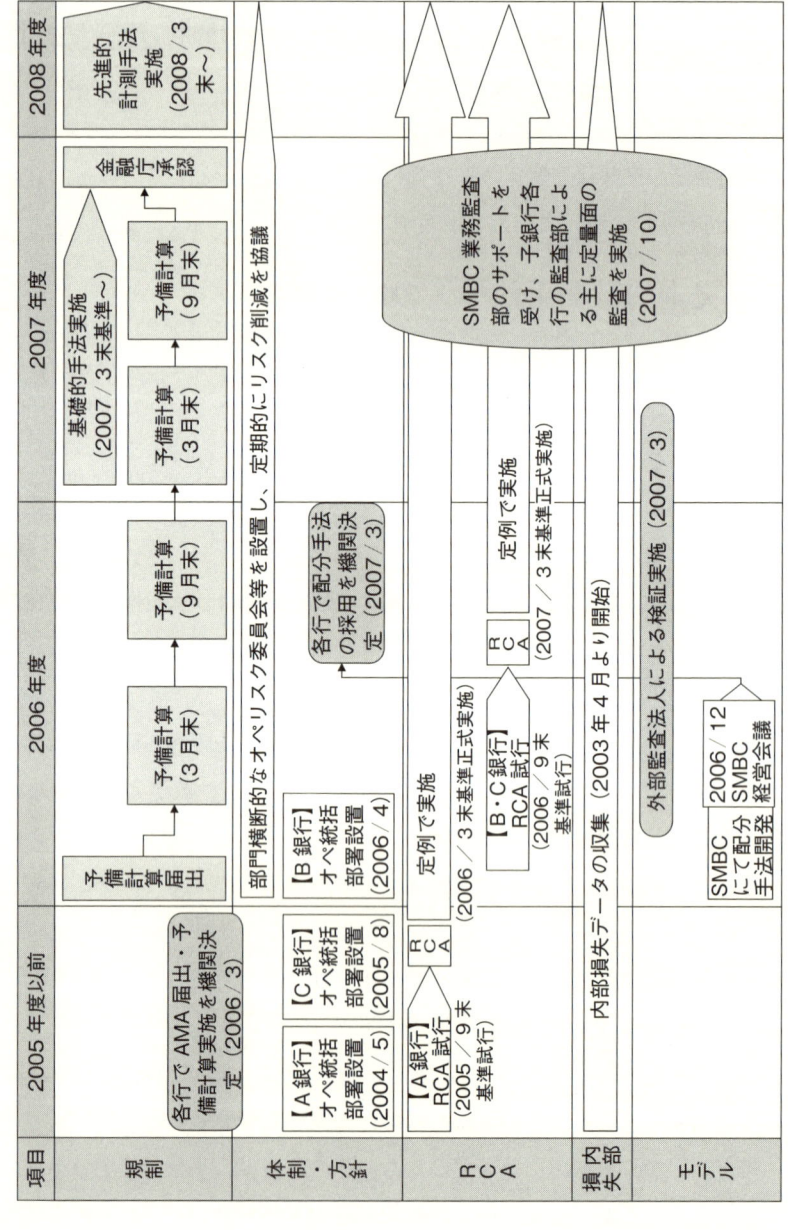

て予備計算の報告を開始した。

配分手法の概要については、次項以降で説明するが、この結果、国内子銀行2行については、三井住友銀行と同様、2008年3月に金融庁より先進的計測手法の承認を受け、適用を開始している。

■配分手法に関する金融庁Q&A

> 金融庁ホームページに掲載されているQ&Aにおいて、配分手法については以下のとおり記載されている。
>
> 【第311条―Q1】グループ連結ベースで先進的計測手法を適用し、子銀行についても先進的計測手法を適用する場合は、当該計測手法として、連結ベースで先進的計測手法により計算したリスク相当額を配分する手法も認められるのですか。
>
> (A) 原則として、銀行は、妥当と認められた場合に連結ベースで先進的計測手法により計算したリスク相当額を配分する手法(以下「配分手法」といいます。)を用いてオペレーショナル・リスク相当額を子銀行に配分することができます。ただし、配分手法を用いる場合において、銀行は配分手法の妥当性を監督当局に説明できなければなりません。配分手法を用いる場合は、子銀行のテール付近のリスクプロファイルが子銀行のオペレーショナル・リスク相当額に適切に反映され、かつ、内部でリスク管理・削減の対象とされている必要があります。(その結果、子銀行等に配分されるオペレーショナル・リスク相当額を合計した額は、連結ベースのオペレーショナル・リスク相当額と一致しない場合もありえます。)
>
> ただし、監督当局(外国の当局を含む。)が重要であると認めた子銀行については、銀行持株会社または親銀行を頂点とする連結の範囲においては、当該銀行持株会社または親銀行から当該子銀行への配分手法の使用は認められず、当該子銀行は単独(スタンド・アローン)で

先進的計測手法によりオペレーショナル・リスク相当額を計算しなければなりません。

(出所)　金融庁「バーゼルⅡに関するQ&A（平成18年3月31日）」

## 2　計量化の概要

　基本的には、前節で説明した三井住友銀行の計量化と、ほぼ同様の枠組みで、オペレーショナル・リスクの所要自己資本（期間：1年、信頼水準：99.9%）を算出するものである。あらためて概要を述べると、図表4―19のとおり、四つの要素の活用として、内部損失データ、外部損失データおよび業務環境要因等を用いて、シナリオ検証を行い、そこから得られたアセスメントによるシナリオデータと内部損失データを用いて計量化を行っている。

　ただし、子銀行では内部損失データ等が限定的であることから、三井住友銀行のように直接計量化モデルで所要自己資本を計量することが困難である

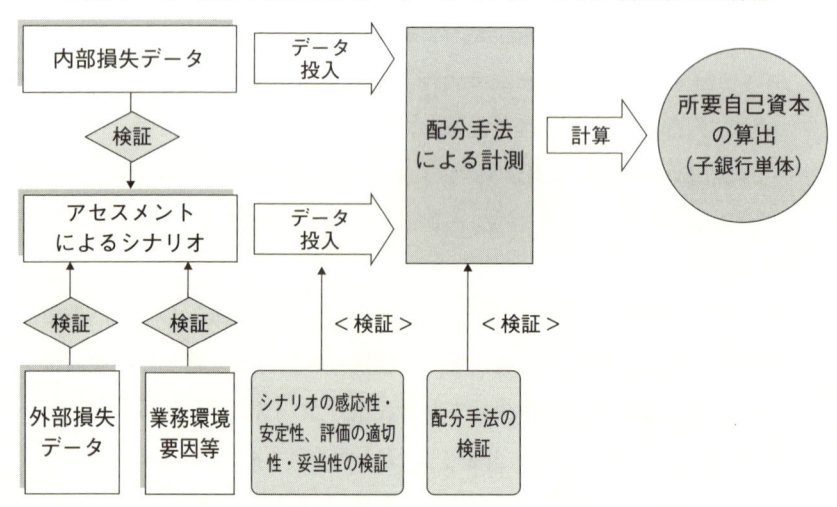

図表4―19　配分手法によるオペレーショナル・リスク計量化の全体像

ことは前項でも問題点としてあげたが、同時に頻度テーブルの作成に起因して、子銀行におけるアセスメントによるシナリオの発生頻度等の推計も不安定になる可能性があった。

　そこで、子銀行単体の所要自己資本の算出手法については、三井住友銀行にて配分手法を制定した。また、子銀行のシナリオの発生頻度等の推計の不安定性については、追加的に子銀行のシナリオ評価の感応性・安定性、および適切性・妥当性を検証する枠組を導入している。

## 3　配分手法の概要

### (1)　配分手法の要件

　配分手法は、規制上、詳細に定められているものではなく、三井住友銀行では、開発にあたり重視した要件は、以下の3点である。

① リスク感応度

　　子銀行の内部損失データ・アセスメントによるシナリオデータといった、オペレーショナル・リスクプロファイルを適切に反映する手法であること。

　　つまり、人員・資産規模・粗利益等を用いて配分するのではないもの。

② ユース・テスト

　　配分式をシンプルなものとし、運用上わかりやすく、また内部でのリスク管理やリスク削減等に努められる手法であること。

③ 安定性

　　内部損失データ等の少ない子銀行でも適用可能で、安定的にオペレーショナル・リスク所要自己資本が算出できること。

　さらに、各イベントタイプのリスクプロファイルも適切に反映する手法であることを出発点とした。

　また、資本の十分性（保守性）も重要な要件であり、後述のとおり、手法

の検証方法等も定めている。

(2) 配分手法の検討

　初めに、スタンド・アローン方式に触れておく。

　スタンド・アローン方式とは、三井住友銀行の計量化モデルを用いて99.9％VaRを直接推定する手法である。計量化モデルで所要自己資本の計量を行うためには、内部損失データとアセスメントによるシナリオデータが必要であるが、子銀行のイベントタイプによっては、まったく内部損失データが発生していないケースがある。また、内部損失データが発生していても、そのデータの少なさから、必ずしも安定的に所要自己資本の計量ができないという問題点があり、検討当初の時点で棄却した。

　こうした事情により、三井住友銀行では、配分手法の検討にあたり、次頁図表4―20の四つの手法について比較検討を行ったが、上記の要件を充足する手法として、計量化モデルに感応するファクターをみつけ出し、定式化を行う「RPI（Risk Profile Indicator）方式」を選択した。

　検討を行った各種手法の概要およびメリット・デメリットは、以下のとおり。

① 連結差分方式

　　連結差分方式とは、三井住友銀行単体のデータに、子銀行の内部損失データおよびアセスメントによるシナリオデータを含め、計量化モデルで計量を実施した場合に、三井住友銀行単体の計量結果と比較して増加した99.9％VaRを所要自己資本とする方式。考え方は単純でわかりやすく、子銀行のリスクプロファイルが反映できる半面、データが少ない場合に、イベントタイプによっては、計量化モデルの特性上、資本が増加しない等、必ずしも適切かつ安定的に資本の算出ができないという問題点があった。

② 連結$\gamma$方式

図表4-20　各種手法の概要

| | 検討手法 | 概　　要 | アプローチ |
|---|---|---|---|
| ① | 連結差分方式 | SMBCの計量データに子銀行の同データを加えて計量した99.9%VaRの増加分を子銀行のリスク量とする手法 | 「(SMBC＋子銀行)のオペ資本」－「SMBCのオペ資本」 |
| ② | 連結$\gamma$方式 | 99%VaRを計量化モデルで推計し、SMBCで定める$\gamma$を乗じて99.9%VaRを推計する手法 | (子銀行単体の99%VaR)×(SMBCの$\gamma$) |
| ③ | ボトムアップ方式 | SMBCの部門への資本配賦で用いられる手法 | SMBCで定める枠組み(係数等)を子銀行にそのまま適用する手法 |
| ④ | RPI (Risk Profile Indicator)方式 | 計量化モデルに感応するファクター(risk indicator)をみつけ出し、簡単な定式化を行う手法 | $\Sigma(\alpha i \times Ri)$<br>($\alpha i$：係数、Ri：Risk Indicator) |

　子銀行の内部損失データおよびアセスメントによるシナリオデータを用いて、99%VaRを計量化モデルで推定し、三井住友銀行のリスク資本換算係数$\gamma$を乗じて所要自己資本とする方式。しかしながら、スタンド・アローン方式で説明したとおり、そもそも計量化モデルによる計量が困難なことから99%VaRを推定できないという問題点があった。

③　ボトムアップ方式

　ボトムアップ方式とは、内部損失データおよびシナリオエクスポージャ(シナリオごとの100年に1度の最大損失額)に一定の掛け目を乗じて足し上げ、所要自己資本とする方式。三井住友銀行において部門別にオペレーショナル・リスクアセットを配賦するのに用いている手法。この方式は、運用上わかりやすく、また、三井住友銀行ですでに分析ずみの結果があっ

たものの、三井住友銀行のリスクプロファイルの変動影響や分散影響を受ける等、必ずしも適切に子銀行のリスクプロファイルをとらえられないという問題点があった。

④ RPI（Risk Profile Indicator）方式

RPI方式とは、三井住友銀行の計量化モデルで算出した99.9%VaRに感応するファクターをみつけ出し、簡単な定式化を行い、算式に所定の入力変数を代入することにより求められた値を所要自己資本とする方式。運用上わかりやすく、子銀行の特性が反映できる半面、適切なファクターの設定・定式化ができるか等、手法の確立が非常にむずかしかった。

### (3) 配分手法（RPI方式）の制定

この方式の長所は、まさに子銀行のリスクプロファイルを反映できる手法であるが、一方で、前項のとおり、適切なファクターの設定や定式化等が非常にむずかしいというハードルがあった。

そこで、RPI方式の制定にあたっては、まず、三井住友銀行の計量化に使用する内部損失データ・アセスメントによるシナリオデータを仮想的に小さくして「仮想子銀行」データを複数ケース想定し、個々にモデルで計量を実施した。

分析に際し、内部損失データの合計額、件数、平均額、標準偏差、最大値やアセスメントによるシナリオの四つの損失額（1億円、10億円、50億円、100億円）の各頻度もしくは累積頻度といった指標（Indicator）等をVaRに感応するファクターの候補とした。

次に、この計量結果に対し、回帰分析と呼ばれる一般的な統計手法を用いて分析し、RPI方式により、定式化を実現したものである。回帰分析をすることで、配分手法は三井住友銀行の計量化モデルの近似式となっている。

> 子銀行の VaR＝f（子銀行の内部損失データ、子銀行の四つの損失額の発生頻度）
>
> 　　　（関数 f（係数等）は親銀行が定めたもの）

　導出した配分式の入力変数は、子銀行各行のオペレーショナル・リスクプロファイルである、内部損失データ、アセスメントによるシナリオの四つの損失額の発生頻度であり、三井住友銀行の計量化モデルの投入データと整合しているものである。

　配分式やそのパラメータ自身は親銀行である三井住友銀行で定めたものであるが、入力変数を子銀行各行のオペレーショナル・リスクプロファイルとすることによって、子銀行の自律的なリスク削減（ユース・テスト）が可能となる仕組みとなっている。

　また、各種検証により、この RPI 方式は三井住友銀行の計量化モデルと、「高い近似」となっていることも確認している（図表4―21）。

　こうして、すべての子銀行に満足のいく結果が出る手法とするため、相当の苦労を重ねた結果、この配分手法を制定し、適用するに至っている。

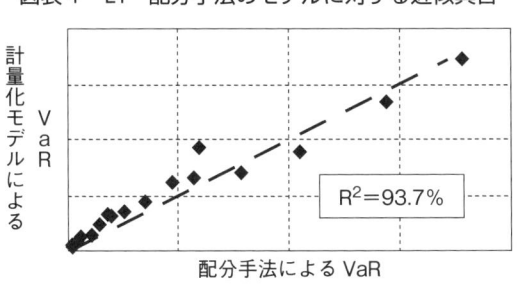

図表4―21　配分手法のモデルに対する近似具合

$R^2＝93.7\%$

縦軸：計量化モデルによる VaR
横軸：配分手法による VaR

## コラム4—8

　子銀行の所要自己資本をスタンド・アローン方式で計量できていたら、どれだけ楽だったろうかと、いまさらながら思う。

　配分手法の関係者は、親銀行の三井住友銀行と子銀行である。

　まず、配分式の導出は、親銀行が実施した。採用した手法であるRPI方式の適切なファクターを設定するために行った分析作業は尋常ではない。そこから、定式化までの道のりも同様に苦しいものだった。加えて、金融庁のQ&Aにもあるように、当局にこの手法の妥当性を説明できなければならない。そのため、当局との対話を通じて、さまざまな検証を行いどうにか使用が認められた経緯がある。

　一方、子銀行では、親銀行が開発した配分手法をただそのまま受け入れて使用すればよいわけではない。配分手法も先進的計測手法であることに違いはなく、使用する子銀行からも当局宛説明は不可欠とされた。それゆえ、配分式自体は簡易なものであるが、相応に複雑な配分手法の仕組みを、経営陣も含めて理解し、さらには、パラメータや入力変数が変化した場合に、所要自己資本にどのように影響するかまで理解し、運用することが求められた。

　話の順序は逆転するが、そもそも配分手法の枠組は、親銀行と子銀行の双方の合意があって成立するもの。幸いにして親子間で喧嘩をすることもなく導入に至ったが、親子の苦労はそれぞれの立場で相当なものであった。配分手法の開発者ではあるが、自身では使用しない親銀行は、子銀行への説明に相当の負担をし、配分手法の使用者ではあるが、自身では開発をしていない子銀行は、手法の理解に相当の負担をした。

　まだ続く、ここまでは、あくまでも導入までの話。後述のとおり、今後は、親子で協働して、現状の枠組みにつき、定期的に検証を実施していく必要がある。さらには、将来的に手法の高度化も行われるだろう。

　配分手法の導入は苦労の連続である。

## 4　配分手法の検証

　子銀行に適用する配分手法についても、三井住友銀行における計量化モデルと同様に、その適切性等を定期的に検証する枠組みを導入している。

　具体的には、配分手法を実際に使う前の、所要自己資本算出前に配分手法の弱点が顕在化していないかを事前に検証する枠組みである「プレ・テスト」、および配分手法を実際に使った後、事後検証する枠組みである「バック・テスト」を定期的に実施している。

### (1)　バック・テスト

　配分手法についても、三井住友銀行の計量化モデル同様の枠組みでバック・テストを実施している。

　具体的には、各子銀行において、イベントタイプごとに、1年間に実際に発生した内部損失データの合計額と配分手法の算出結果を比較する。超過回数に応じて、一定の乗数の適用や配分手法のパラメータの見直し等を実施する仕組みとなっている。

　配分手法のバック・テストについては、子銀行のような小規模のオペレーショナル・リスク所要自己資本について実施し、かつ、各イベントタイプで実施するという非常に厳しい検証と考えているが、計量単位ごとにバック・テストを実施するという基本コンセプトから、やはり必要な検証の枠組みと考えている。

### (2)　プレ・テスト

　プレ・テストとは、バック・テストで用いる一定の乗数値は配分手法を過小評価する可能性から決定しているが、その過小評価する可能性がさらに拡大していないかを、所要自己資本算出前に定期的に検証する枠組みのことである。

ここでもやはり、妥当性をオンゴーイングで検証していくことが最も重要であるという基本認識から、こういったテスティングの枠組づくりに苦心してきたが、そうした点が、まさに三井住友銀行の計量化の枠組みとしての特徴といえるものと考える。

## 5　シナリオ検証（スタビリティ・テスト、コンパリソン・テスト）

子銀行においては、シナリオの導出や発生頻度の推計にあたって、親銀行と比べて限定的なデータを用いていることから、追加的に妥当性の検証が必要となる。

シナリオの網羅性については、子銀行においても親銀行と同様にシナリオ検証の仕組みを導入しているので、ここで問題になるのは配分手法を適用するにあたっての前提となるシナリオの発生頻度や規模の推計（以下「シナリオ評価」）の適切性である。

前述のとおり、シナリオの評価にあたっては過去の内部損失データや業務の取扱量等を用いて推計しているが、このうち、業務の取扱量については子銀行においても相当量のデータがあることから、ここでは過去の内部損失データを用いて作成される「平均頻度評価テーブル」に注目して検証を行う。

配分手法を適用するにあたっての前提となるシナリオ評価の適切性の検証の枠組みについては、スタビリティ・テスト、コンパリソン・テスト、グループ銀行協議会から成り立っており、それぞれの概要は以下のとおり。

まず、スタビリティ・テストでは、子銀行において、「平均頻度評価テーブル」に各種ストレス・テストを実施して、すべての「平均頻度評価テーブル」の挙動をモニタリングする。

次に、コンパリソン・テストでは、親銀行において、スタビリティ・テストの結果、子銀行での影響が大きいと判断されるシナリオについて親子間で

の比較を実施する。

　最後に、グループ銀行協議会では、スタビリティ・テスト、コンパリソン・テスト結果等を親子間の役員レベルで共有するとともに、配分手法の妥当性を確認する。

## (1)　スタビリティ・テスト

　スタビリティ・テストにおいては、親銀行と比べて限定的なデータで作成される子銀行の「平均頻度評価テーブル」について、感応性・安定性の観点から、子銀行にて各種ストレス・テストを実施し、問題の有無等を確認する。

　具体的には、感応性の検証として、子銀行のすべての「平均頻度評価テーブル」において、仮想のケースとして損失発生頻度をある条件に従い一律に変動させた場合のシナリオ評価額の変動を確認する。また、安定性の検証として、「平均頻度評価テーブル」の損失発生頻度を過去実績に応じて変動させた場合のシナリオ評価額の変動を確認する。

　これらの結果につき、子銀行で検討を行うとともに、過去最大のストレスで大きくシナリオ評価が変動する場合等の一定の基準に該当したシナリオについては、影響が大きいシナリオとして親銀行と協議することとしている。

　子銀行において、すべての「平均頻度評価テーブル」に対して、上述のとおり各種ストレス・テストを実施することによって、「平均頻度評価テーブル」ごとの感応性・安定性を把握することができる。

　この結果、将来の内部損失の発生状況によっては、シナリオ評価に大きな影響を与える可能性のある「平均頻度評価テーブル」を特定し、事前にモニタリングを実施するとともに、問題等ある場合は、必要に応じて「平均頻度評価テーブル」の作成方法の見直しを行うことが可能となる。

## (2) コンパリソン・テスト

　コンパリソン・テストにおいては、親子間でシナリオ評価の相似性が確認できれば配分手法適用の前提となるシナリオ評価の適切性・妥当性が確保できるとの観点から、子銀行の影響が大きいシナリオにつき、親銀行においてシナリオ比較を実施する。

　この検証にあたっては、親銀行と子銀行では取扱業務、組織体制や事務手続等において相違点があることから、各行において異なる算出方法を用いていることがあり、シナリオごとに個別に妥当性を判断する必要がある点に留意する必要がある。

　具体的には、まず親子間でシナリオ評価に乖離があると考えられるシナリオについては、「損失発生規模を推計するにあたって使用する業務の取扱量の属性」「平均頻度評価テーブルの属性」が一致すること、すなわち、シナリオ評価において影響が大きいと考えられる要素が親子間で相似関係にあることを確認する。そのうえで、シナリオの頻度に差異が生じている原因を特定することにより、親子間でシナリオ評価の乖離について、事前にモニタリングを実施し、問題等ある場合は、必要に応じて「平均頻度評価テーブル」の作成方法の見直しを行う。

　親子間でのシナリオを比較するにあたっては、前提として、「損失発生規模を推計するにあたって使用する業務の取扱量の属性」については、各行において業務における取引量に応じて当然差異が発生するものの、同業種・同グループにおいて、同様の手法をもって実施されるシナリオ評価の乖離については、合理的な理由がない限り2行間のアセスメント評価（リスク・コントロール評価）の違いに起因するという考えに基づいている。

　したがって、コンパリソン・テストにおいて、「損失発生規模を推計するにあたって使用する業務の取扱量の属性」等の一致を確認したうえで、シナリオ評価に差異が生じている原因についても2行間のリスクプロファイル

> **コラム 4 — 9**
>
> 　「過去データに基づき統計的に推計している」。この表現はいかにも正しそうで、無条件に信じてしまうのではないか。ところが、たとえば、さいころを3回振って、1の目が1回、2の目が2回出たとしよう。過去データに基づくと、「さいころは1の目が出る頻度は3分の1、2の目が出る頻度は3分の2、その他の目が出る頻度はゼロと推計される」といっている可能性がある。
> 　本章全体に共通する陥穽がここにあり、読者の皆様も過去データに基づき推計する場合、常にこの過ちをしていないか自問し検証してほしい。

（アセスメント評価）の違いに起因するもので特段の問題がないことが確認できれば、当該シナリオは親子間で適切に評価されていると判断できる。

### (3) グループ銀行協議会

　最後に、シナリオ評価の妥当性の検証体制については上述のとおりであるが、この検証体制において組織的な判断を担保する仕掛けとして、親銀行、子銀行の役員レベルで上記スタビリティ・テストやコンパリソン・テスト結果を共有し、リスクプロファイルの大きな変動により配分手法がワークしなくなっていないことを確認することを目的として、定期的にグループ銀行協議会を開催する体制としている。

## おわりに

　ここまで本章の筆を進めてきて、またもギリシャ神話で恐縮だが、プロメテウスとエピメテウスの兄弟の話が思い出される。プロメテウスは、言葉の成り立ちのとおり、「先に考える」ということで、エピメテウスは、「後で考える」という性格だ。プロメテウスは、火を神の国から持ち出して人間に与え、ゼウスの怒りを買い、放逐される。さらに、この兄弟のところに、「あ

らゆる贈り物」という意味であるパンドラという女性がゼウスよりつかわされる。

プロメテウスは、ゼウスからの贈り物には注意するよう警告するが、後で考えるエピメデウスは、美しいパンドラをたいそう気に入り、幸せを手に入れる。ところが、パンドラが神の国からもってきたつぼを開けたとたん、あらゆる災いが襲いかかる。すぐに閉めたので一つだけはつぼのなかに残ったとされ、それは希望とも絶望ともいわれるが、それ以外のあらゆる災難でいっぱいの人間社会ができたという話だ。

現代の社会も、バブル経済を享受するが、結局そのあと、大きな困難が襲いかかり、かつ、確定的な希望や絶望でもない、リスクそのもののなかにある。そして、こういう社会を的確に認識するために必要なのは何かといえば、「先に考える」ことと、「後で考える」ことの二面、つまり、プロメテウス的要素とエピメテウス的要素ではないだろうか。

本章で紹介した手法の鍵を握るのは、煎じ詰めると、「シナリオ」と「内部損失データ」だ。「シナリオ」は潜在的な段階で前もってリスクをつかもうとするプロメテウス的要素であり、「内部損失データ」は顕在したリスクを後でつかむエピメテウス的要素である。そして、この二つで、リスクの全体像を描こうというのが、本章の内容であるといえる。もし、この話が、本章の理解に少しでもお役に立てば、エピローグを置いた価値があったと考えたい。

さてここで、オペレーショナル・リスク管理の今後について、筆者の感想めいたものを記すために少し紙面を頂戴したい。オペレーショナル・リスクというのは、全員が関係しているリスクであり、市場リスクのように一部の部門に限定されているわけではない。また、信用リスクは銀行の最も大きなリスクだが、やはり融資に関係するところのみに所在しオペレーショナル・リスクとは異なる。逆にいえば、これらのリスクに比して、オペレーショナル・リスク管理は全員の管理向上に貢献するものでなくてはならない。一方

で、オペレーショナル・リスク管理のためには、これまでご説明してきたとおり、理論モデルから事務事故・リーガル・不祥事に至るまでの幅広い理解力が求められ、オペレーショナル・リスク管理体制の構築には相当の負担が伴うのも事実である。さらに、オペレーショナル・リスクの計量化というのは、市場リスクや信用リスクより遅れてなされてきた。

　しかしながら、本章の読者は、オペレーショナル・リスクの計量化は、市場や信用より現状は未熟ながら、今後大いなる発展が期待されるとお感じいただけたのではないか。市場リスクのように、一見計量が容易なものは実はそのレベルでは計量しなくとも市場関係者は昔ながら伝統的に把握しており、かつ、さらに潜在的なリスクは計量されずすまされてきたのではないか。

　ところが、オペレーショナル・リスクは、最も計量とは遠いリスクであったゆえ、はじめから潜在的なリスクは何かというところに目を向けてきた。その結果、これまでできなかったリスク把握を可能としてきており、さらに、まだまだこの先の発展が期待されるものとなっているのではないか。

　ところで、余談になるが、バーゼルという町をご存知か。スイスにあるが、フランスとドイツの国境に位置し、ヨーロッパのへそともいえるところだ。たとえば、ドイツからイタリアに陸路で入る際のクロスロードであり、世界中の銀行監督の要である自己資本規制がここで形づくられたのも偶然ではなかったのであろう。

　この本を執筆している2008年末は、金融が未曾有の時期にあり、金融機関にとっても監督当局にとっても、決して方向を間違えてはならない大変重要な、まさしくクロスロードにある。ただ、日本のこの失われた10年の経験から、「どんな危機もそれを乗り切ることを可能とするのは、決して退行ではなく、リスク管理に対する絶え間ないイノベーションとそれを促す監督・規制である」と強く信じる。そして、本章が少しでもこれに資するものであればと念じて本章の筆をおくこととしたい。

本章は、三井住友銀行総務部オペレーショナルリスク管理室に在籍している、あるいは、していた、上野文照、柏倉信貴、蒲原良介、斉藤晃一郎、嶋津敬、西口健二、平野正浩、森本貴之（50音順）が分担して執筆した。このうちの半数が、執筆時点で20歳代であり、この分野が若い世代により支えられ発展していくことを強く念じる。

　この章の最後に、そして最も重要なことだが、ここで紹介した手法は、すべての面で、長年にわたる金融庁との対話から、生まれ育てられたものであり、金融庁にはこの場を借りて深くお礼を申し上げる。

# 第5章

# オペレーショナル・リスクをめぐる海外動向

## 究極のオペレーショナル・リスク体験──9.11の記憶

　9.11の朝のことは、いまだ忘れられない記憶である。

　前日の9月10日と、当日の9月11日は、分断された、不連続な日常となり、ニューヨークの金融街の光景は一変した。米国経済繁栄の象徴として、マンハッタンの初秋の空を垂直に切り取っていた優美なシルバーラインは跡形もなく崩壊した。

　9月18日の朝。9.11から1週間後に、ウォールストリート近辺の一部地域への立入りが認められた。崩壊を免れた地下鉄の駅から外に出る。地上は戦場と化し、緊急車両のサイレンで喧騒に満ちている。警官とフル装備の軍隊が何重にもバリケードを築き、明らかに皆が殺気立っている。グランドゼロの方角を見やるが、濃い煙が立ちのぼっているだけで何もない。オフィスに行き着くまでに、いくつものバリケードで足止めを食い、ほとんど怒鳴り声で厳しく質問され、何枚もの身分証を掲げながら、そのつど、大声で行先を告げる。80メートルを1時間かけてオフィスにたどり着く。オフィス周辺は、火山灰のような塵が厚く地面を覆っている。強烈な化学臭を伴った煙がグランドゼロの方角から流れてくる。灰を被ったチャイルドシート付きのボルボが持ち主が帰らないままに道端に放置され、その脇を、警官と軍隊があわただしく行き来し、道路は、パトカー、消防車と軍用車両で占拠されていた。

　再び、9.11の朝の記憶。

　ニュージャージーの緑の濃い郊外の駅で通勤列車に乗る。マンハッタンに向かう列車内のいつもの光景。新聞のクロスワードパズルで時間をつぶす人。パソコンを開いて早速仕事を始めるスーツのビジネスマン。ベーグルとコーヒーであわただしく朝食をとる学生。絶え間なくおしゃべりをしているカップル。

　しばらくして、何人もの携帯電話が鳴り出す。「ワシントンにも……？」との声が聞こえてくる。車掌が来て告げる。「みんな、次の駅で降りてくれ。

1分後に動くのか、1時間後か、1日かかるのか私にもわからない。非常事態のようだ」

降ろされたところは、無人の小さな駅で、イエローキャブが2台止まっている。何十人もの乗客がタクシーのラジオに耳を傾ける。そして、一斉にどよめきが起き、だれかが叫ぶ、「サウスタワーが崩壊した！」また、だれかが叫ぶ、「そんなばかな、絶対にありえない！」

皆、状況が飲み込めないままに、ありふれた日常は、非日常へと変わってしまった。

記憶をたどってみると、あの時、駅前のタクシーのラジオに聞き入っていた乗客の思いは、だれもが同じであったといまでも断言できる。「そんなばかな、絶対にありえない！」である。

後述のバーゼルIIのオペレーショナル・リスクが求める、99.9パーセンタイル値も、ごくまれにしか発生しない損失を想定している。場合によっては、「そんなばかな、絶対にありえない！」よりもさらに低頻度の損失かもしれない。9.11のワールド・トレード・センターの崩壊とそれに伴う甚大な人的、物的損失は、テロという、「外生的要因」により発生した。

ワールド・トレード・センターは、来訪者には評判が悪かった。入館手続が煩雑で時間がかかったからである。来訪者は、ビル内の訪問先への照会、身分証の提示のほかに、そのつど、顔写真を撮影され、入館カードが発行された。身分証情報、顔写真等の入館カードの内容は、データベースに収納され、永久に保存された。すべては、セキュリティーのためである。そうした万全と思われたセキュリティーも、9.11テロに際しては、まったく無力であった。テロの手口が、まったくの想定外であったからである。

そして想定外のこと、言い換えれば、「絶対にありえない」と思っていたことが、発生すると、損害額は甚大になる。発生頻度と損失額規模は反比例の関係にあるために、「低頻度・高額損失」という言葉が、バーゼルII文書[1]

のなかでも一般的に使われているゆえんである。

　また、ハインリッヒの法則2にみられるように、1件の重大事故（低頻度・大規模損失）の背景には多くの小額事故（高頻度・低額損失）があり、小額事故の背景には、さらに膨大なニアミスがある。したがって、ニアミスが発生しているということは、重大事故の潜在リスクが存在していることを裏付けるものである。ハインリッヒの法則に従えば、重大事故には予兆としてのニアミスがあることになる。

　9.11の教訓のように、完璧なセキュリティーというものは存在せず、また、今回の金融危機が物語っているように、リスクヘッジされた、完全にみえるシステムのなかに、脆弱さと危険が存在しているのである。

## 第1節　オペレーショナル・リスクの国際共通認識

### 1　オペレーショナル・リスク発生のメカニズム

　オペレーショナル・リスクが新たなリスク管理対象として、バーゼルⅡにおいて導入された背景としては、1990年代に入ってからの金融の自由化および国際化のいっそうの進展、ITシステムおよび金融商品の複雑化、アウトソーシングの拡大、銀行のサービス規模の巨大化等が進行し、それに伴い、銀行の巨額損失が増加し、破たんする銀行が多発する等、銀行の抱えるリスクが深刻化してきたことがあげられる。

---

1　2004年6月26日、「自己資本の測定と基準に関する国際的統一化：改訂された枠組」（バーゼルⅡ）の公表。
2　1941年にH. W. ハインリッヒが発表した、発生確立と損失規模にかかわる、1：29：300の法則。

## (1) スイスチーズ理論と損失発生のメカニズム

オペレーショナル・リスク損失の発生要因は多岐にわたっているが、バーゼルⅡにおいては、オペレーショナル・リスクを、「内部プロセス、人、システムが不適切であること、もしくは機能しないこと、または外生的事象によって生じる損失に関わるリスク」、と定義している。こうした定義の背景には、オペレーショナル・リスク発生のメカニズムに対する国際的な共通認識がある。バーゼルⅡ文書における各種の要件も、オペレーショナル・リスクの発生メカニズムを考慮しながら、組成されており、そうした発生メカニズムを考えることは、オペレーショナル・リスクの本質を理解するうえで意味深いことである。

1997年にJ. Reasonが「Swiss Cheese Metaphor（スイスチーズの比喩、あるいはスイスチーズ理論）」として、リスク発生のメカニズムを著している[3]。このスイスチーズ理論に基づき、オペレーショナル・リスクの潜在的な要因と発生のメカニズムを探ってみる。

スイスチーズ理論においては、1枚のチーズは銀行の一部署、あるいは特定のオペレーショナル・リスク損失事象と置き換えることができる。銀行組織全体では数多くの部署（＝特定リスク事象）が存在し、何枚ものチーズが並んでいるような状態である（次頁図表5－1）。理想的な状態は、こうしたチーズの1枚1枚が、穴の開いていないプロセスチーズの状態であるが、実際には、銀行の特定部署において、顕在リスクはもとより潜在リスクもまったくゼロ、ということはありえず、スイスチーズのように大小さまざまな穴が開いているのが常態である。この穴は、リスク損失ホールであり、銀行内のさまざまな部署、システム、プロセスにおいて、すでに顕在化したリスク

---

[3] Swiss Cheese Metaphor、あるいは、Swiss Cheese Modeといわれ、マンチェスター大学の心理学教授である、J. Reasonが著した理論。重大事故は多重防護壁の穴を貫通したときに発生するというもの。

図表5－1　巨額オペリスク損失の発生要因
　　　　　　―オペレーショナルリスクにおけるスイスチーズ理論

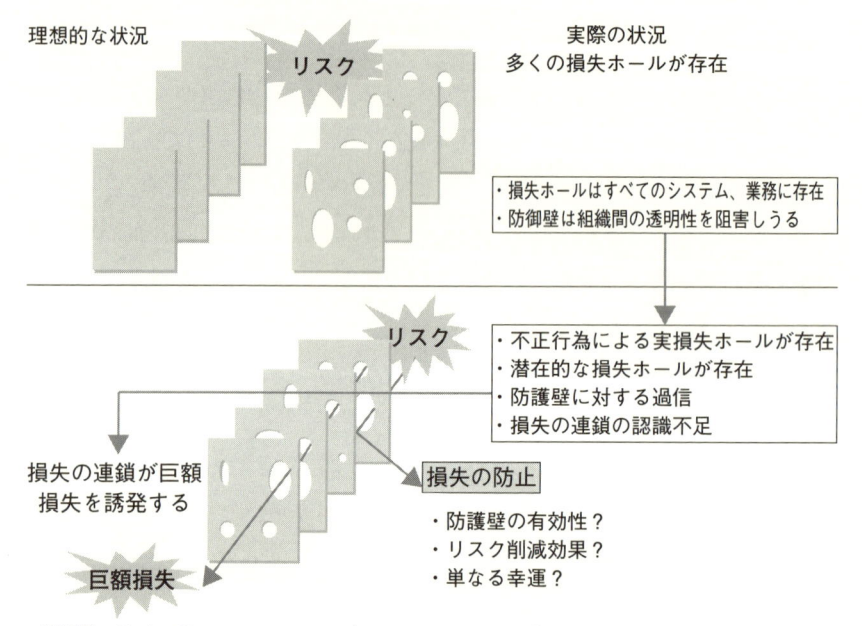

理想的な状況

実際の状況
多くの損失ホールが存在

リスク

・損失ホールはすべてのシステム、業務に存在
・防御壁は組織間の透明性を阻害しうる

リスク

・不正行為による実損失ホールが存在
・潜在的な損失ホールが存在
・防護壁に対する過信
・損失の連鎖の認識不足

損失の連鎖が巨額
損失を誘発する

損失の防止

・防護壁の有効性？
・リスク削減効果？
・単なる幸運？

巨額損失

（出所）　Swiss Cheese Metaphor（from J.Reason, 1997）

として、あるいは、潜在的なリスクとして存在している。また、効果的なリスク削減策を打たない限りは、こうしたリスク損失ホールが縮小することはなく、むしろ個々のリスク損失ホールは放置することにより拡大することになる。さらに、新たな金融商品の開発、システムの更新や新規システムの導入、組織の変更、海外進出等により、こうしたリスク損失ホールは発生し続けるものであり、常に自己増殖を続けるものである。

　損失発生のメカニズムは、二つのパターンに大別される。一つは、いわゆるスイスチーズの1枚のなかに閉じた損失である。これは、ある特定部署内に限定されて発生する損失であり、損失金額は限定的である。一般的には、高頻度・低額損失の類である。もう一つは、図表5―1の下段に示される発生メカニズムに起因する損失である。何枚ものスイスチーズの穴が、たまた

ま重なることでリスクがリスク損失ホールを貫くイメージである。言い換えれば、ある特定の部署で起きた損失が、その部署内にとどまらず、次々と損失の連鎖を起こす場合である。この場合は、損失が極大化し巨額損失に発展する可能性がある。低頻度・大規模損失に分類される損失である。

## (2) 相関関係と詳密性

通常は、スイスチーズの1枚1枚は防護壁の役割も果たし、特定部署内で発生した損失が他の部署に波及することを防いでいるわけであるが、損失が防がれる理由はさまざまである。たとえば、損失あるいは、リスクの性格上、単発で終わるものなのか、あるいは、銀行のリスク削減策が有効に機能していたためか、または、ただ単に幸運なだけか。いずれにしても、巨額損失に発展する場合は、スイスチーズ1枚ごとの固有のリスクが他のスイスチーズ1枚における固有リスクとなんらかの相関関係（Correlation）が働いているために損失の連鎖が発生したと理論づけられる。バーゼルⅡにおいては、過去の巨額損失の発生要因分析から、この相関関係の考慮を、オペレーショナル・リスク管理のフレームワークの構築とリスク計量化における重要な要件の一つとして定義しており、「内部で決定したオペレーショナル・リスク損失の相関関係を銀行内部で決定のうえ、各オペレーショナル・リスク相当額間において使用することが認められうる」[4]と明示されている。

ここで、バーゼルⅡが定める、オペレーショナル・リスクにおける相関関係と、相関関係を検討する際のオペレーショナル・リスクの計量単位の詳密性（Granularity：グラニュラリティ）に関して触れておきたい。

損失の連鎖を考慮することは、個々のオペレーショナル・リスクにおける相関関係を考えることであるが、バーゼルⅡでは、相関係数にかかわる合理

---

[4] バーゼルⅡ文書、段落669(d) 相関係数：1あるいは100％を前提としており、相関関係の妥当性が証明できる場合に限り、1あるいは100％よりも小さい相関係数を使用しうる、という意味。

的な説明が不十分な場合には、銀行は相関係数を1、あるいは、100%、としてリスク量を保守的に推計することを求めている。相関係数にかかわる、こうした要件定義の背景も、これまで述べてきたオペレーショナル・リスク損失発生のメカニズムにおける国際的な共通認識に基づき、損失連鎖の重大性を考慮した結果である。

　相関関係を考慮することはさらに、オペレーショナル・リスク計量単位の詳密性[5]をどのように設定するかと密接に関連している。バーゼルIIにおいては、八つの業務ライン×七つの損失事象＝56の計量単位（グラニュラリティ）を基本にしているが、各銀行においては、固有のリスクプロファイルが異なるため、業務ラインの数および損失事象の設定に関しては銀行に委ねられている。ただし、仮に単一の計量単位（＝シングル・グラニュラリティ）を設定している場合は、先に述べた相関関係を考慮することができなくなり、結果として相関係数は0となり、非保守的なオペレーショナル・リスクの計量結果になる。しかるに、銀行がオペレーショナル・リスクの計量化において、あえてシングル・グラニュラリティを選択する場合は、確たる合理性を当局に証明する必要がある。このように、損失発生のメカニズムにおける国際的な共通認識から、オペレーショナル・リスクの計量化にかかわる重要な要件が導き出されていることがみてとれる。

　次に、スイスチーズ理論に当てはめた場合の巨額損失事件のケースを分析してみる。最も記憶に新しい巨額損失は、2008年1月に発覚した、フランスの大手銀行であるソシエテジェネラルの70億ドルにのぼる損失である（図表5－2）。このケースでは、トレーダーが架空取引をねつ造し（人の不全）、権限外取引に関する監督、および内部のチェックが機能せず（内部プロセスの不全）、銀行のコンピュータの知識を悪用してデータを改ざん（システムの

---

[5] Granularity：AMAにおけるグラニュラリティとは、オペレーショナル・リスクの各エクスポージャを、どの程度まで別々に計量モデル化できるか、その程度を反映したもの（レンジ・オブ・プラクティス・ペーパー、VI. i.）。

**図表5－2　巨額損失発生のメカニズム**

不正行為
・ポジション以上のトレーディングを実施、損失を隠蔽
・トレーディング履歴、書類を改ざん

監視不十分
・フロント/バックオフィススタッフによる監視不履行
・トレーダーと監視者が同一人物

人的要因
・トレーディング利益が個人の給与に直結

マネージメント層の問題
・シニアマネージメントのオペレーショナル・リスクに対する認識不足
・シニアマネージメントはトレーディングによる利益のみに関心あり
・内部監査、監視機能が実質不全状態にある

巨額損失

不全)、2年間にわたって不正取引を繰り返した[6]。

　他の巨額損失事件、たとえば、1990年のDrexel Burnham Lambert（破たん）、1991年のBCCI（破たん）、1995年の大和銀行ニューヨーク支店（11億ドル、米国撤退）、1997年の住友商事の銅の不正取引（26億ドル）等、大半の巨額損失事件の損失発生メカニズムは驚くほど共通している。また、邦銀におけるATM等からの数百万円の横領事件をみても、人、内部プロセス、システムのいずれか、あるいはすべてが同時に機能不全であるために同様のメカニズムでの損失が発生している。

　バーゼルⅡ文書にて設定されている定性要件、定量要件の背景には、以上みてきたようなオペレーショナル・リスクの発生要因にかかわる国際認識が

---

[6]　ソシエテジェネラルの巨額損失：不正トレーディングによるグロス損失額は、€50bil（約8兆円）。最終損失額（ネットロス）は、€4.9bil（約7,800億円）。この巨額損失の影響で、AMA相当額は、当初の€5.0bil（8,000億円）から€6.0bil（約9,600億円）に拡大した。トレーダーは、コンピュータのセキュリティーシステムの専門知識を有し、システムへの不正アクセスによるトレーディングのほか、キャンセルトレーディングも自在に行っていた。事件発覚前の1年間は、1日の休日もなく出勤しており、ラインマネージャーによる監視がない休日に、不正トレーディングを繰り返していた。その意味では、内部牽制システムが機能していなかった。

あるということは理解いただけたと考える。

## 2 バーゼルⅡが求めるオペレーショナル・リスク管理フレームワーク

先の、スイスチーズ理論のなかで引用した、スイスチーズの1枚1枚は銀行組織におけるサイロ一本のイメージに置き換えることができる。

### (1) 組織におけるサイロ状態

本書の第1章第4節においても、サイロ理論に言及しているが、組織におけるサイロ状態をもう少し掘り下げてみたい。

サイロが個別に林立している状態は、バーゼルⅡが定める定性要件を充足する以前のオペレーショナル・リスク管理の状態を示しているといえる（図表5－3）。実際には、何も手が着いていない銀行はないであろうが、共通の国際認識として、オペレーショナル・リスク管理の高度化が必要とされる銀行組織の雛型イメージとしてとらえられる。

こうした、組織のサイロ状態は、以下の特徴をもっていると考えられる。
① 個々のサイロの責任者は、自身が所轄するサイロの最適化を常に追求する。
② 各サイロには、固有のオペレーショナル・リスクが存在している。
③ 各サイロにおける、オペレーショナル・リスクの認識、評価等の方法はさまざまである。
④ 各サイロから上層部、経営層への報告手段、内容はまちまちである。

組織としてのサイロが林立している状態は、全行的な視点からすると、部分最適を追求する組織であるが、全体最適が図られる体制には至ってない場合が多い。

上述のサイロ組織の特徴からは、オペレーショナル・リスク管理にかかわる以下の課題が浮彫りになってくる。

図表5−3 リスク管理におけるサイロ・アナロジー
　　　　―当局目線からみた銀行の実態

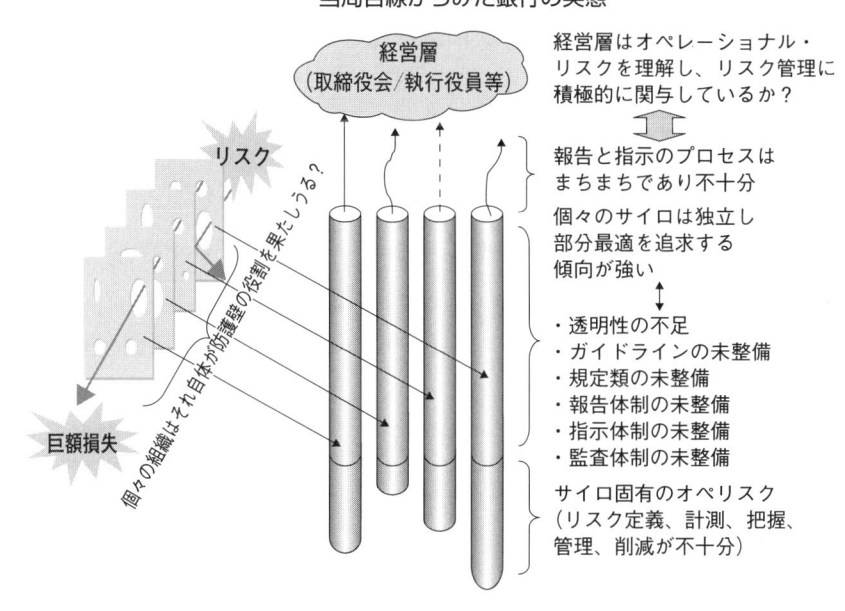

経営層（取締役会/執行役員等）

経営層はオペレーショナル・リスクを理解し、リスク管理に積極的に関与しているか？

リスク

個々の組織はそれ自体が防護壁の役割を果たしうる？

巨額損失

報告と指示のプロセスはまちまちであり不十分

個々のサイロは独立し部分最適を追求する傾向が強い

・透明性の不足
・ガイドラインの未整備
・規定類の未整備
・報告体制の未整備
・指示体制の未整備
・監査体制の未整備

サイロ固有のオペリスク（リスク定義、計測、把握、管理、削減が不十分）

① オペレーショナル・リスクの把握、評価の方法がサイロごとに異なるか、あるいは存在しないため、全行に共通した尺度での把握、評価ができない。
② 各サイロ間の連携が希薄であるため、損失の連鎖（Correlation）が認識されない。
③ 統一化されたオペレーショナル・リスク報告体制が整備されていないため、個々のサイロからの報告が属人的な内容になる。
④ 結果として、経営層は正確な自行のリスクプロファイルが把握できず、効果的なリスク削減策も打てないままである。

以上のような課題認識に立ち、バーゼルⅡ文書では、オペレーショナル・リスク管理の高度化に際して、経営層の関与を強く求めており、同時に、組織横断的で独立性のある中核部署（オペレーショナル・リスク管理統括部署）

の設置を要件づけている。

## (2) オペレーショナル・リスク管理フレームワーク

バーゼルⅡの求めるオペレーショナル・リスクの定性要件である管理フレームワークを鳥瞰図にまとめたものが図表5—4である。先に述べた課題を解決し、全行的なガバナンスが有効に機能するようなオペレーショナル・リスク管理のフレームワークを構築する際に重要なキーワードは、以下の4点であると考えられる。

① 統合（Integration）：全行レベルでオペレーショナル・リスクを収集し統合する。
② 調和（Harmonization）：各組織がオペレーショナル・リスク管理高度化における同一の目的を共有する。
③ 一貫性（Consistency）：各組織がオペレーショナル・リスク管理のプロセスにおける同一の尺度を保持する。
④ 透明性（Transparency）：各組織間の枠を超えた、リスク管理の可視化を実現する。

オペレーショナル・リスク管理統括部署は、これら四つのキーワードを実現するための中核部署として位置づけられる。当該部署は、銀行内の各部門、部署をオペレーショナル・リスクの観点から横断的に束ねる一方、現場の末端組織から経営層に至る報告と、トップからの指示の体制を縦断的に運用することが求められる。

また、バーゼルⅡ文書においては、「銀行は、オペレーショナル・リスク管理の枠組みの計画と実行に対して責任を負う独立したオペレーショナル・リスク管理部署を設置しなければならない」と明示している[7]。また、当該部署の役割と責任に関して以下の点を列挙している。

---

[7] バーゼルⅡ文書、段落666(a)

図表5―4　管理フレームワークの構築
　　　　　定性要件―オペレーショナル・リスク統合管理部署の役割

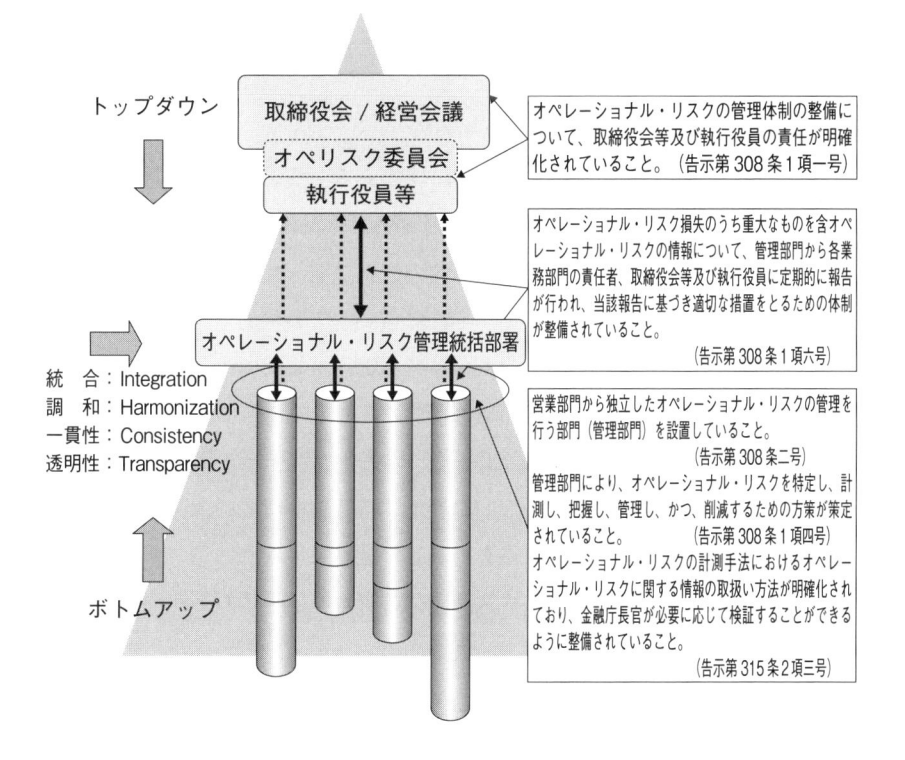

トップダウン

取締役会／経営会議
オペリスク委員会
執行役員等

オペレーショナル・リスクの管理体制の整備について、取締役会等及び執行役員の責任が明確化されていること。（告示第308条1項一号）

オペレーショナル・リスク損失のうち重大なものを含オペレーショナル・リスクの情報について、管理部門から各業務部門の責任者、取締役会等及び執行役員に定期的に報告が行われ、当該報告に基づき適切な措置をとるための体制が整備されていること。
（告示第308条1項六号）

オペレーショナル・リスク管理統括部署

統　合：Integration
調　和：Harmonization
一貫性：Consistency
透明性：Transparency

営業部門から独立したオペレーショナル・リスクの管理を行う部門（管理部門）を設置していること。
（告示第308条二号）
管理部門により、オペレーショナル・リスクを特定し、計測し、把握し、管理し、かつ、削減するための方策が策定されていること。　（告示第308条1項四号）
オペレーショナル・リスクの計測手法におけるオペレーショナル・リスクに関する情報の取扱い方法が明確化されており、金融庁長官が必要に応じて検証することができるように整備されていること。
（告示第315条2項三号）

ボトムアップ

① オペレーショナル・リスクの管理、統制に関する内部方針と手順の文書化
② オペレーショナル・リスクの計測手法の計画と実行
③ オペレーショナル・リスクの報告体制の計画と実行
④ オペレーショナル・リスクの特定、計測、監視、統制／削減に関する戦略の構築

　オペレーショナル・リスク管理統括部署が上記の役割を果たすには、銀行全体の部門、部署との緊密な連携と権限の行使が必要になるが、そのうえでも、経営層の積極的な関与と当該部署の役割と責任に対するコミットメント

第5章　オペレーショナル・リスクをめぐる海外動向　233

が前提となる。しかるに、バーゼルⅡ文書においては、「取締役および上級管理者が、適宜、オペレーショナル・リスクの管理体制の監視に積極的にかかわっていること」と記載されている[8]。

### (3) オペレーショナル・リスク管理プロセス

　上記の四つの役割の中核となるのが、④である。文書化も、計量化も、報告体制の整備も、こうした一連の戦略の構築から派生してくるものであり、オペレーショナル・リスク管理プロセスの構築と同一である。こうしたプロセスの構築は、いわばグランドデザインに当たるものである。そして、バーゼルⅡの定める、オペレーショナル・リスク管理プロセスの最も重要な特徴は、「計測」するための手法が全体の管理プロセスのなかに完全に組み込まれていることである（図表5－5）。

　「計測」システムが全体プロセスに完全に組み込まれている、ということは、計測システムがブラックボックスとして独立して存在することはありえず、また、オペレーショナル・リスク全体の管理フレームワークから離れたところで個別に研究開発されることもありえない。なぜなら、「計測」の前プロセスである、（オペレーショナル・リスクの）「特定」と、後プロセスである「把握」は、計測システムと緊密にリンクしているからである。特に、「特定」のプロセスにおいては、計測システムに入力される各種損失データを収集、分析、特定するパートでもあり、「特定」のプロセスが十分でないと、「計測」のプロセスが回らないという結果になる。このように、「管理」は、全体プロセスの部分である個々のプロセスの部分最適化を徹底すると同時に、全体の最適化を図る必要がある。

---

　8　バーゼルⅡ文書、段落664

図表5—5　求められるオペレーショナル・リスク管理フレームワーク

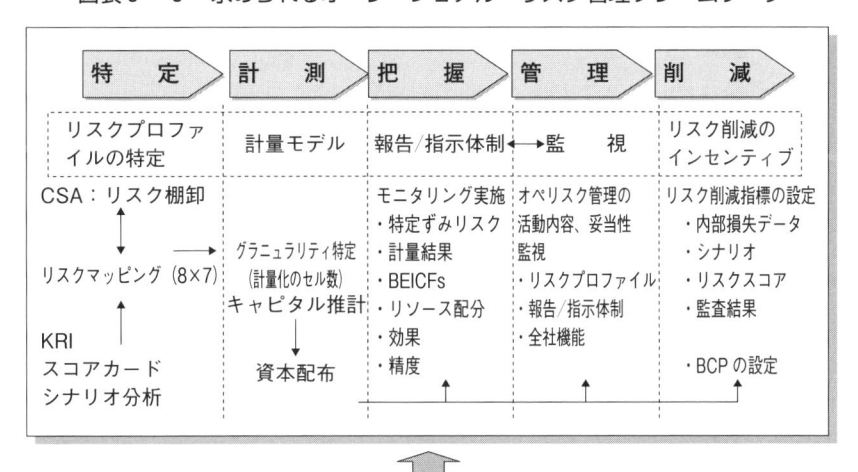

| 特定 | 計測 | 把握 | 管理 | 削減 |
|---|---|---|---|---|
| リスクプロファイルの特定 | 計量モデル | 報告/指示体制 ↔ | 監視 | リスク削減のインセンティブ |
| CSA：リスク棚卸<br><br>リスクマッピング（8×7）<br><br>KRI<br>スコアカード<br>シナリオ分析 | グラニュラリティ特定<br>（計量化のセル数）<br>キャピタル推計<br><br>資本配布 | モニタリング実施<br>・特定ずみリスク<br>・計量結果<br>・BEICFs<br>・リソース配分<br>・効果<br>・精度 | オペリスク管理の活動内容、妥当性監視<br>・リスクプロファイル<br>・報告/指示体制<br>・全社機能 | リスク削減指標の設定<br>・内部損失データ<br>・シナリオ<br>・リスクスコア<br>・監査結果<br><br>・BCPの設定 |

管理部門により、オペレーショナル・リスクを**特定し、計測し、把握し、管理し、かつ、削減**するための方策が策定されていること。

（告示第308条四号/告示第315条2項一号）

# 第2節　国際承認目線としてのAMAと課題

## 1　レンジ・オブ・プラクティス・ペーパー公表の背景

　金融庁、および日銀は、2006年10月18日に、「オペレーショナル・リスクの先進的計測手法（AMA）に係るレンジ・オブ・プラクティス（レンジ・オブ・プラクティス・ペーパー）」[9]を公表している。当該ペーパーの策定に際し

---

[9] Range of Practice Paper（先進的計測手法（AMA）の主な論点についてみられたプラクティスの幅）。日米欧を中心とする、バーゼル委オペレーショナル・リスク専門部会のメンバーが取りまとめたペーパー。

ては、15カ国から24の金融当局、27名が参加しており、日本からは金融庁（1名）、日本銀行（2名）が参加している[10]。当該ペーパーはバーゼルⅡ文書におけるオペレーショナル・リスクの要件定義を補う位置づけのものと考えられ、世界の銀行監督当局が、AMAに焦点を当て、より多くの時間と労力を費やし、オペレーショナル・リスク管理高度化のための議論を重ねてきていることがうかがえる。また、AMAを、バーゼル銀行監督委員会の求めるオペレーショナル・リスク管理高度化の最終形に据えていることがみてとれる。

### (1) バーゼルⅡの基本原理と計量化

　バーゼルⅡの基本原理は、「Level Playing Field」であり、「銀行間における平等な競争条件の確保」を意味する。一方で、オペレーショナル・リスク、特に先進的計測手法（AMA）は、発展途上にあるため、計測システムを含めたオペレーショナル・リスクの管理フレームワークの開発に関して銀行に大幅な自由度を与えているため、銀行が開発するAMAフレームワークは多様になる。したがって、世界の当局間で、AMAの承認審査要件に関して共通の目線を有し、承認審査の一貫性を保持することがきわめて重要であり、こうしたことを背景としてレンジ・オブ・プラクティス・ペーパーが策定されるに至ったと理解できる。当該ペーパーにおいても、「参加国が幅広いことや、AMA採用行の情報に接する機会が多いという意味で、AIGOR[11]は、監督当局の共同体が、銀行に対して認められるプラクティスの幅についての理解を深めるのに理想的な会合である。そうした作業を通じ、AIGORはAMAのプラクティスに関する評価の一貫性を各国当局間で高めることが可能となる」と明記している。

---

10　Range of Practice Paper, Annex
11　AIGOR：Accord Implementation Group, Operational Risk Subgroup：バーゼルⅡ実施グループ（AIG）のオペレーショナル・リスクにかかわる専門部会

図表5―6　バーゼルⅡの基本原理

銀行の内部オペレーショナル・リスク計測システムが日々のリスク管理プロセスと密接に連携していること。

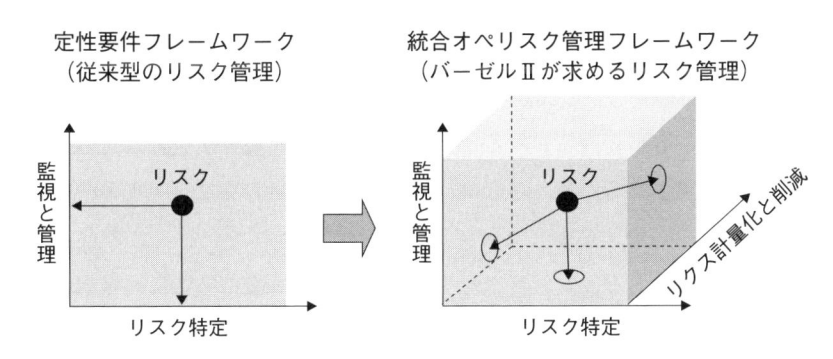

定性要件フレームワーク
（従来型のリスク管理）

統合オペリスク管理フレームワーク
（バーゼルⅡが求めるリスク管理）

　従来のオペレーショナル・リスク管理は、リスクの特定という軸と、リスクの管理／削減という軸の平面で表されていたといえる。邦銀は以前より、事務リスク管理およびシステムリスク管理においては、緻密なリスク管理を行ってきた銀行も多く、独自のKRI[12]を数値目標として設定し、それなりの成果をあげてきている。ただし、銀行の全部門を対象に、共通の尺度でオペレーショナル・リスクを収集、分析し、全行の損失分析データに基づいてリスク量を計測するまでには至っていない銀行が多い。バーゼルⅡにおいては、オペレーショナル・リスクを計測できるものであるとの前提のもとに、管理フレームワークの要件を定めており、図表5―6のように、従来のリスク管理（2次元）に計量化という新たな軸を加えることで、リスクの特定、把握、管理を3次元で行うことを意味している。

## (2) 国際的共通目線と承認審査の一貫性

　以上のように、世界の金融当局がAMAの承認審査に関して、計測シス

---

[12] KRI：Key Risk Indicator

テムを中心とする、定量面の国際的な共通認識と承認審査目線の共有に力点を置いてきたことが理解できる。これは、言い換えれば、AMAの承認審査は、国際承認であることを意味する。レンジ・オブ・プラクティス・ペーパーにおいては、「(銀行における計量モデルの) 選択の自由と (当局審査の) 一貫性 (Consistency) の問題は、明らかにトレード・オフ関係にある。各国当局間および各当局内における一貫性に関しては、銀行が監督当局の要求をどのように実施するか、さらには、監督当局が特定の計量モデル手法をどのように把握し評価するかによっている」[13]と記載されている。この点はきわめて重要な点であろう。銀行に対する監督、承認審査の方法は、基本的には銀行の管轄権を有する母国当局の問題である。ただし、AMA審査においては、各国当局間における審査基準(審査目線)の一貫性を重要視しているのである。

さらに、上記のレンジ・オブ・プラクティス・ペーパーの記載内容からは、当局審査のあり方にも警告を発していることがうかがえる。「当局内における(審査の)一貫性」である。当局の審査官が変わることはやむをえないとして、審査内容が変わることは、審査の一貫性を損なうことであり、審査自体が属人化することを意味するからである。

6年間のバーゼル委メンバー国間での市中協議の過程において、オペレーショナル・リスクのAMAにかかわる計量化の問題がどのように議論されてきたか、各国当局は何をもって、99.9パーセンタイル値でのオペレーショナル・リスクの計量化を、計量可能なるものとして是認したのか、その結果、どのような国際承認目線が醸成されるに至ったのか。承認審査の一貫性とは、そうした論議の過程と結果を理解し、承認審査における知見としての当局間、および当局内においての一貫性を唱えているといえる。AMAを志向する銀行は、コスト、リソース等さまざまな点で多大な努力をしているこ

---

[13] レンジ・オブ・プラクティス・ペーパー、VI.「計量モデル/定量面関連事項」P.23 からの抜粋。

とは想像にかたくない。しかるに、銀行を審査・承認する立場の当局は、そうした国際的な共通認識、共通目線に立った、きわめて高度な知見が要求されるといっても過言ではあるまい。

レンジ・オブ・プラクティス・ペーパーは、国際的な共通認識、目線での、"振り返り作業"の結果とも位置づけられる。AMA計量化の領域は急速に発展していることは周知の事実であり、バーゼルⅡのルールが公表された、2004年当時よりも銀行の手法は一段と進んでおり、また、手法の種類（幅）も広がっているだろうことが予想された。したがって、バーゼルⅡにて規定された要件を、それ以降の各国銀行のAMA開発にかかわる進捗状況と照らし合わせて、アップデートし最大公約数として取りまとめたものが、レンジ・オブ・プラクティス・ペーパーであり、国際的な論点を再検証するうえでも重要な位置づけにある。

## 2　定量要件における国際的な共通課題

オペレーショナル・リスクにおいての国際的な共通課題の一つは、99.9パーセンタイルのリスク量をどのように捕捉すべきか、という命題であろう。99.9パーセンタイルのリスク量（＝AMAキャピタル）を、バーゼルⅡ文書では、「バーゼルⅡにて定める、定量要件、及び、定性要件を活用して銀行の内部モデル（オペレーショナルリスク計測システム）により計測されるリスク量」と定めている[14]。AMAを志向する銀行にとって、最も労力が費やされるのは、この99.9パーセンタイルのリスク量を推計するための内部計測モデルをどのように構築するかということであろう。

AMAキャピタル推計に直接関係するAMAの定量要件の基本は、内部損失データ、外部損失データ、シナリオ分析、およびBEICFs[15]の四つの要素

---

[14] バーゼルⅡテキスト、段落655
[15] BEICFs：Business Environment & Internal Control Factorsの略。業務環境および内部統制要因。

**図表5－7　先進的計測手法（AMA）の定量要件**

AMAキャピタル：バーゼルⅡにて定める、**定量要件**、および、**定性要件**を活用して銀行の内部モデル（オペリスク計測システム）により計測されるリスク量
（バーゼルⅡテキスト655）

| オペレーショナル・リスクの計測手法において、オペレーショナル・リスクの損失事象が適切に把握されていること。（告示第315条4項三号） |

**基本的な定量要件**

先進的計測手法を用いて算出するオペレーショナル・リスク相当額は、銀行の内部管理において用いられるオペレーショナル・リスクの計測手法に基づき、片側99.9パーセントの信頼区間で、期間を一年間として予想される最大のオペレーショナル・リスク損失の額に相当する額とする。
（告示第311条）

バーゼル委員会はオペレーショナルリスクの管理及び計測システムの開発に関して、銀行に対して顕著な自由度を与えている。
（バーゼルⅡテキスト668）

**計量化の4要素**

オペレーショナル・リスク相当額の算出において、（以下の計量化要素が）が適切に反映されていること。
・内部損失データ
・外部損失データ
・シナリオ分析
・業務環境及び内部統制要因
（告示第315条3項三号）

**潜在損失捕捉の必要性**

内部損失データ、外部損失データのみで、99.9％のリスク量を推計する場合、分布のテール部分の特性や、実損でデータが限られている点を考慮すると信頼性に欠ける。
（バーゼルⅡテキスト669 (f)）

である（図表5－7）。

　計量化の4要素を活用する際に、留意すべき主要な点は2点であると考える。一つは、前節において言及したとおり、計測システムは、それ自体が独立してブラックボックスとして存在することはありえず、オペレーショナル・リスク管理プロセスのなかに完全に組み込まれているべきことである。すなわち、計量化の4要素のデータとしての収集プロセス、生成プロセスは、各銀行に固有の日常業務として定着している管理プロセスと密接に連携されるべきものである。他の一つは、計量化の4要素が適切に活用されていることである。

### (1)　内部損失データ活用上の課題

　バーゼルⅡにおけるAMA定量化の基本的な認識としては、内部損失データを最も基本的な計量化の要素と位置づけていることである。レンジ・

オブ・プラクティス・ペーパーにおいても、内部損失データにかかわる記載には相当な紙面を割いており、外部損失データ、シナリオデータといった他の損失データに比べ、各国銀行および当局の内部損失データに関する検討が進んでいることがうかがえる。

ただし、同時に、99.9パーセンタイルのリスク量の推計には内部損失データのみでは不十分であるとの基本認識がある。バーゼルⅡ文書においては、「主に、内部及び外部損失データに基づいて99.9％の信頼区間で行われた推計は、損失分布のテールが長い業務区分や観測された損失件数が少ない業務区分において、信頼できないこともある」と明記している[16]。

この、「観測された損失件数が少ない業務区分」という事象に関しては、邦銀は顕著な傾向を示しており、金融庁と日銀が2007年8月に公表した、内部損失データ観測結果にても明確である[17]。当該調査では、邦銀のデータと米国が2004年に実施した米銀24行のデータを比較している。結果は、損失件数および損失金額ともに、邦銀は米銀の概ね10分の1から20分の1である。損失件数が少ないということは、邦銀のオペレーショナル・リスクの管理レベルが高いことを物語っているが、99.9パーセンタイルという非常にまれな潜在的な損失を推計するには、困難であることを意味している。

計量化に際してのデータ数の問題に関しては、さまざまな視点から研究がなされている。たとえば、内部損失データのみで、99.9パーセンタイルのキャピタルを捕捉することがいかに困難であるかを説明した論文の抜粋が、図表5―8である[18]。当該論文では、90.0パーセンタイル、および99.9パー

---

[16] バーゼルⅡ文書、段落669(f)
[17] オペレーショナル・リスク関連データに関する調査結果、2007年8月10日。
　　当該、内部損失データの分析調査には、2007年2月の調査実施の段階で、「AMAを指向する」邦銀14グループが参加。一方、比較対象としての米銀は24行が参加し、2004年に調査を実施している。
[18] 2006年にイタリアの研究者であるG. Mignola, R. Ugocioniが発表した論文（Sources of uncertainty in modeling operational risk losses）からの抜粋。

**図表5－8　テール部分のデータ不足の課題**

ヘビーテイル分布（99.9パーセンタイル）の補捉に必要なデータポイント数

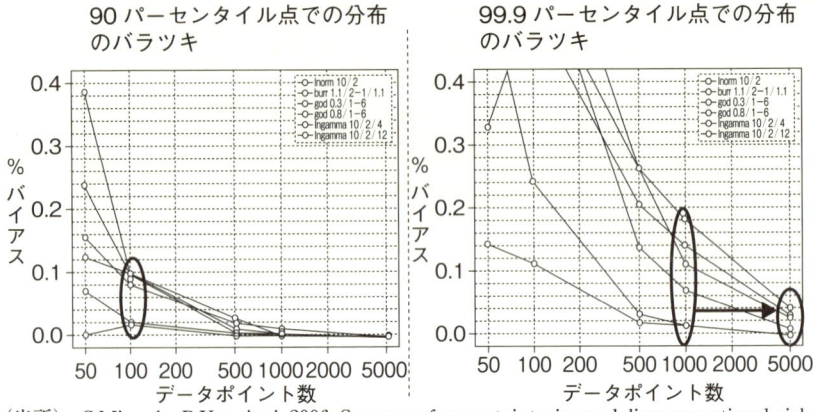

（出所）G.Mignola, R.Ugocioni, 2006, Sources of uncertainty in modeling operational risk losses

センタイルでのAMAキャピタル推計において、信頼できるデータ量としてどの程度が必要となるかの興味深い比較分析をしている。

　当該論文の分析では、分布のテール部分において、90.0パーセンタイル点でのAMAキャピタル推計には、約100件のデータを必要としている。一方、99.9パーセンタイル点でのAMAキャピタル推計の信頼性を確保するには、3,000件以上のデータが必要であると提唱している。分布のテール部分のデータとは、低頻度・大規模損失にかかわるデータであるが、一銀行が数千件ものテール部分の内部損失データを収集することは不可能である。

　実際に数千件のデータが必要であるかは、当該論文が参照している分布の種類の妥当性を含めてさまざまな論議があるが、内部損失データのみで、バーゼルⅡの定める99.9パーセンタイル点でのAMAキャピタルの推計は困難である、という論拠は十分に理解いただけると思う。

　以上のように、バーゼルⅡにおいては、99.9パーセンタイル点でのAMAキャピタル推計に際しては、分布のテール部分を構成する、低頻度・大規模

損失のデータがきわめて重要である。一般に、99.9パーセンタイル点でのAMAキャピタルといった場合に、特定の銀行1行が1,000年に1度の確立で発生するような損失、あるいは、同じリスクプロファイルを有する銀行1,000行のなかで1年間に1度の確率で発生する損失を意味する。きわめて低頻度での発生損失を求めているが、低頻度になるほど損失規模は大きくなり、銀行に与えるインパクトは大きくなる。

(2) 計量化4要素活用上の課題

図表5－9では、低頻度での発生損失を捕捉するうえでは、数年単位での観測期間における内部損失データでは、損失分布のテール部分でのリスク量が非常に小さくなることを示している。一方、1行が単独で1,000年分の内部損失データを蓄積するということは不可能であり、したがって、他行の損失データである外部損失データや、潜在的な損失を想定してのシナリオ分析

**図表5－9　テール損失事象の捕捉原理**

シナリオデータや外部損失データを、内部損失データの補完データとして活用して、低頻度・高額損失事象を捕捉する。

99.9パーセントの信頼区間 ← { 1行で1,000年に1度の確率で発生する損失。あるいは、1年間に1,000行に1行の確率で発生する損失。

内部損失データのみでは、当局の要求するリスクプロファイルを捕捉するのは困難

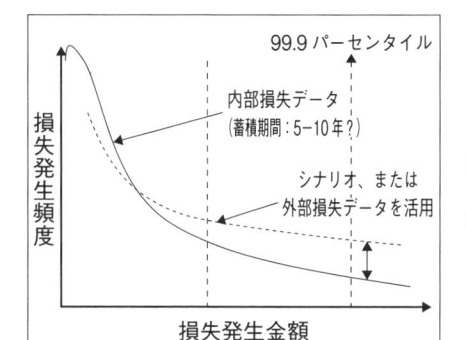

大半の邦銀は、外部損失データをシナリオデータ生成のための参考情報として、間接的に利用している。

図表5―10 AMA計量モデルのイメージ

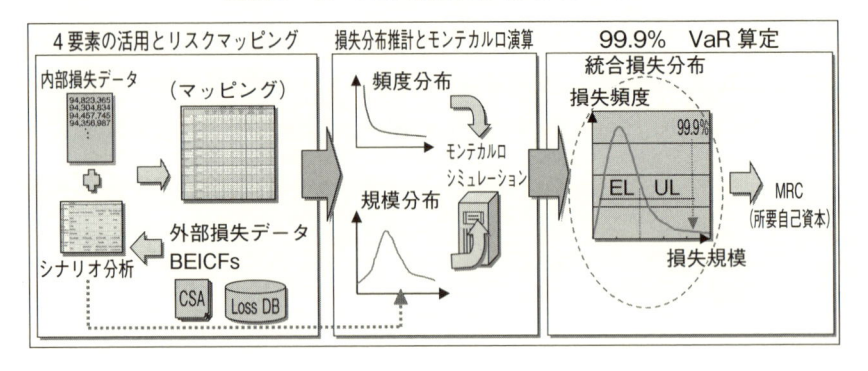

データを活用することがきわめて重要となる。

　前節において、バーゼルⅡの基本原則が「Level Playing Field」である点、したがって、AMA承認は国際的な承認審査の側面が強い点に関して述べた。また、邦銀の内部損失件数が少ないことにも言及した。これらの状況からすると、邦銀においては、内部損失データ以外の計量化の要素である外部損失データ、シナリオ分析データを有効に活用して、AMAキャピタル推計を行うことが重要である。

　4要素を活用してAMAキャピタルを算定する際の計量化のプロセスを概観したものが、図表5―10である。計量化を三つのプロセスに大別してみると、最初のプロセスとして4要素の活用とリスクマッピング、次に損失分布推計とモンテカルロ演算、最終が99.9パーセンタイルVaRの算定である。4要素を、どのように収集、生成、整理したうえで、どのように次のプロセスである分布の推計に当てはめるかが重要となる。バーゼルⅡ文書においては、4要素の活用に関して、「すべてのオペレーショナル・リスク計測システムは、(本段落において定められている)監督上の健全性基準を満たすために、一定の主要な特徴を備えていなければならない。当該特徴には、内部損失データ、関連外部損失データ、シナリオ分析及び業務環境や内部統制システムを反映する要因が含まれていなければならない」と明記している[19]。ま

た、レンジ・オブ・プラクティス・ペーパーにおいても、「オペレーショナル・リスクの計量モデルを識別する主な特徴の一つは、当該計量モデルにおいて、内部損失データ及び外部損失データ、シナリオ分析、業務環境及び内部統制要因（BEICFs）がいかに結合されているかということである」と記載している[20]。

ただし、留意すべき点として、これらの4要素の活用方法に関して、レンジ・オブ・プラクティス・ペーパーでは、「バーゼルⅡ規制においては、上記の4要素をオペレーショナル・リスクの計量モデルに直接入力することを要求していない」と記載している[21]。特に、四つ目の要素であるBEICFsに関しては、計量化のための直接入力データとして数値化することがむずかしいことが背景にある。

国際的な銀行の動向としては、内部損失データを核にしながら、外部損失データかシナリオデータの一方あるいは、両方を計量モデルに直接入力している銀行が多い。一方、邦銀においては欧米の諸銀行に比べて、外部損失データの活用が不十分であることも課題であるが、この点に関しては、次節以降にて述べることとしたい。

### (3) 分布のフィッティング上の課題

次に、図表5―10の計量モデルイメージにおける第2のプロセスである、分布のフィッティングの課題に関して、国際的な共通認識に触れてみたい。バーゼルⅡでは、分布仮定に関して、「銀行は、自行の手法が潜在的に重大な（Severe）テール損失事象を捕捉できることを証明しなければならない」と明記している[22]。

---

19　バーゼルⅡ文書、段落669(e)
20　レンジ・オブ・プラクティス・ペーパー、Ⅵ．ⅵ「4要素の組み合わせ」
21　レンジ・オブ・プラクティス・ペーパー、Ⅵ．ⅵ「4要素の組み合わせ」　論点／背景
22　バーゼルⅡ文書、段落667

一方、レンジ・オブ・プラクティス・ペーパーにおいては、特に、規模分布にかかわる一般的な傾向に関して、「オペレーショナル・リスク損失データの規模分布はヘビーテイルになる傾向があり、オペレーショナル・リスクの計量化モデル手法は、こうした特性を捕捉していなければならない、という点に関しては一般的に受け入れられている」と記載している[23]。ここで、規模分布がヘビーテイルになるということは、243頁の図表5─9に示した分布曲線の形状に関して、分布が右側に厚く延びる傾向にあることを示している。ごく少数の大規模損失が分布曲線の形状に大きな影響を与えるためである。さらに、レンジ・オブ・プラクティス・ペーパーでは、「損失データが限定されているため、適切な分布形を選ぶことは難しい。しかし、分布の仮定の選択は、当該分布をフィッティングさせる統計的手法と同様に、オペレーショナル・リスク相当額に対して重大な影響を及ぼすことが明白である」と述べている。損失データ、特に、分布のテール部分に影響を与える、低頻度・大規模損失に関するデータが限られている場合に、分布のフィッティングがむずかしいことは、図表5─9にて説明したとおりであるが、米国当局もこの課題に取り組んでいる。

　ボストン連銀のK. DuttaとJ. Perryが、2006年に"A Tale of Tails"という論文を発表している。当該論文は、2004年に米国当局が実施した、米銀24行を対象としたLDCEにて収集した、150万件の損失データをベースにしている。収集したデータのなかから、リスクプロファイルに類似性のある米銀7行のテール部分に相当するデータを各行1,000件、計7,000件を抽出して分析している。

　分析に使った分布仮定は、g-and-h分布、一般化パレート分布（GPD）、経験分布（Empirical）、ガンマ分布（Gamma）、ワイブル分布（Weibull）、対数正規分布（Lognormal）等、多岐にわたっている。

---

[23] レンジ・オブ・プラクティス・ペーパー、VI. iii.「計量化モデル手法─分布の仮定及びその推計」、論定／背景

分析結果では、g-and-h分布のフィッティングが比較的よい、一方、いくつかのLDA分布[24]では、AMAキャピタルを過大評価する傾向があったとしている。ただし、g-and-h分布に関しても、パラメータの数が四つと多いため、フィッティングのレンジはおのずと広くなる傾向があることが指摘されている。また、当該論文が発表された以降も、米銀にてg-and-h分布を採用する銀行はきわめて限られているのも実状である。

　以上からいえることは、米銀にて実際に観測されたテール部分の損失データを活用しても、適切な分布仮定をただ一つに決定することはむずかしいということであろう。レンジ・オブ・プラクティス・ペーパーにおいても、「全ての銀行のオペレーショナル・リスクの計量モデルの基礎は、オペレーショナル・リスク損失の分布である。しかし、当該分布を生成するプロセスは、著しく相違が認められる」と述べている[25]。分布のフィッティングにおいては、特定の一つの分布のフィッティングがよいからといって、他の分布のフィッティングもよいということはいえない点が課題である。分布の選択におけるチェリーピッキング（いいとこどり）を避けるためにも、他の分布のフィッティングを検証し、選択した分布仮定の挙動、精度分析を十分に行い、弱点を認識したうえで計量モデルを構築することは、当局間での国際的な共通認識であるといえる。

### (4)　外部損失データ、シナリオデータ活用上のバイアスの課題

　次に、外部損失データとシナリオ分析における国際的な認識について述べてみたい。レンジ・オブ・プラクティス・ペーパーにおいては、外部損失データ、およびシナリオ分析の有用性を以下のように記載している。

---

[24] LDA：Loss Distribution Assumption（損失分布仮定）。LDAをLoss Distribution Assumptionと訳す場合と、Loss Distribution Approach（脚注42）と訳す場合がある。

[25] レンジ・オブ・プラクティス・ペーパー、VI. iii、「計量モデル化手法―分布の仮定及びその推計」、プラクティスの幅

① 外部損失データ：「自行において潜在的なオペレーショナル・リスクはあるが重大な損失を経験していない分野においては、内部損失データの不足を外部損失データによって補完できる」[26]
② シナリオ分析：「自行において発生したことのない、潜在的なテール事象を捕捉するために、シナリオ分析が用いられる」[27]

外部損失データもシナリオ分析も、その活用目的は概ね同じであることがうかがえる。すでに述べてきたように、内部損失データは99.9パーセンタイル値でのAMAキャピタル推計を行うには、データ量として不足しており、それが邦銀の20倍近いデータ量を有する米銀においても当てはまる。したがって、内部損失データの不足を補完するものとして、外部損失データやシナリオ分析データの活用が重要になる。

外部損失データ、シナリオデータの一方、あるいは双方ともに計量システムに直接入力されるのが一般的であるが、レンジ・オブ・プラクティス・ペーパーにおいても、「例えば、内部損失データが限定され、外部損失データは用いられているが計量モデルに直接投入されていない場合、シナリオ分析が有用である」と記載されており[28]、シナリオデータを直接入力し、外部損失データを、シナリオデータ生成の補足情報として用いることを認めている。さらに、当該ペーパーにおいては、「（シナリオ分析）は自行の環境に特有なオペレーショナル・リスクのエクスポージャに適合するよう、潜在的なテール事象を生成できる。また、内部損失データのみを用いている場合には先見性（Forward-looking）の視点がなく、シナリオ分析により当該視点を備えることができるので、シナリオ分析は有効である」と記載しており[29]、シナリオ分析の有効性に関して踏み込んだ記載をしている。国際的な目線とし

---

26 レンジ・オブ・プラクティス・ペーパー、VI. v.「外部損失データの利用」
27 レンジ・オブ・プラクティス・ペーパー、VI. iv「シナリオ分析の使用」
28 レンジ・オブ・プラクティス・ペーパー、VI. iv「シナリオ分析の使用」論点／背景
29 レンジ・オブ・プラクティス・ペーパー、VI. iv「シナリオ分析の使用」論点／背景

てもシナリオ分析の有効性は認知されているといえる。

　欧米の銀行においては、外部損失データを直接入力対象とするケースが多いが、欧米の大手銀行は外部損失データコンソーシアムに加盟し、外部損失データの活用に積極的であることが背景にある。一方、邦銀においては、コンソーシアムに加盟している銀行はなく、また日本国内においては、外部データのコンソーシアムが立ち上がっていないため、外部損失データの活用に関しては、欧米の銀行ほど活発ではない。そのため、邦銀においては、外部損失データをシナリオ分析の参考データとして間接的に使用する銀行がほとんどである。

　外部損失データとシナリオ分析データをめぐる議論のなかで、データの客観性の問題がある。外部損失データは内部損失データと同様、実際に銀行にて発生した損失データであるため、客観的であるが、シナリオ分析データは将来発生しうる潜在損失を想定して生成されたデータであるため主観的である、というものである。シナリオ分析を行う際に、バイアス（恣意性）をどのように排除するかの問題は以前より指摘されている。一方、外部損失データにおいても、シナリオと同様にバイアスの排除が重要な課題となってくる。本書に寄稿を頂いたオーストラリア当局（APRA）のHarvey氏のコメントにおいても、外部損失データ、シナリオ分析の双方におけるバイアスの排除を課題として記載している。したがって、外部損失データが客観的であり、シナリオデータは主観的であると決め付けるのは危険である。両データともに主観的な要因を内包しており、バイアスをいかに排除するかが、双方データにかかわる国際的な共通課題となっている。

　欧米の銀行は、外部損失データの活用に積極的であることはすでに述べたが、海外当局がWeb等に掲載している内容を取りまとめたものが、次頁の図表5－11である。

　外部損失データを活用する際のバイアスとしては以下があげられる。
① 　スケーリング・バイアス：スケーリングの際に、売上規模、雇用者数、

図表5―11　外部損失データ活用の際の留意点

レポーティング・バイアスの存在を考慮すべきである
・スケーリング・バイアス：どんなエクスポージャを使うか
・トランケーション・バイアス：データ収集閾値はさまざまである
　←トランケーションポイント（切断値）はさまざまである
・ディスクロジャー・バイアス：損失金額を伴う報告確率は高まる

　↓
損失規模推計に上方バイアスが働く
（過大評価となる）可能性もある

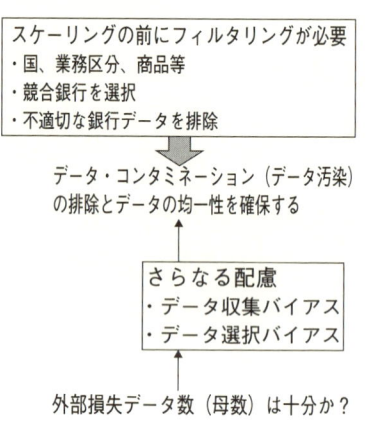

スケーリングの前にフィルタリングが必要
・国、業務区分、商品等
・競合銀行を選択
・不適切な銀行データを排除

　↓
データ・コンタミネーション（データ汚染）の排除とデータの均一性を確保する

　↑
さらなる配慮
・データ収集バイアス
・データ選択バイアス

　↑
外部損失データ数（母数）は十分か？

収益、等、どのような指標（エクスポージャ）を使うかにより損失金額が変わってくる。

② トランケーション・バイアス：データ収集の閾値はデータ収集のトランケーションポイント（切断値）である。閾値以下の損失データは把握されない。

③ ディスクロジャー・バイアス：一般に損失金額を伴う損失データがコンソーシアムに報告される確率は高まる。損失額が不明なデータは報告されない。

外部損失データの活用に際してはスケーリングが特に重要となるため、①のスケーリング・バイアスとしての恣意性の排除が課題となる。外部損失データコンソーシアムがスケーリングを行う場合には、一貫性が確保されうるが、自行が収集した外部損失データのスケーリングを行う際には、活用するエクスポージャの合理性を当局に示す必要がある。

2003年のボストン連銀の公表内容では、銀行が外部損失データコンソーシアムに報告する際のバイアスとして、上記の②、③をレポーティングバイアスとして紹介している。さらに、レポーティングバイアスが働く場合は、外

部損失データにてAMAキャピタルを計測すると推計値が過大になると説明している。ボストン連銀は、内部損失データの頻度と、外部損失データの規模（損失金額）で、AMAキャピタルを計測する場合に、推計値が過大評価される傾向があるとしている点に留意すべきである。自行で外部損失データを収集、活用する場合は、フィルタリングも重要な課題となる。たとえば、競合銀行を含め、規模、業務区分、商品等、なるべく自行とリスクプロファイルが類似した銀行の外部損失データを収集することが好ましい。なお、欧米の主要行を中心に外部損失データのコンソーシアムに加盟し、コンソーシアムがフィルタリング、スケーリングをした外部損失データを活用する動きが加速しているが、詳細は次節にて紹介したい。

シナリオ分析手法は多岐にわたっているが、バーゼル委メンバー当局間での共通認識は、シナリオ生成における厳密性である。レンジ・オブ・プラクティス・ペーパーにおいては、「シナリオがどの程度の厳密性で生成されているか、用いられるシナリオの網羅性及び数、シナリオに反映される損失の規模、シナリオにフィットさせる分布の選択、フィッティングさせた分布に損失額の上限を設定するか、シナリオを他のデータ要件とどう組み合わせるかといった点である」と記載している。シナリオ生成における厳密性の問題は、シナリオ生成における恣意性を排除するための方策を設けているか、の課題と一致するものである。したがって、以下に示すシナリオ生成の際の認知バイアスの課題が重要になる（次頁図表5—12）。

シナリオ分析において重要な点は、銀行がシナリオ生成における認知バイアスの存在を十分に認識しているかにある。認知バイアスはさまざまなものが考えられるが、海外当局の公開情報を参照すると、概ね以下の認知バイアスに集約できる。

① オーバー・コンフィデンス・バイアス：低頻度事象を過大評価する。
② アンカーリング・バイアス：損失頻度を過小評価する。
③ アベイラビリティー・バイアス：損失頻度を過大評価する。

**図表5—12　シナリオデータ活用の際の留意点**

シナリオの生成および計測における適切なプロセスを構築する。
- 認知バイアス（Cognitive biases）の理解とエクスパートジャッジメントにおけるバイアスの排除
- シナリオの補完情報としての外部損失データの活用方法の設定。
- シナリオのアップデート、追加プロセスの設定。

認知バイアスを考慮すべき
- オーバー・コンフィデンス：低頻度事象を過大評価する。
- アンカーリング：損失確率を過小評価する。
- アベイラビリティー：損失頻度を過大評価する。
- パーティション・ディペンデンス：頻度は不安定な評価になる。

⇔ シナリオ生成における恣意性の排除＝客観性の確保が重要となる。

⇩

アウトライヤーシナリオの検証
- 頻度、規模の設定にかかわる方法論
- 業務規模、複雑さ、資産規模等の比較
- シナリオ分析に外部損失データを参照
- 内部損失データに頼りすぎない

④　パーティション・ディペンデンス・バイアス：頻度は不安定な評価になる。

　要するに、シナリオを生成する個人の、自信過剰、先入観、経験、あるいは、シナリオ生成チーム内での地位（発言力）等により、さまざまなバイアスがかかることが想定される。さらに、上記から明白なように、認知バイアスはシナリオ生成の頻度設定に対してさまざまな影響を与えるものである。前述のレンジ・オブ・プラクティス・ペーパーでの記載事項のように、シナリオの利点は、「潜在的なテール事象を生成できる」点であるが、一方で、「潜在的なテール事象」は、きわめてまれに発生する損失であり、頻度設定に客観性をもたせるのは容易ではない。

　シナリオにおける頻度設定に関して留意すべき事項として、まずあげられる点は、内部損失データの頻度を過度に参照すべきではないことである。内部損失データは、観測期間が3年から7年程度の銀行が大半であり、バーゼルⅡが求める、99.9パーセンタイルの観点からは、観測期間が短すぎるから

である。国際的な共通認識としても、シナリオ生成におけるImperial手法[30]には慎重である。

そうした観点からは、外部損失データを、シナリオ生成における頻度設定の参考データとして有効に活用すべきである。レンジ・オブ・プラクティス・ペーパーにおいても、「(外部損失データを) 自行の計量モデルに統計的なデータとして直接入力している銀行があり、一方、間接的な入力データ（例．シナリオを構築するための補足として利用する等）として用いる銀行もある」と、報告している[31]。

しかるに、シナリオ分析において、外部損失データの有効活用を含め、バイアスを排除する方策をいかに設定し、頻度設定における客観性を担保する方策をいかに策定、実施しているかが重要となる。一方、シナリオ生成の方法は銀行内の各部署で実施されるCSA[32]にて生成されるボトムアップ方式から、あらかじめ低頻度・大規模損失を想定したトップダウン方式まで手法はさまざまであり、それに従いシナリオの客観性の検証も多岐にわたっている。海外銀行におけるシナリオ生成の事例は、第4節にて紹介してみたい。

---

[30] シナリオ生成において銀行内で発生した実損データ（の頻度や規模）を活用する方法。
[31] レンジ・オブ・プラクティス・ペーパー、VI. v「外部損失データの利用」プラクティスの幅
[32] CSA：Control Self Assessment：自行のオペレーショナル・リスクを把握するために実施されるアセスメント

# 第3節 銀行間のクロスボーダー連携

## 1　外部損失データコンソーシアムの広がり

　前節にて述べたように、AMA導入を目指す銀行にとっての共通の難題は、99.9パーセンタイル値でのAMAキャピタル推計である。そして、テール部分を形成する均質なデータをいかに収集するかが、大きな課題となる。外部損失データコンソーシアムは、こうした課題に対する一つの回答であろう。

### (1)　データコンソーシアムの利点

　外部損失データコンソーシアムに加盟しない場合は、ベンダーから外部損失データベースを購入するか、あるいは、自行にて新聞、Web等から地道に収集することになる。ベンダーの外部損失データベースも基本は、新聞等に掲載された公表記事が基本であり、損失の発生日、グロス／ネットの損失金額、損失の分類（発生したビジネスライン、損失事象）等の正確な情報を把握するのは容易ではなく、さらには、損失が発生した銀行のエクスポージャー[33]を正確に把握するのは困難である。こうした属性情報を含めた個々の外部損失データの質および、収集された他の外部損失データとの均質性が重要である。

　バーゼルⅡ文書では、外部損失データの活用に関して、「銀行は、外部損失データを用いなければならない状況は、データを組み込むための手法（例えば、スケーリング、定性的調整、高度なシナリオ分析開発の情報等）を決定す

---

[33]　損失が発生した業務区分、損失事象区分のほか、当該業務区分の売上規模、収益、要員数等のさまざまな指標であり、外部損失データのスケーリングを行う際に必須の情報。

るために、体系的なプロセスを備えていなければならない」と明示している[34]。そして、先に述べた理由から、多くの銀行がコンソーシアムデータを活用しているのが現状である。こうした状況を、レンジ・オブ・プラクティス・ペーパーでは、「銀行の規模等の関連要因を勘案するために、外部損失データを調整（Scaling）することが潜在的に重要であると認識している銀行は多いが、実際に運用可能な手法を発案した銀行はない。自行独自で外部データを集めるのではなく、外部損失情報のデータベース（コンソーシアム）に参加している銀行が殆どである」と端的に記載している[35]。国際的な共通目線としては、データコンソーシアムに参加することが一般的との認識である。

　ドイツの金融当局であるBafinおよびBundesbankの外部損失データにかかわるガイドラインの抜粋が図表5—13である。データの質の重要性を提唱する一方、外部損失データコンソーシアムの具体的な名前に言及している点が興味深い。

図表5—13　ドイツの金融当局における外部損失データのガイドライン（抜粋）

---

6.3　External Data

Some of the banks are members of the data consortia ORX (Operational Risk data eXchange association), VÖB (Association of German Public Sector Banks), BVI (Bundesverband Investment and Asset Management e. V.) or Gold (Global Operational Risk Loss Database). The quality of the external data sets and its homogenous allocation to event categories and business lines is very important for the quality of the measurement system and for model validation. This is especially true for loss data from data consortia. Therefore it is necessary, that not only within banks, but also within data consortia, the quality of the data sets is guaranteed through adequate processes.

---

34　バーゼルⅡ文書、段落674
35　レンジ・オブ・プラクティス・ペーパー、Ⅵ.ⅴ「外部損失データの利用」プラクティスの幅

以上のように、欧米の主要銀行は外部損失データコンソーシアムに加盟し、外部損失データを有効活用する動きが広がっている。こうしたコンソーシアムにおいては、加盟銀行が自行の内部損失データおよび関連エクスポージャを、コンソーシアムが定めたガイドラインに従い提供するため、以下の利点がある。

① 損失金額および属性情報（発生日、グロス／ネット、業務区分、損失事象等）の精度が高い。
② スケーリングの指標となる各銀行のエクスポージャ情報が正確である。
③ フィルタリング、スケーリング等の煩雑な処理をコンソーシアム側が行う。
④ データ収集からスケーリングまで同一基準での一貫性が保持されている。

　ベンダーの外部損失データベースを含め、公開情報をベースにしている場合は、上記の①の精度が低いか、情報がトレースできない場合が大半である。②のエクスポージャ情報も入手は困難である。したがって、スケーリングの精度も低下することになる。

## (2) データコンソーシアムの提供機能（ORXの事例）

　コンソーシアムを活用する利点は多く、欧米の主要行がコンソーシアムに参加する理由となっている。たとえば、データコンソーシアム最大手のORX[36]には、2007年8月時点で、欧米の主要行37行が加盟している（図表5─14）。

---

36　ORX：Operational Risk data eXchange。2002に設立された損失データ収集にかかわる非営利のコンソーシアム。現在までに欧米13カ国の主要金融機関37行が参加する最大手。2006年末時点での損失収集データ総数は6万3,500件、損失総額（Gross Loss amount）は€21Billion。ただし、収集にかかわる閾値（Threshold）は2万ユーロ。米銀4行（Bank of America、JPM Chase、Wachovia、Washington Mutual）のみでORX全体損失金額の半数以上を占めている。

図表5―14　ORXのメンバー行（2007年9月時点）

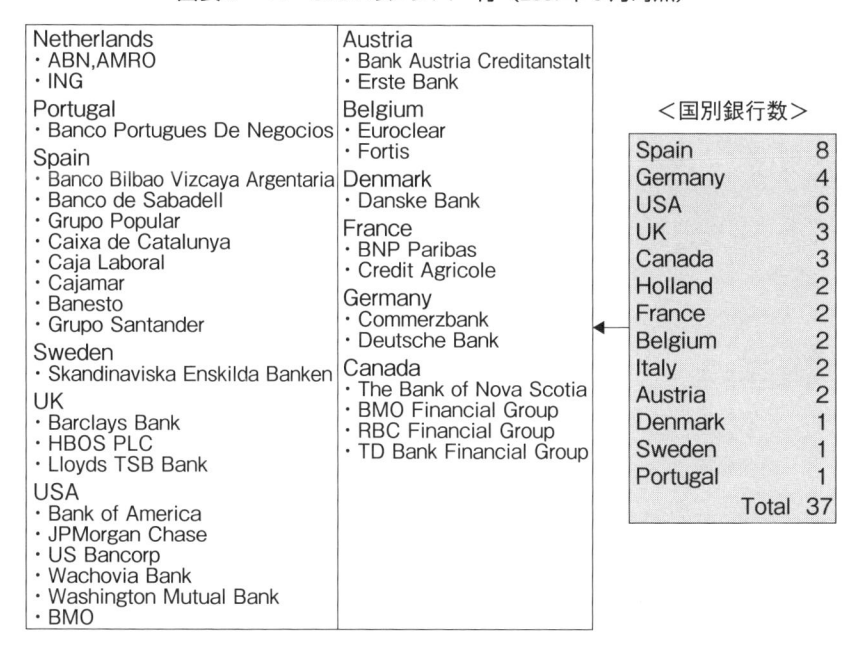

| | | |
|---|---|---|
| Netherlands<br>・ABN,AMRO<br>・ING<br>Portugal<br>・Banco Portugues De Negocios<br>Spain<br>・Banco Bilbao Vizcaya Argentaria<br>・Banco de Sabadell<br>・Grupo Popular<br>・Caixa de Catalunya<br>・Caja Laboral<br>・Cajamar<br>・Banesto<br>・Grupo Santander<br>Sweden<br>・Skandinaviska Enskilda Banken<br>UK<br>・Barclays Bank<br>・HBOS PLC<br>・Lloyds TSB Bank<br>USA<br>・Bank of America<br>・JPMorgan Chase<br>・US Bancorp<br>・Wachovia Bank<br>・Washington Mutual Bank<br>・BMO | Austria<br>・Bank Austria Creditanstalt<br>・Erste Bank<br>Belgium<br>・Euroclear<br>・Fortis<br>Denmark<br>・Danske Bank<br>France<br>・BNP Paribas<br>・Credit Agricole<br>Germany<br>・Commerzbank<br>・Deutsche Bank<br>Canada<br>・The Bank of Nova Scotia<br>・BMO Financial Group<br>・RBC Financial Group<br>・TD Bank Financial Group | ＜国別銀行数＞<br><br>Spain　　　8<br>Germany　　4<br>USA　　　　6<br>UK　　　　　3<br>Canada　　　3<br>Holland　　　2<br>France　　　2<br>Belgium　　　2<br>Italy　　　　2<br>Austria　　　2<br>Denmark　　 1<br>Sweden　　　1<br>Portugal　　　1<br>Total　37 |

　ORXのデータフローを概観図にまとめたものが、図表5―15である。参加銀行からコンソーシアムへのデータの提出に際しては、コンソーシアムの定める品質基準（Quality Assurance Standard）に従い、データ管理者（Data Administrator）が、提示されたデータの秘匿処理、クレンジングを行った後、データ分析にまわす。分析されたデータは再びデータ管理者のもとで、スケーリングを実施し、図表5―15の①～⑥に示されるような各種の情報を参加銀行にフィードバックする仕組みである。現在、ORXが保有している外部損失データは約7万件であるが、重要な点としては、参加銀行から提出される損失データにはすべてスケーリングが可能となるような属性データ（エクスポージャ）が伴っている点である。

　ORXに参加している銀行は、Internationaly Active Bank[37]であり、海外においても業務を展開している銀行である。換言すれば、AMAを採用する

図表5—15　コンソーシアムにおけるデータフロー

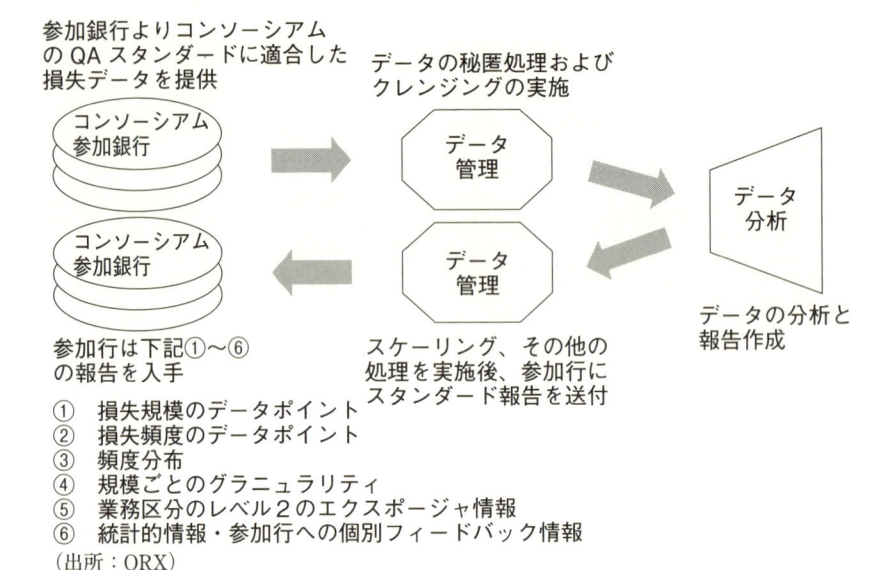

参加銀行よりコンソーシアムのQAスタンダードに適合した損失データを提供

データの秘匿処理およびクレンジングの実施

コンソーシアム参加銀行 → データ管理 → データ分析

コンソーシアム参加銀行 ← データ管理 ← データ分析

データの分析と報告作成

参加行は下記①〜⑥の報告を入手

スケーリング、その他の処理を実施後、参加行にスタンダード報告を送付

① 損失規模のデータポイント
② 損失頻度のデータポイント
③ 頻度分布
④ 規模ごとのグラニュラリティ
⑤ 業務区分のレベル2のエクスポージャ情報
⑥ 統計的情報・参加行への個別フィードバック情報

(出所：ORX)

場合に、海外当局間における承認業務の一貫性の対象のなりうる大手銀行である。各国でAMAに対する承認審査が開始される2006年後半から2007年初頭にかけ、参加メンバーが増加し、特に、2007年5月にORXがIBMチューリッヒ研究所とデータ分析にかかわる契約を締結し、分析手法が高まるに伴い、参加行が増加する傾向にある。また、2008年初頭において、オーストラリア、韓国、シンガポールの複数の銀行が加盟ずみ、あるいは加盟する方向でORXとの交渉を行っている。

### (3) データコンソーシアムと銀行間の連携

こうした、国際的なコンソーシアムに参加するということは、銀行間のクロスボーダーでの連携を意味している。前述のように、データ分析の段階で

---

37 バーゼルⅡ文書にて規定する、海外に現地法人をもち国際的な業務を展開している銀行。

は銀行名の秘匿性は遵守されるが、自行の損失データが他行データとの比較分析の対象となることに変わりはなく、AMA キャピタル推計の観点から質の高いデータを確保するか否かがコンソーシアム参加の判断基準となる。しかるに、オペレーショナル・リスク管理の高度化を共通の目的として銀行間の連携を図るという前提のもとでコンソーシアムは成り立っている。

　一方、大半の地銀等にとっては、国内の地銀等の連合によるデータコンソーシアムが立ち上がることが望ましい。海外においても、VOD、BVI（ドイツ）、Gold（英国）、MORE、OpVaR、EFIRM 等、国レベルでのデータコンソーシアムから、クロスボーダーのものまでさまざまである。アジア諸国においても、韓国においてデータコンソーシアムが設立され、すでに 7 行が参加している。また、シンガポール、インドにおいても自国を中心とするデータコンソーシアムの設立が進行している。

　日本においては、データコンソーシアム設立の機運はなかなか高まってこないのが現状である。理由はいくつか考えられるが、内部不正等の損失データを、コンソーシアムを含め、第三者に提示することに強い抵抗感があること。また、AMA の採用を規制対応としてとらえている場合があることも理由の一つと考えられる。一部の地銀においては、外部損失データコンソーシアムの必要性を認識し、コンソーシアムの設立を模索しているところもある。こうしたコンソーシアム設立の牽引役を果たしている銀行の特徴は、AMA 採用をオペレーショナル・リスク管理高度化のインセンティブとしてとらえ、銀行のトップが AMA 採用を決断している点である。こうした活動が広がりをもつには、オペレーショナル・リスク管理高度化のために連携するという共通認識が不可欠である。

## 2　オペレーショナル・リスクの国際サロン

　オペレーショナル・リスクはいまだ発展段階にあり、特に AMA の計量モデルに関しては、これまでに述べてきたように、さまざまな手法が幅広く

行われている。一方、バーゼル委は、計量モデルの分野で銀行に対して大幅な自由度を許容しているが、これは、オペレーショナル・リスクの性格上、ベストプラクティスが存在しえないことを意味している。銀行は自行のリスクプロファイルを分析、把握し、自行のリスクプロファイルに合致した計量モデルを構築する必要がある。したがって、AMAは個々の銀行が独自のベストプラクティスを探求するプロセスでもある。レンジ・オブ・プラクティス・ペーパーでは、「業界においては、オペレーショナル・リスクの計量モデルの急速な発展がみられるが、一方で内部損失データが限定され、各銀行及び各業務区分における損失実績も大きく異なるため、どの計量モデルがより適しているかを決定することは難しい」と述べている[38]。

要するに、銀行にとっては手探り状態であり、自行に閉じた世界で黙々と計量化の研究を重ねるだけでは、計量モデルの開発の方向性や、検証の妥当性が評価しがたい。そういう意味では、他行の計量モデルの情報は重要である。

前項で述べた、外部損失データコンソーシアムにおける銀行間のクロスボーダー連携と同様に、計量モデルに関しても、銀行間でのさまざまな討議の機会が増している。最も顕著な例としては、民間企業主催のオペレーショナル・リスク関連セミナーであり、長いものだと4日間にわたるセミナーも珍しくない。こうしたオペレーショナル・リスク関連セミナーにおいては、全体のうちの半日から1日をAMA計量化の特別セミナーにあてている例が多い。

そうした特別セミナーに集うのは、銀行のオペレーショナル・リスク、特に計量化の責任者やモデルの開発担当者であり、金融当局のオペレーショナル・リスクの専門官がパネラーとして同席することも多い。彼らは、そうした専門セミナーを通じて顔なじみとなり、AMAの計量化にかかわる手法を

---

[38] レンジ・オブ・プラクティス・ペーパー、VI　定義／論議の幅

披露し合い、積極的な討議を行っている。そこは、自行のAMA計量モデルにかかわる情報発信の場であり、同時に他行の計量モデルにかかわる情報収集の場でもある。さらに、金融当局者がパネラー等で参加することで、各種の計量モデルに対する検証の場にもなっている。換言すれば、そうした専門セミナーは、オペレーショナル・リスクの計量化にかかわる、いわば、国際的サロンであり、常連メンバーが議論を深める格好の場となっている。

AMAが国際承認としての側面をもつ一方、レンジ・オブ・プラクティス・ペーパーにみられるように、バーゼル委メンバー当局を中心に、承認審査の平仄と一貫性の観点からの共通目線の共有を進めてきていることはすでに説明したとおりである。当局同士がクロスボーダーで連携をし、緊密な情報交換、交流を行っているわけであるが、AMAを採用する銀行同士がこうした国際サロンを通じて情報交換を促進し、連携を図ることは自然な流れであると思える。

一方、AMA国際サロンにおける常連メンバーの集いは、通信機器や家電製品等の国際統一規格の制定や、規格のデファクト化の過程と共通するものがあるように感じる。たとえば、基本的なガイドラインは当局が制定し、その後の詳細な仕様固めやデファクト化に関しては、製品の担い手となる企業が連携してマーケットでのヘゲモニーの確立を目指して協力するのが一般的である。参加企業は、そうした集まりのなかで極力、自社製品のスペックイン[39]を図り、スタンダードに組み込むことを目的とする。企業にとっては、スタンダードに対して自社の仕様をどの程度組み込めるかによって、企業が保有している特許との関係もあり、その後の最終製品化の過程での開発コストが変わってくる。また、業界でのプレゼンスにも影響し、最終的には製品からの収益に影響を及ぼす。また、国際的なスタンダードが一つとは限らず、場合によっては、二つ、三つのスタンダードが存在し、個々のスタン

---

[39] スペックイン：自社製品の設計仕様、製品仕様を業界スタンダードに組み込むこと。

ダードを支持する企業群がデファクト化を求めて相互に激しく競争を繰り広げることになる。

オペレーショナル・リスクのAMAと重ね合わせてみると、当局が制定した基本的なガイドラインがバーゼルⅡ文書であり、その後の仕様固め、デファクト化の動きが、AMA国際サロンであるとみなすことができる。同様に、バーゼル銀行監督委員会の各種部会も国際サロンである。当初のメンバーは欧米および日本の13カ国であり、その後3カ国が新たにメンバーに加盟し現在は16カ国である。メンバー国は1999年から6年間にわたりバーゼルⅡの枠組みに関して議論を重ね、2004年6月末に、バーゼルⅡのルール（バーゼルⅡ文書）を公表するに至っている。バーゼルⅡ文書が公表されるまでには、通信、家電等のスタンダード化の過程と同様に、バーゼル委メンバー国間の軋轢、折衝、調整、同意への長い道のりがあったと想像できる。

これまで述べてきたようなAMAの特質からして、国際サロンの論議のなかで、ベストプラクティスが醸成されることはないにしても、AMA承認審査における許容レンジは絞り込むことは可能になるのではないかと考えられる。たとえば、スケーリングにおける外部損失データの活用方法、シナリオデータの生成方法や、両データにおけるバイアス排除の施策、規模分布の選択や、分布のフィッティング手法等、計量モデルの合理性を当局に証明するうえでの課題に対しての方向性を探ることが可能になりうる。AMAが国際承認的な側面をもっている以上は、AMAを導入する銀行もAMAに対する国際的な知見を共有することは意味があり、そうした国際サロンに参加することは効果があると考える。

## 3　日本の位置づけ

日本はバーゼル委のオリジナルメンバーであり、アジア地域においては唯一の参加国である。したがって、バーゼルⅡの実施内容、計量化の要件、承認審査の方向性等に関して、他のアジアの監督当局との積極的な情報交流を

含め、指南役であってもおかしくはない。

　たとえば、ヨーロッパにおいては、欧州銀行監督者委員会（CEBS）[40]のなかに、オペレーショナル・リスクのAMA定量化検討部会のようなサークルが結成されており、情報交換やCEBSメンバー国内でのガイダンスの作成が行われている。また、CEBSメンバー国内の20を超える銀行がAMA導入ずみか、申請中であり、AMAの実態に即した、質の高い論議が期待できる。

　一方、米国は、当局がAMAの実施を義務づけている銀行が10行ある[41]。10行以外にも銀行側が希望すればAMAを採用しうるが、2004年に米国当局が実施したLDCEには24行が参加しており、AMAに対する米銀の裾野の広さがうかがえる。さらに、欧米の大手行は米国、欧州の両地域にそれぞれ大規模な拠点を有している場合が多い。たとえば、Citigroup（米国がホーム）のロンドン現地法人（ホスト）、HSBC（英国がホーム）の米国現地法人（ホスト）のように、同一の銀行グループで当局がホーム、ホストの関係になることが多く、結果として、当局間の情報交流も盛んである。

　アジア地域においても、TSAはもとより、AMAの実施を予定している監督当局は少なくない（次頁図表5—16）。しかしながら、アジア地域のオペレーショナル・リスク管理に関しては、欧州におけるCEBSのような当局間の定期的な協議の場が設立されていないため、日本の監督当局と他のアジア地域の監督当局との情報交流はそれほど盛んではない。また、オペレーショナル・リスク、あるいは、AMAを核にした邦銀と他のアジア地域の銀行との交流、情報交換も行われてはいないようである。

---

[40] CEBS：Committee of European Banking Supervisors。現行のトピックスである銀行の所要自己資本規制を含めた政策面の情報交換、アドバイス、共通ガイドラインの策定等、幅広い活動を行っている。

[41] 米国当局は国内の大手国際基準行（Internationally Active bank）の10行をAMA実施にかかわるMandatory Bankに指定している。Mandatory以外の銀行もAMAを申請しうる。

図表5—16　アジア太平洋地域におけるバーゼルⅡ実施状況

|  | AMA | TSA | BIA |
| --- | --- | --- | --- |
| オーストラリア | Jan. 2008 | Jan. 2008 | Jan. 2008 |
| 中国 | Undecided | Undecided | Undecided |
| 香港 | Not Permitted | Jan. 2007 | Jan. 2007 |
| インド | Undecided | Undecided | Mar. 2008/09 |
| インドネシア | Jul. 2011 | Jan, 2011 | Jan. 2009 |
| 日本 | Apr. 2008 | Apr. 2007 | Apr. 2007 |
| マレーシア | Undecided | Jan. 2008/10 | Jan. 2008/10 |
| フィリピン | Jan. 2010 | Jul. 2007 | Jul. 2007 |
| シンガポール | Jan. 2009 | Jan. 2008 | Jan. 2008 |
| 韓国 | Jan. 2009 | Jan. 2008 | Jan. 2008 |
| タイ | Not Permitted | Jan. 2009 | Jan. 2009 |

（出所）　Risk Minds Asia 2008 Basel Ⅱ implementation Summit

　CEBSの例では、今後AMAの実施を予定している東欧諸国の金融監督当局に対して、西欧のバーゼル委メンバー当局が積極的に意見交換、情報交換を実施しており、AMA実施にかかわるCEBSガイドラインを策定している。その結果、共通の目線での承認審査を可能にしており、バーゼルⅡの基本原理である、「Level Playing Field」（銀行間における平等な競争条件の確保）を実現するに至っているといえる。

　アジア地域においては、日本の監督当局がそうしたポジションをとることが可能であると考える。バーゼルⅡは、その生い立ちからして、日本がアジア地域でヘゲモニーを握ることを可能にする国際合意であり、特に、オペレーショナル・リスクのAMAは、教科書がない分、さらにその傾向が強いと考える。

　しかしながら、これまでのところ、アジア地域で日本がAMAの実施に

関して、明確なポジションを得ていることはなさそうである。民間セミナーにおける国際サロンにおいても、常連は欧米の当局者と欧米の銀行である。日本は、データコンソーシアムの例をはじめ、クロスボーダーでの連携の外に置かれつつあるのではないか。アジアの当局、銀行においても、AMAの指南役を欧米当局に求め、欧米の銀行との情報交換を進めてきているところもある。

　日本は、バーゼルⅡでアジア地域のヘゲモニーを握るチャンスはあるが、情報発信等の積極的な働きかけを怠ると、逆に孤立してしまう可能性もあると懸念する。

## 第4節　欧米金融機関の現状

### 1　欧米金融機関におけるAMAの状況

　バーゼル委メンバー国のうち、AMAの実施が最も早い国はカナダであり、2007年秋にはAMAの実施承認行を出している。欧州諸国は、2007年末に承認、2008年1月よりAMAを実施するに至っている。日本は2008年3月末承認の4月1日実施開始である。一方、米国は、2009年からの実施となる。

　2008年3月末時点でのバーゼル委メンバー国のAMA承認状況（推測）を取りまとめたものが、次頁の図表5－17である。これは、AMA承認の第一陣であり、今後は米国を含めたメンバー国内の他の銀行や、アジアや中南米、東欧諸国等、バーゼル委メンバー国以外の銀行もAMA導入を予定している。

　各行の計量モデルは、それぞれの銀行が抱えるリスクプロファイルの反映であり、実に多様である。計量システムに投入するデータを計量化の4要素

図表5―17　バーゼル加盟国／準加盟国のAMAの状況（推測）

| 国 | 2008年3月末時点での承認数 | AMA承認行（予測） | 今後のAMA行数予測 |
|---|---|---|---|
| スペイン | 0 |  | 2～8 |
| フランス | 3 | BNP Paribas、Credit Agricole、Societe General | 2～4 |
| イタリア | 1 | Unicredito Italiano | 2～4 |
| イギリス | 4 | Barclays、HBOS、Loyds TSB、Citigroup | 2～10 |
| ドイツ | 1 | Deutche Bank | 10～15 |
| スウェーデン | 1 | SEB | ? |
| カ　ナ　ダ | 1 | CIBC | 3 |
| ベルギー | 1 | Fortis | 1 |
| オランダ | 2 | ING Bank、Rabobank | 1 |
| オーストラリア | 3 | CBA、ANZ、Westpac BC | 3～5 |
| 日　　本 | 1 | SMBCグループ | 5～10 |
| 米　　国 | 0 |  | 10～20 |

のうちの、どれを主体としているかにより、計量モデルの特性が異なってくるためである。たとえば、内部損失データ等の実損データを中心にしている場合は、LDA手法[42]と称される。これに対して、シナリオ分析データを中心にしている場合は、SBA手法[43]と称される。一般には、LDA手法とSBA

---

[42] LDA手法：Loss Distribution Approach（損失分布手法）。実損データを中心に分布過程を推計する手法。ただし、LDAとSBAの混合手法であるハイブリッド手法（Hybrid Approach）も含めてLDAと総称する場合もある。SBAと区別し、実損を主体にした計測手法を指す場合は、LDMA（Loss Data Modeling Approach）とも表現する。
[43] SBA手法：Scenario Based Approach。シナリオ分析データを中心に分布仮定を推計する手法。

手法の混合手法(ハイブリッドアプローチ)を採用する銀行が多い。

個別行のAMA手法に関しては、米国ボストン連銀主催のセミナーにて発表された内容が開示されているほか、銀行自身のホームページ等で開示されている例もある。それらのなかから、海外の銀行における、LDA、SBAおよび混合の各手法の代表的な例をみてみたい。

## 2 欧米銀行におけるAMAの多様性

### (1) CitigroupのLDA手法

LDAは内部損失データや外部損失データなどの実損データをもとに分布のフィッティングを求める手法であり、AMAキャピタルは頻度および規模の統合分布から得られる、という一般的な論点に立っている。CitigroupはLDAとSBA、RDA[44]を区別しており、よりPure LDAに近い手法をとっている。

Citigroup等の米銀大手は、一般的に内部損失データが多いと推測され[45]、これに外部損失データをあわせると、実損データのみで、ある程度の計量化のデータポイントが確保できる、との前提に立っている。Citigroupは以前よりパワーロー[46]によるAMAキャピタル推計の有効性を提唱している。

パワーローによるLDA手法は、テール部分での巨額損失をどのように扱うかという問題を含め、いくつかの課題があるが、Citigroupはパワーロー

---

44 RDA: Risk Drivers and Control Approach: キーリスクドドライバー(KRI)やコントロールスコアによりトップダウン的にAMAキャピタルを推計する手法。
45 2004年の米国LDCDにて収集された内部損失データは24行で150万件であり、Citigroupのようなトップ5に入る大手行は、数十万件レベルの内部損失データを保有している。
46 パワーロー(Power Law)。ベキ法則のことで、"規模や頻度と順位は反比例関係にある"、"ごく少数の巨大なイベントが圧倒的な比重を全体分布のなかで占める"というもの。

図表5―18　パワーローによるLDA手法

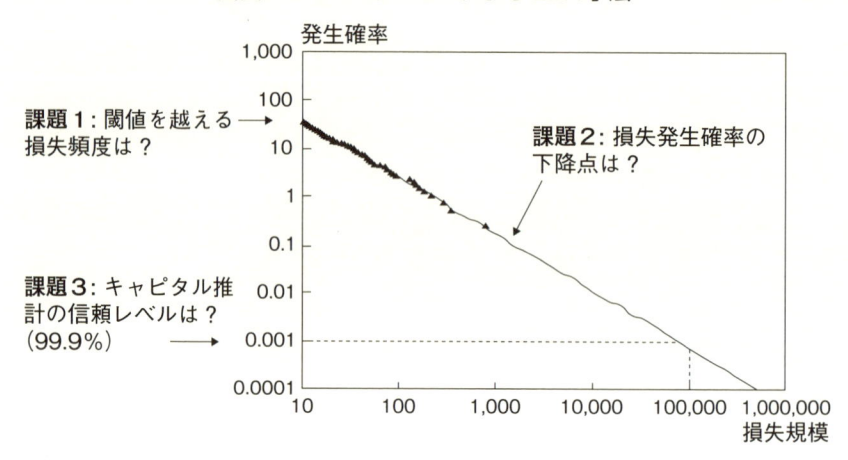

（図内ラベル）
発生確率
課題1：閾値を越える損失頻度は？
課題2：損失発生確率の下降点は？
課題3：キャピタル推計の信頼レベルは？（99.9%）
損失規模

によるLDAの課題として以下の3点をあげている（図表5―18）。

① 収集閾値（Threshold）を超える損失の頻度をどこに設定することが適切か。
　―先に述べた外部損失データの収集閾値にかかわるトランケーション・バイアスが関係してくる可能性がある。
② 損失発生確率の下降点（Loss probability decline）をどこに設定するかで、キャピタル推計値が大きく変わってくる。テールのパラメータをどのように設定するかにより直線のスロープが変わり、最終的なキャピタルは非常に大きな違いをもたらす。
③ キャピタル推計の信頼レベルをどこに設定するか。
　―統計的には、99.0%、99.5%、99.9%、99.97%等さまざまである。

米銀を中心に実損データを計測システムに直接投入するLDA手法を採用する銀行は多いが、上記の課題を解決するには、SBA手法との融合も必要であり、米銀においてシナリオ分析手法への回帰を促す要因にもなっている。

## (2) Credit Suisse の SBA 手法

Credit Suisse はシナリオデータのみを計量モデルに直接入力しており、SBA を採用する典型的な銀行である。Credit Suisse は、SBA 手法を採用する理由として以下をあげている。

① LDA においては、頻度および規模分布は、限られた実損データに依存しすぎることになる。また、AMA キャピタルはどんな分布を選択するかにより大きく異なる。

② SBA においては、低頻度・大規模損失にて AMA キャピタルを推計することが容易になる。内部・外部損失データはシナリオ分析の客観性を担保するために補足的に活用する。

なお、Credit Suisse の SBA モデルの特徴は以下があげられる。

・八つの主要カテゴリーごとに大規模シナリオを想定し、全体で55個のシナリオをトップダウンアプローチにより生成している。小額のシナリオは、個々の相関関係を推計するのが困難である、との理由で作成しない。大規模シナリオを作成することで、すべてのシナリオの相関関係は考慮されている、との論拠に基づいている（次頁図表5―19）。

・シナリオ生成に際しては、テンプレートが準備されている。20ページ程度のドキュメントであり、シナリオ生成にかかわるアセスメント方法、および、頻度・規模等の設定にかかわる方法等を記載している。各シナリオの頻度・規模はエキスパート・ジャッジメントにより設定される。

・内部／外部損失データ、BEICFs もシナリオ生成の参考情報として活用されるほか、ベンチマークは内部損失データ、外部損失データを活用して実施している。

・外部データを使ってのベンチマークに関しては、12の大手外銀の過去10年の損失をヒストグラム化し、Credit Suisse の99.0パーセンタイル値（100年に1度）と比較している。ただし、100億円超の損失のうち、訴訟

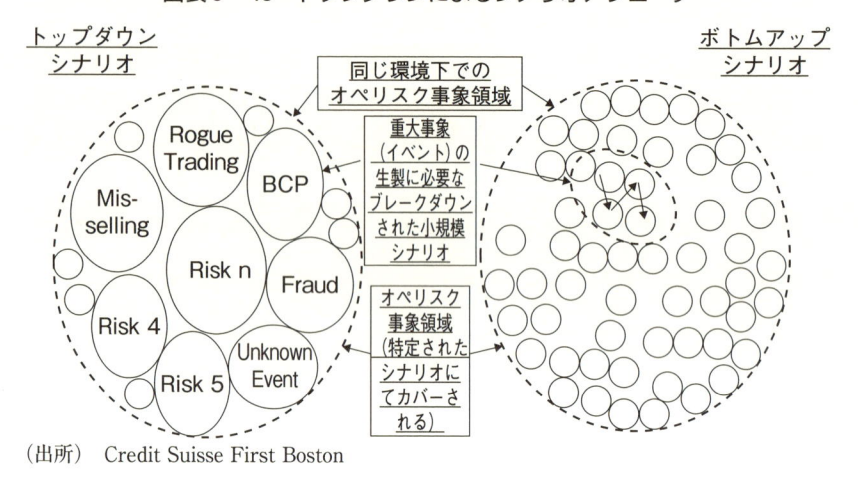

図表5―19　トップダウンによるシナリオアプローチ

トップダウン
シナリオ

　　　　　　同じ環境下での
　　　　　　オペリスク事象領域

ボトムアップ
シナリオ

　Rogue
　Trading
　　　　　BCP
Mis-
selling
　　Risk n
　　　　　Fraud
Risk 4
　Risk 5　Unknown
　　　　　Event

重大事象
(イベント)の
生製に必要な
ブレークダウン
された小規模
シナリオ

オペリスク
事象領域
(特定された
シナリオに
てカバーさ
れる)

（出所）　Credit Suisse First Boston

　関係の損失（U.S＄15億以上の巨額損失のほとんどは米銀の訴訟関連であるが）はTier 1 Capitalの比率に応じてスケーリングをした金額を適用している。

・Credit Suisseは、閾値：US＄500での内部損失データを2,000年以前より収集しているが[47]、内部損失データを計測システムに直接入力せず、外部損失データとともに実損データをシナリオ分析の参照データ（間接入力データ）として扱っている点に特徴がある。また比較的大規模なシナリオを、トップダウン手法にて生成する方法は、SBAを採用する欧米の銀行に多くみられる手法であるが、20ページにも及ぶシナリオ生成のテンプレートを作成している銀行は、ほかに例をみないと思われる。ただし、ビジネスラインのエキスパートが直接99.9パーセンタイルのシナリオを生成しており、合理性がどのように担保されているのかが当局承認における大きな課題となりうる。

---

[47] 2006年末までの段階で、US＄100,000以上の内部損失が500件以上発生しているが、これは邦銀メガ行とほぼ同レベルである。

## (3) Intesa Sanpaolo Group のハイブリッド手法

　シナリオ分析によるキャピタル推計（SBA）と実損データによる推計（LDA）の混合手法（ハイブリッドアプローチ）を採用している代表例である。シナリオ分析に関してはボトムアップ方式で高頻度・小額損失のシナリオを生成しており、生成されるシナリオは数千の単位に達している。シナリオの検証に際しては、バック・テストまで含め精緻なモデルを構築している。一方、ヒストリカルデータを使ったLDA手法は一般的である。

　オペレーショナル・リスクVaRの算定に際しては、Legal Entityごとに、シナリオVaRと、ヒストリカルデータのLDAに基づくVaRを加重平均して合算し、グループAMAのVaR算定は、それらを単純合算している。モデルの特徴は以下のとおりである。

① ヒストリカルデータによるLDA：特定の閾値を設定し、小規模損失（ボディ部分）、大規模損失（テール部分）に異なる分布を当てはめている。

・頻度分布：ポアソン分布を適用。パラメータはサンプル平均[48]。ポアソン分布に基づくリニア相関モデルを構築し、業務量と発生頻度の相関を、総収入（Gross Income）とフルタイム当量（Full Time Equivalent）[49]との関連（リニア相関）に着目して、四半期ごとに検証。検証の結果、明確な相関が認められない場合は、パラメータとしてサンプル平均を採用する。

・規模分布：閾値を設定し、閾値以下（ボディ部分）には、Lognormal（パラメータ推計手法は最尤法）、テール部分の分布にはGPD（パラメータ推計手法は確率ウェイトモーメント法）を適用している。特にボディ部分の分布形に関しては、Lognormal、GPD、Burr、Lognormal-Gamma等

---

[48] サンプル平均：統計的なサンプルから求められる算術的な平均値。
[49] フルタイム当量：いわゆる「稼働時間」、たとえば、40時間／週の勤務時間累積（休暇を除く）。例：20時間／週の勤務時間は、フルタイム当量の0.5に等しい。

の分布を当てはめ、Anderson-Darling、Kolmogorov-Smirnov、Smirnov-Cramer-von-Mises の各適合度検定を実施し、分布のフィッティングを検証している。
- なお、相関に関してはコピュラ理論[50]を適用している（過小評価の払拭の効果も考慮）。

② シナリオ分析：
- シナリオ分析の目的：シナリオ分析の目的を、オペレーショナル・リスクの特定、エクスポージャ計測、脆弱性の分析、管理能力の評価、リスク削減策の評価としており、シナリオの活用目的が明確に定義されており、種々統計手法を活用しながらシナリオ VaR の算定に注力している。
- アセスメント：アセスメントにて4,000ものシナリオを生成。シナリオデータに頻度分布（ポアソン分布を適用）と規模分布（Lognormal分布を適用）を当てはめ、ヒストリカルデータ（内部・外部損失データ）から算定される VaR 値とは別にシナリオ VaR を算定し、双方の VaR を加重平均して最終的な統合 VaR を算定している。
- シナリオの規模分布：Lognormal を当てはめる際の二つのパラメータ（標準偏差、平均）のかわりに、アセッサーに対してワーストケースシナリオ（High quantile of severity distribution）とシナリオ平均（Trimmed Mean）の二つのパラメータを提示している。
- シナリオ頻度：頻度に関しては、バケット方式を採用し98.20%から99.96%までの11の個別頻度を適用し VaR 算定を行っている。
- シナリオ VaR：シナリオ VaR の算定に際してはビルディング・ブロック方式を採用、大きく八つのステップによりシナリオを統計的に解析し、VaR 推計を行っている。規模分布（Lognormal）や平均（Trimmed

---

50 コピュラ理論：同時分布を依存構造とそれぞれの周辺分布に分解して現実の要素を満たす分布を推定する手法。相関関係の把握にコピュラ理論を応用する銀行は、ドイツ（3行）、フランス（2行）の事例がある。

Mean）の採用に際しては、他の分布（Weibull、Frechet 等）や平均（Mean）との比較分析を実施していることも特徴である。

## 3 当局の AMA 評価基準—米国当局の例

　最後に、海外当局の評価基準および、評価のポイントに関して紹介したい。米国当局は、民間セミナーへのパネリスト参加、あるいは、ホームページでのセミナー内容の掲載等により、外部への情報発信に非常に積極的である。

　米当局は、評価項目を、ガバナンス、データ要件、定量化の三つに大別し、それぞれの進捗度合いを、計画なし（No formal plan）、計画策定中（Developing Plan）、計画策定ずみ・開発段階（Defined plans, and developing or evolving processes）、検証段階（Refining Processes）、最終段階（Nearing End State）の5段階に分類、評価している。

① ガバナンス：評価の観点を、フレームワーク（規程・方針）、監査、管理体制、現場管理（業務ユニットレベルのリスク管理）、報告体制（KRI、RCSA を含む）、検証、の6項目にブレークダウンして評価を行っている。

② データ要件：評価の観点を、計量化のためのデータ活用の総合評価、内部損失データ、外部損失データ、業務環境＆内部統制（BEICFs）、シナリオデータ、の5項目にブレークダウンして評価を行っている。

③ 定量化：計量モデル、ドキュメンテーション、データ4要素のコンビネーション、相関関係、保険によるリスク削減の5項目にブレークダウンして評価を行っている。なお、計量モデル分析には計量ユニット数(Granularity)、規模分布の種類、最終キャピタルの算定方法等も含まれる。

　①のガバナンスに関しては、報告にかかわるツールとして KRI と RCSA をあげている。RCSA は世界的にみても大手行においては、各業務区分に至るまで定着している。一方、KRI は部分的な採用にとどまっており、銀行全体に行き渡ってはいない状況である。また、米銀の課題としては、転職率

が高いために、定量面（特に、計量モデル）の継続的なスキル確保に不安があり、結果として、計量モデルを銀行自身が検証すること（構築したモデルの妥当性を銀行自身が疎明すること）が容易でないことが課題になっている。

②のシナリオデータに関しては、バイアスの排除等の施策が不十分であり、客観性の担保が依然として課題である、というのが米当局の見解である。内部損失データに関しては、訴訟データの扱い（時期、金額特定、業務区分へのマッピング等）が課題であり、外部損失データに関しては、Quantificationプロセス（フィルタリング、スケーリング等）の客観性の不十分であるというのが当局見解である。

③の定量面（特に、計量モデル）にかかわるドキュメンテーションに関しては、多くの銀行で対応が不十分であり共通した課題としている。また、モデル構築の過程で主観的な判断がなされ、結果としてモデルの安定性が確保できていない、とも指摘している。モデルの多様性にかかわらず、頻度分布は収束しつつある（プアソン）、一方、規模分布は非常に多岐にわたっている。相関に関しては表面的な計測にとどまっている。保険によるリスク削減を検討している銀行は少数である、と報告している。

以上の傾向は一般的であるが、いずれも邦銀のAMAを志向する銀行にも当てはまる内容である。

刊行によせて②

# ●オペレーショナル・リスク管理に求められる多面的な評価

イタリア中央銀行　銀行監督局ディレクター
マルコ・モスカデリ

> オペレーショナル・リスクチームの責任者。CEBS（欧州銀行監督者委員会）のオペレーショナル・リスク検討グループの議長を務めるほか、バーゼル銀行監督委員会オペレーショナル・リスク専門部会（AIGOR）のメンバーも務める。2006年に、Op risk & Compliance magazine 誌で、レギュレーター・オブ・ザ・イヤー（年間優秀当局者）に選定された。

　本稿では、最先端の金融機関により開発が進められているオペレーショナル・リスクの内部計測モデル（Advanced Measurement Approaches、AMAと呼ばれる）について評価や検証を行い、バーゼルⅡ合意の発表以降の数年間にわたる議論を読者の皆様と共有したいと思う。本稿で私が意図しているのは、いくつかの定量的、定性的問題への考察を、あくまで銀行監督当局の視点から行うことであり、それにより、この本に含まれる見解を少しでも補足し、サポートができればと考えるものである。ここで、本稿を執筆するに際し、コメントや有益な情報により多大な貢献をしていただいた、イタリア中央銀行の銀行監督局長の Stefano Mieli 氏に感謝を述べたい。
　オペレーショナル・リスク・マネジメント（ORM）の枠組み（特にAMAの体系）を導入することは、革新的で挑戦的な取組みであり、金融機関にとって、社内のガバナンスやリスク文化に影響を与えるのみならず、基礎となる手法の複雑さや、枠組みを関連するすべての業務と組織に導入しなければならないという、厳しい事実に直面することになる。ORMは、銀行の組織全体にわたる非常に幅広い枠組みであり、これが信用リスクや市場リスク

の体系と比べて、際立った特徴である。

　定性的な観点からの、一つの主要な課題は、ORMの枠組みの設計に際して、適切な組織体制をつくり、企業文化に合ったものにしなければならないことだ。特に、複雑な組織では、摩擦や職務の重複、その他考えられる無駄が生じないように、ORM機能の役割と、相互に関係するその他の機能の役割をうまく整理する必要があり、これは大変むずかしいことがわかってきている。

　進んだオペレーショナル・リスク管理というものは、首尾一貫した枠組みの設計に沿って実際に導入する必要がある。すべての場合に適合する解決策はないが、出来上がりの完成度の高さは、特に実行フェーズ段階において明らかになった問題をいかに正確に把握できたかによって決まる。オペレーショナル・リスクというのは組織全般に広がる性質があり、それらの問題を解決するためには、しばしば、新たに社内手続やプロセスを策定したり、あるいは既存のものを見直したりすることに大変な努力が必要であり、こうすることによりはじめてORMの体系が組織全般に定着することになる。

　ORMの機能に従事する人材は、業務や組織そしてプロセスに関し十分な知識をもっていることが特に重要である。企業は、そのような人材にとって魅力的であり続けるためのコスト負担を積極的に行うべきである。オペレーショナル・リスクの管理と計測の枠組みは、出費としてみられるべきではないし、さらには、業務の障害とみられるべきではない。それどころか、経営陣が使用することのできる強力なツールであり、業務プロセスの効率化や実効性の向上、内部統制の改善、とりわけ、コーポレートガバナンスや資本戦略の高度化に結びつき、銀行組織の付加価値向上に資するものである。

　AMAの枠組開発は、ビジネスの合併、買収、業務撤退のような重要な全社的出来事により、たまたま支障をきたし組織的対応を必要とするというようなことがよくある。こういった場合、ばらばらの情報基盤や管理方法、そしてデータ収集プロセスを統合するために、ハードな取組みが必要となる。

場合によっては、すでに進行中のさまざまなプロジェクトのなかで、新しい組織に最もフィットした解決策を選択しなければならないこともある。

　そのような事態においては、たいてい、課題と責任を再配分する必要が出てくる。それゆえに、AMAを採用するための優先事項について見直しが必要となる。AMAの使用と、さらにグループ会社への拡大についての適切なスケジュールは、経営によって注意深く決定されるべきである。多くの場合、AMAは、監督当局により、一定の要件や自己資本に関する規定のもとで認可される。同時に、監督当局は、金融機関の経営者がAMAの段階的適用はほとんど「自動的に」承認されると解釈しないよう留意している。つまり、AMAを他のグループ会社に拡大するに際しても、認可のための基準や要件が適用され、AMA開始フェーズでみられたのと同じ判断と注意を受けるべきであるといえる。

　また、AMAへの切替えは、旅のゴールではなくスタートとして考えることが重要である。オペレーショナル・リスクは、高レベルで発展、拡張、陳腐化しているが、リスク・マネジメントの分野としては初期にあるとも考えられる。そこで、AMAの枠組みを維持していくことは、導入と同様に重要である。特に、市場と企業の特性変化に枠組みを適合させていく能力を、バランスよく維持することが重要である。経営者に求められるのは、導入されたAMAに自己満足するのではなく、その枠組みが業界のベストプラクティスに合っているかどうか、とりわけ、企業の戦略、組織、手続、商品の変化に適合しているかどうかを定期的に評価することである。オペレーショナル・リスクの枠組みは、定期的に更新して改定することによりはじめて、リスクを認識、管理、削減する方法を向上させ、企業がさらされているオペレーショナル・リスクのレベルを正確に反映することができるようになる。それは、原則として要請されている「ユース・テスト」要件を満たしているかの重要な例ともなる。

　より具体的な側面では、社内で、特にAMAを採用している企業で、よ

り注意を必要とするのは、「オペレーショナル・リスク損失の範囲」の解釈である。バーゼルⅡ規制の枠組みで言及されていない場合、この問題は、損失事象の性質（たとえば、引当て、損失懸念、計上時期、ニアミス等）に基づき、枠組みや利用目的（たとえば、管理のためなのか計量化のためなのか）のなかで考えられるべきものである。オペレーショナル・リスクの範囲に一部の損失事象を含めるか除外するかは、たとえ同じリスクプロファイルをもつ企業だったとしても、実際の管理や経済資本・規制資本に対して無視できない影響を与え、まったく違った結果を引き起こしうる。また、企業間のコンソーシアムの損失データの質や一貫性にも影響を与えるのはいうまでもない。曖昧さのない、保守的な基準により「オペレーショナル・リスク損失の範囲」を定義することは、高度なレベルで企業のオペレーショナル・リスクを把握・認識するために大変重要である。

　上記の定義の問題に密接に関連するのは、オペレーショナル・リスクと信用リスクの境界線の問題である。近年、一部の企業は、信用リスクに関連するオペレーショナル・リスク損失の収集と特定に新たに対応し始めている。しかし、これらの損失を引き起こしているオペレーショナル・リスクの要因の管理は、まだ十分ではない。たとえば、サブプライム危機により、リスク管理の欠如、弱点が明らかになったが、これらは、関係リスク、不正販売、不動産詐欺、適合性の問題、契約義務、規制・コンプライアンス違反のようなオペレーショナル・リスクの要因による場合が多くある。

　信用リスクに関連するオペレーショナル・リスク損失の規制資本への影響を評価することは、そのような損失を引き続き信用リスクとしてみるとしても、オペレーショナル・リスクの範囲に含めるとしても、好ましい方向への強力な後押しとなるだろう。そのような損失に対して特定の要請を課することは、信用リスクの分野におけるオペレーショナル・リスクを効果的に管理するための強力な動機づけとなるだろう。

　一般的に、規制当局は、企業に対し、オペレーショナル・リスク管理の論

理を、より高い収益を生み出せるが、より大きい損失も生み出しうる分野（たとえば、融資やファイナンスの分野）へ拡大することの必要性を強調している。これは、オペレーショナル・リスクの対象分野（当初意図されていた、支払決済業務、代理業務、アセットマネジメント業務、ブローカー業務など）を拡大していくことである。

　定量的見地から、最もよく使用されている手法のうち、実際のデータに基づく損失分布手法（LDA）と、専門家の意見に基づくシナリオベース手法（SBA）のどちらが、企業がさらされているオペレーショナル・リスクを反映させる手法としてより優れているのか、業界の結論は出ていない。この質問に正確に答えるには、さらなる時間と、これらのモデルに対するバック・テスト結果に関する十分な情報収集が必要である。

　このような中期的な試みを経て最近では、金融機関や学会で、パラメータ推計の頑健性と、算定結果の安定性を兼ね備えた、質の高い第2世代のLDAモデルの設計が進められている。

　その一方で、新しい自己資本規制の仕組みの草創期に開発され業界標準となったロジックに基づくSBAモデルについてはこのところ大きな試みはないといえる。

　ただ、私見だが、見た目も、性質も異なるが、LDAとSBAモデルは、モデルへの入力情報や、モデルを適用する単位であるリスククラスの数（granularity：詳密性）、そして、統計的な仮定という、実際に影響の大きい三つの決定要因を共有しているのではないか。

　まず一つ目の決定要因である入力情報についてだが、特別なツールと基準が、モデルで使用する情報の質を検証するために、両方のモデルで使われている。LDAで現在最も使用されているテクニックは、2006年4月に、欧州銀行監督者委員会（Committee of European Banking Supervisors（CEBS））が発表した「モデル検証の指針」（"Guidelines on model validation"）に引用されているものだ。一方、SBAモデルのもとでは、社会行動科学や人間行動科

学のような他の分野から借りた特定の技術が、個人的な意見から自然と生じるバイアスの排除に使われる（たとえば、availability biases、anchoring biases、motivational biases）

　他の二つの決定要因については、2モデル間に大きな違いがある可能性がある。

　事実、LDA モデルでは、リスククラスの粒度や、モデルの仮定の選択に際して、合理性と持続可能性を評価するために、適切な統計テクニックが使える（たとえば、数あるなかでも特に、各リスククラス内のデータの定常性・独立性・同質性、パラメータ推計方法の妥当性・精度、当てはまりのよさ、結果の安定性、をテストするテクニック）。これらのテクニックは、モデル設計に必須である以外に、企業内部の機能（モデル検証部門、内部監査部門）と規制当局が、モデルの質を検証するのに強力な管理ツールとなる。

　逆に、SBA モデルでは、統計の仮定に対してなされる選択は、入力情報（損失頻度に係るポアソン分布、損失規模に係る対数正規分布）にかかわらず一般に所与とされ、また、粒度のレベルについては、ビジネスライン、社内部署、法人格の数のような組織的要因によって決定される。残念ながら、モデルの算出結果はこれらの選択によりまったく異なってくる。たとえば、高い粒度をもつ SBA モデルは、他の条件が等しいならば、リスククラス数の少ない、つまり低い粒度をもつモデルより保守的（conservative）である、というようなことが起こるのである。この現象により、LDA モデルとの間に不一致を作り出すことになりうる。特に、モデル検証部門、監査部門、規制当局の間の牽制力が、AMA の開始フェーズから通常の運用体制に移行して低下するに従い起こりうるようになる（単に例として示すだけだが、部署を統合するという戦略的決定をして、粒度を相当減少させ、それにより規制資本を減少させるということもありうる）。LDA モデルに起こっていることと同様に、新規の取組みと改善のプロセスが SBA モデルにも必要であり、それによりはじめて企業構造から中立で、専担部署からの高い管理力が期待できる第 2

世代のSBAモデルが生まれると考える。

　オペレーショナル・リスク管理の枠組み、特にAMAは、よく機能するようになってきており、またリスク管理の実務にしっかり組み込まれてきてはいるが、最終目的への道のりは、まだまだ長い。しかし、この本は、上述した問題にどのように取り組むかのヒントを提供し、その方向への重要な一歩を提示しているものと確信している。

　本稿をそろそろ締めくくりたい。Taleb氏によれば、リスクの計測・管理において、われわれは常に次のことを心に留めておく必要があるとのことだ。それは、歴史上のほとんどすべての出来事は予期せずに起こるが、人間というのは、後知恵でこれらの出来事に説明をつけ理解するということだ。最近の出来事から浮かび上がってくるのは、とりわけ監督当局の観点からであるが、リスク、特にオペレーショナル・リスクというのは、全体像のほんの一部にすぎない統計的モデルとシナリオによるだけでなく、他の測定法や経営的判断、さらには常識も含め、多面的に評価していくことが不可欠であるということではないだろうか。

刊行に寄せて③

## ●バーゼルⅡ──オーストラリアの視点

オーストラリア金融監督局、
クレジット&オペレーショナル・リスク・サービス、
ジェネラルマネジャー
ハーヴェイ・クラップ

> オーストラリアの金融機関向けの政府諮問機関であるBFAGの副議長を務めるほか、バーゼル銀行監督委員会オペレーショナル・リスク専門部会（AIGOR）のメンバーも務める。

　バーゼルⅡの準備には、銀行も監督当局も、多大な時間とリソースを投じてきた。オーストラリアでは2008年1月にバーゼルⅡが実施されたが、それによってオペレーショナル・リスクの管理と計量化について認識が大いに深まり、（銀行の海外拠点等を含め）グローバルに実行されるようになった。

　オペレーショナル・リスクの先進的計測手法（AMA）による規制が制定されたことにより、新たな課題がもたらされたことも事実だ。たとえば、銀行と監督当局は、柔軟性と（AMA）手法の革新の間のトレードオフの課題に取り組む必要がある一方で、ベンチマークを満たすための対応を迫られてきた。このような状況を通じて、業界と監督当局は、多くの技術的な課題に対するレンジ・オブ・プラクティス（実施の許容範囲）についてコンセンサスを得るに至り、それに呼応したAMA手法の変革が今後なされることが期待される。銀行にとって利用可能な「ハード」データ（内部損失データまたは外部損失データ）という定量面だけでは、バイアスが掛かり、所要自己資本推計上は、不十分であることがすでに明らかとなっている。こうしたハードデータを補完するために、シナリオ情報やBEICFs（業務環境及び内部統制要因）を利用することは、所要自己資本の推計結果に大きな影響を及

ぼす可能性がある。したがって、こうした「ソフト」データを取り込む際にはさらなる課題が生じるが、一方で、ソフトデータは、AMAの全体的なフレームワーク構築に不可欠な管理プロセスに対し、大変貴重な橋渡しを与えることも事実である。

　AMAの（計量化のための四つの）データ要素の活用に関しては、個別の要素自体の活用と、全体の所要自己資本の推計手法における各要素の組合せ方の双方において、それぞれ課題を生み出す。オーストラリアの銀行の経験には、グローバルな手法の多様性が現れている。すなわち、いくつかの銀行は、累積損失分布（an aggregate loss distribution）を導出するために、各データ要素を直接計量システムに入力しており、他の銀行は、損失分布を導出するためにシナリオ分析（データ）のみを直接利用し、他の内・外損失データやBEICFsはシナリオ生成プロセスの情報として活用している。ただし、（AMAにおける）所要自己資本推計の手法は、それ自体が全体像ではなく、AMAは銀行における日々の意思決定プロセスに密接に組み込まれていなければならない。

　海外に現地法人を有し、さまざまな地域で事業展開する銀行は、より複雑であり、明らかに、ガバナンスをめぐるリスクの課題に直面している。バーゼルIIの主要な成果の一つは、世界各国の監督当局の間に強い協力関係を築いたことであり、これは多くのホーム・ホスト問題（母国当局および現地当局の課題）の解決に着手する際に生まれた。こうしたプロセスにおいて、信用、市場およびオペレーショナル・リスクの境界線の問題（boundary areas）を含むリスクの定義や、さまざまな技術的問題、親会社から海外現地法人に至るリスクのガバナンスの実務、等に関して討議が行われてきた。

### 内部損失データ

　オーストラリアのAMA採用銀行は、リスク管理に、内部損失データの収集を組み入れており、それを彼らの所要自己資本とオペレーショナル・リ

スクプロファイルを結びつけるうえでの不可欠なものとみなしている。銀行は内部損失データを有益な管理リソースとして認識しており、個々の業務部門における許容リスク（risk appetite）と管理の有効性を把握するうえでの手がかりになっている。内部損失データが過去のもの（historical）であっても、その適切な分析は、今後の動向やリスクの把握に役立ち、各業務部門の計画やKRI（主要リスク指標）の実績管理に活用されうる。また、網羅的で堅実に内部損失データを収集している銀行は、自行のリスクプロファイルに合った保険契約を購入するうえで有利になる。

　データ収集の閾値は、各業務部門の責任者にとって費用対効果が最大となるように選択されるが、その一方で、モデルに適用する際の閾値の幅（a range of modeling thresholds）については（モデルから算出される）所要自己資本の推計値に対する影響度を十分テストする必要がある。内部損失データの検証には、データの整合性と網羅性の双方があり、APRA（オーストラリア金融監督局）は（銀行に対して）毎年、年次監査プロセスの重要事項として、独立した部署による検査を要求している。オーストラリアのAMA採用銀行は、データ収集プロセスに自動データ検証ツールを組み込み、また総勘定元帳（general ledger）との照合によって一連の信頼性チェックを行っている。リスク管理の観点から、ニアミスや早期に回収された損失データ（rapidly recovered loss data）をKRIやシナリオ・ワークショップへの情報として活用している銀行もあるが、こうした検証プロセスには、今後さらなる進展が期待される。

**外部損失データ**

　外部損失データは、低頻度・高インパクトのデータの少なさを補い、銀行がオペレーショナル損失分布のテール部分の推計をする際に役立つ。外部損失データは公開情報、コンソーシアムや保険会社のデータベースから入手されうるが、いずれも、いくつものバイアスによってさまざまな影響を受けて

いる。レポーティング・バイアス（報告ルートによるバイアス）、統制環境バイアス（各社の内部統制環境によるバイアス）、スケーリング・バイアス（各社の規模によるバイアス）は、入手したデータの均質性、および個々の銀行に当てはめる際の適切性に影響を与える。レポーティング・バイアスとスケーリング・バイアスの修正には、多様なフィルタリングとスケーリングのテクニックが利用されている。しかし、他行の内部統制環境は判断しにくいため、統制環境バイアスの修正は、より大きな課題となっている。

　外部損失データのバイアスは、適切に修正されなければ、オペレーショナル・リスクの計測結果にも反映されてしまう。このような課題がある一方で、外部損失データは、（他行の）類似のビジネスにおいて発生した損失に関する有益な情報を提供し、銀行が過去に経験したことのない潜在的なリスク損失事象のエクスポージャを定量化するのに役立つ。

## シナリオ分析

　一般的にシナリオ分析は、発生頻度は低いがきわめて重要でいつかは起こりうると考えられる将来の損失事象を調べるものであり、これらの事象がもたらしうる結果を考慮し、さまざまなシナリオにおける発生確率を推定するものである。シナリオ分析は、所要自己資本推計とオペレーショナル・リスク管理の間に鍵となる橋渡しを実現するものでもある。いくつかの銀行は、シナリオ分析のプロセスを、業務部門への資本配賦（allocation of capital）に活用し、業務部門のパフォーマンス（資本収益率）や経営コミットメントに直接的に結びつけている。

　シナリオ分析は、主観的であり、主観的な事項をエキスパートが正確に評価をすることは容易ではない、との批判を受けてきた。だが、銀行は、行動心理学をはじめとする他の分野での顕著な調査結果を有効利用することができる。こうした調査は、素人が確率を見積もる場合の限界を調べており、また、エキスパートが自分の考えを正確に定量化し、（シナリオ分析の）アセス

メントにおけるさまざまなバイアスを克服するのに役立つ。(シナリオ分析の) ワークショップの推進者は、たいていはオペレーショナル・リスク部署に所属しており、彼らは情報を引き出すスキルを持ち合わせることで、主観的な事項に関して、エキスパートが統計的な項目や概念を解釈するうえでの手助けをし、発生しうる矛盾点やバイアスを特定することができる。このようなグループ全体に対する監視と課題に取り組むプロセスは、定期的かつ確実なものである必要があり、それにより、各マネージャーがシナリオ分析のアセスメントを恣意的に過小評価してしまい所要自己資本の推計の妥当性が損なわれるといった事態が排除できる。

### 業務環境及び内部統制要因 (BEICFs)

(銀行の) 業務環境要因 (Business environment factors) は、銀行に内在するオペレーショナル・リスクを表すものであり、リスクを発生させうる当該銀行の内部、および外部の運用環境によって特徴づけられる。内部業務環境要因 (Internal business environment factors) には銀行の規模、要員スキル、業務の分量および複雑さが含まれ、一方、外部環境要因 (external factors) には、経済、規制、法律、および自然等の環境条件が含まれる。内部統制要因 (internal control factors) は、リスク削減に活用されている、銀行の内部統制環境の要素に表れる。これらの統制要因は、(リスクを) 予防し、探知し、改善をもたらしうるが、実施に際しては、その区別はあいまいな場合もある。シナリオ分析と同様、BEICFs は AMA における計測と管理を結びつける要となるものである。

業務部門ごとの BEICF を測定する際の目盛は、主要リスク指標 (KRI) とも呼ばれるが、この定量化には課題もある。それは、KRI にはそれぞれ異なる (リスク) 許容度が与えられる可能性があり、結果として、ある一部の KRI 要因は、銀行グループ全体からみると、高いリスクプロファイルを保有しうるからである。(計量化の単位である) グラニュラリティが高い (つ

まり計量化の単位が細かい）場合には、BEICFsの測定は精度が低下する可能性がある一方で、グラニュラリティが低い（つまり計量化の単位が粗い）場合には、情報が正確に把握できないおそれがある。また、最近になって技術革新がなされてはいるが、グループ全体のKRIを合算しようとすると、そうした（KRIの）総スコアが実際のグループのリスクを反映しない可能性があり、大きな課題があることも事実だ。

　KRIは有効な意思決定ツールを提供するものであり、管理職階層が経営層に十分に認知され、また、彼らが単なる規制遵守だけの文化の担い手でないならば、（KRIは）管理職階層間の信頼感を高めるのに資するものである。オーストラリアの銀行は、公式な所要自己資本推計の期間中（1年間の予備計算期間中）に発生しうるリスクプロファイルの変化を考慮して、オペレーショナル・リスク量を精査する際にもKRIを利用している。

## 計量化要素のコンビネーション

　大半のオーストラリアの銀行においては、内部損失データとBEICFsは、オペレーショナル・リスク分布の高頻度・低額損失の損失要素に対してより適切なものであり、一方、外部損失データとシナリオ分析は、当該分布のテール部分の低頻度・高額損失の事象を検証する上で有効である。シナリオ分析とBEICFsは、先見的（forward looking）な管理の視点を提供し、内部損失データと外部損失データが有する過去の視点（historical perspective）とのバランスをもたらしている。また、大多数のオーストラリアの銀行では、シナリオ分析が所要自己資本の推計の主流となっている。

　いくつかのオーストラリアのAMA採用行は、二つ以上のデータ要素を組み合わせて単一のデータ・セットを生成したが、それぞれの（異なる特性をもつ）分布からのデータを統合する際に、新たな手法に伴う、不安定さに直面した。また、損失分布のHFLI（高頻度・低規模損失）部分とLFHI（低頻度・大規模損失）部分を別々にモデル化している銀行もあるが、これらの

銀行は、二つの部分の間に閾値を置くことによって生じうる、所要自己資本の推計結果の不安定さに対処するため、追加的な感応度分析を行う必要があった。

オペレーショナル・リスクのモデル化の際に、不安定さがある場合には、オーストラリアの銀行は、モデルの選択と推計を、より保守的に行っていることを実証する必要があり、また、オペレーショナル・リスクの所要自己資本の水準を決定する際の感応度分析の結果に十分な検討を加える必要がある。

**将来に向けて**

バーゼルIIの実施によって、オペレーショナル・リスクの所要自己資本の推計手法において多くの成果が達成された。バーゼルIIは、それ自体が個別の強力な規律であり、比較的短期間のうちに、オペレーショナル・リスクの規制を制定するために、多くの討議の場を提供してきた。オペレーショナル・リスクは、（信用リスク、市場リスク等）その他のより定着した規制を活用し、また、それを借用してきた。そして、規制の施行においてどこまで許容されるかの共通理解が、データ要素ごとの計測手法や、さらには、データ要素を統合して包括的な計測手法に投入する方法にまで及ぶようになってきた。

AMAの採用に至った銀行には、計測結果のオペレーショナル・リスク管理への反映と、銀行の各業務区分や子法人を網羅するガバナンスを深く根づかせるために、さらなる努力が求められる。

AMAの採用を希望する銀行にとって、バーゼルIIプロジェクトはグループ全体に影響を及ぼすため、通常のプロジェクトとみなすべきではなく、別枠で資金を投入し、取締役会が承認し、監視する対象とすべきである。また、計測手法の開発のためのIT環境も十分柔軟につくる必要があり、それができていさえすれば、グループ全体のインフラに関する基準に適合するよ

うな「本番環境」に移行することは容易であろう。

　さらに、保険と銀行の業種の壁を越えた協力も盛んになってきており、それによって、AMA 採用銀行だけでなく AMA を採用していない多数派の銀行にも役立つと思われる、リスク管理のための商品が登場する可能性も高まってきているのではないか。

# おわりに

　本書により、読者が少しでもオペレーショナル・リスク管理に対する理解を深め、さらなるイノベーションのための一助になれば幸いである。バーゼル銀行監督委員会における基本的な考え方の提唱、業界におけるいち早い実装と世界へのアピール、当局での審査手法の企画・実施と海外当局との情報共有など、当手法へのわが国の取組みは非常に先進的である。本書は、まさにこれらの当事者たちの手によるもので、きわめて先進的であり、かつ、実際の現場・事情に即した内容になっているものと自負している。

　最後になったが、最も重要なことをここで申し上げたい。それは、執筆者全員が、金融庁の氷見野良三氏には、本書に記述されている全般について、それに携わり実現していく途上において、本質にかかわればかかわるほど、より深く有益なご指導をいただいてきたということだ。その感謝の気持ちは言葉に尽くせないものであり、この場を借りてひとことでも謝意を伝えることができれば執筆者全員にとり望外の喜びである。また、財務省の白川俊介氏から頂戴したご助言は、思い悩んだ時や方向感を判断する際にどれだけ心強かったか、計り知れないものであり、深くお礼申し上げたい。加えて、金融庁の石村幸三氏には、常日頃から心温まる支援をいただいており、ここにあらためてお礼を述べたい。

# 事項索引

## A～Z

AIGOR ……………………41、236
AMA ……………………………50
BCP………………………………26
BEICFs ………………102、239
BIA ………………………………50
Correlation ……………………227
COSO ……………………………14
DRP ………………………………26
EVA ……………………………202
FMEA（Failure Mode and Effect Anaysis）………………32
FTA（Fault Tree Analysis）……32
Granularity ……………………227
ILD（入力される内部損失データの集合）………………114、122、126、129、132
IMA ………………………………44
KRI ……………………………237
LDA ………………………………44
LDA 手法………………………266
Level Playing Field …………236
Loss probability decline ……268
ORX ……………………………256
R（モデルによるリスク量の推定結果）………………………122
Range of Practice Paper ……235
RAROC …………………………202
RCA ……………………………156
RPI 方式………………………208
SBA 手法………………………266
SCA ………………………………44
SD（入力されるシナリオデータの集合）………………114、122、126、129、131、132
Swiss Cheese Metaphor ……225
TSA ………………………………50
VaR ……………………………109

## あ

アセス …………………………156
アセスメント ……………156、206
粗利益配分手法…………………50
安定性 …………………………123

## い

（確率的）依存関係→相関 …115、116
一次アセスメント ……………178
逸失利益…………………………49
イベントタイプ ………………154

## お

オフサイト・ヒアリング………61
オペレーショナル・リスク ……8
オペレーショナル・リスクアセット………………155、159、199
オペレーショナルリスク委員会
………………152、157、179、199
オペレーショナルリスク管理室
………………………152、156、179
オペレーショナル・リスク相当額
……………………………………159
オペレーショナル・リスク統括部

署検証 …………………………180
オンサイト・ヒアリング……………61

## か

外部監査法人……151、153、155、204
外部損失データ………100、155、159、
　　　　　　　　　189、206、247、248
下降点 ……………………………268
間接損失……………………………49
感応性 ………………121、122、143

## き

機会損失……………………………49
基礎的手法…………………………50
規模分布………115、116、127、133
99.9パーセンタイル ……………239
業務環境及び内部統制要因
　　　………102、155、159、190、206
業務継続計画………………………26
業務棚卸 …………………………182
業務プロセス ……………………182
極値理論 …………………………167
挙動分析 ……………121、122、143
金融商品取引法………………175、190

## く

グラニュラリティ→詳密性
　　　………………94、116、119、227
グループ銀行協議会 ……………214
グレーゾーン金利 ………………175

## け

経済付加価値 ……………………202
計量化 ………………152、159、179
計量化モデル ………152、160、164

計量単位 …114、126、131、133、228
(弱点の)顕在化
　　　…………109、119、134、135、144
検証フレームワーク………………69

## こ

護送船団方式………………………22
コリドール型リスク管理…………28
混合手法 …………………………271
コンコルダット……………………38
コントロール評価 ………………183
コンパリソン・テスト …………214

## さ

災害時復旧計画……………………26
債券5勘定…………………………51
サイロ型リスク管理………………20
サウンド・プラクティス・ペーパ
　　ー………………………………45

## し

自己資本比率規制…………………36
市場リスク…………………………12
システムリスク……………………23
シックス・シグマ…………………18
執行役員……………………………81
シナリオ……………………178、206
シナリオエクスポージャ……180、200
シナリオ検証………………191、214
シナリオデータ …………………248
シナリオ分析………………101、247
事務リスク…………………………23
(モデルの)弱点……109、119、134
重要性の原則………………………90
承認 …………………149、159、205

詳密性→グラニュラリティ
　…………………116、227、228
所要自己資本
　………149、155、159、163、206
処理類型……………………………182
信用リスク……………………………12
信頼区間………………………108、125

## す

スイスチーズ理論……………………225
スコアカード手法………………………44
スタビリティ・テスト………………214
スタンド・アローン方式……………208
ストレス・テスト……………………214

## せ

整合性……………………………120、143
精度評価………………121、124、127、143
セルフ・アセスメント・アンケー
ト………………………………………56
先行指標………………………………19
潜在的リスク…………………………25
先進的計測手法………50、148、203

## そ

相関→（確率的）依存関係
　………115、116、117、133、136
相関関係………………………………227
相関係数………………………………227
早期是正措置…………………………39
総務部担当役員……………………157
損失規模分布………………………164
損失頻度分布………………………164
損失分布……………………………164
損失分布手法…………………………44

## た

第2の柱…………………………………43

## ち

遅行指標………………………………19
重複性の切り分け……………………23
直接損失………………………………49

## て

定量的影響度調査……………………47
データコンソーシアム………………254
適合度…………………………………136

## と

独立（性）…81、115、126、131、136
トップダウンアプローチ……………269
トップダウン型…………………………42
トップダウン方式……………………177
届出………………………………149、204
ドレス・コード・コンセプト………58

## な

内部監査………………86、153、157
内部計測手法…………………………44
内部損失………………………………97
内部損失データ………150、152、156、
　　　　　　159、169、171、179、206

## に

二次アセスメント……………………180

## の

ノン・パラメトリック………………166

## は

バーゼル銀行監督委員会…………38
バーゼルⅠ ………………………12
バーゼルⅡ ………………………13
バーゼルⅡ文書 ………………225
バイアス（恣意性）……………249
ハイブリッドアプローチ ………270
配分手法 ……………140、203、206
配分手法の検証…………206、213
バック・テスト ………137、193、213
パラメトリック …………………166
パワーロー ……………………267

## ひ

非保守的→保守性 ………………134
頻度分布………115、116、127、133

## ふ

部分適用 …………………92、173
プレ・テスト………………194、213
分布のテール（部分） …………242
分布のフィッティング …………245

## へ

平滑化ブートストラップ法 ………166
平均頻度評価テーブル
　　………………181、185、214
別表第一 …………………………53
別表第二 …………………………48
変動要因分析 ……………………201

## ほ

ポアソン分布 ……………………166
保険 ……………………………104

保守性→非保守的 ……119、121、143
（リスク量の）補償 …109、119、124、
　　………………135、137、138、144
ボックス型 ………………………43
ボトムアップ型 …………………42
ボトムアップ方式 ………………177
保有期間 ………………………109

## ま

マグニチュード評価 ……………180

## も

網羅性の担保……………………22
モデル検証………………160、193
モデルリスク ……………………195
モンテカルロシミュレーション
　　………………117、128、133、164

## ゆ

ユース・テスト
　　……70、121、123、138、179、195
（確率的）揺らぎ………128、129、144

## よ

要因分析 ……………123、133、139
預金者保護法……………175、190
四つの損失額……169、180、186、210
四つの要素 ……………………160
予備計算……………60、149、203
4要素 ……………………95、244

## り

リアル・オプション………………73
リスク・アセット方式……………38
リスク・カテゴリのスキマ………13

事項索引　295

リスク感応度 ……………………150
リスク管理の哲学…………………15
リスク・コミュニケーション………23
リスク・コントロール………………16
リスク・コントロール・アセスメ
　ント………………150、152、156、
　　　　　　　159、169、176
リスク削減
　…………104、150、156、180、195
リスク事象 ……………………………8
リスクシナリオ ………156、159、178
リスク資本換算係数…………164、168
リスク調整後資本収益率 …………202
リスク伝播……………………………18
リスク評価 ………………………183
リスクプロファイル→$P^*$
　………………109、124、125、126
リスク・モニタリング………………16

## れ

レンジ・オブ・プラクティス・
　ペーパー ……………………235

## ろ

ロールアウト・プラン………………92

**数学記号**

$L^i$（計量単位iでの保有期間中の
　総損失額）………………………125
$L^i_j$（計量単位iでのj番目の損失
　事象の損失金額）………………125
$N^i$（計量単位iでの保有期間での
　損失事象の回数）………………125
$P^*$→リスクプロファイル …………125
$R^*$（$P^*$のもとでの VaR［L］）……127

### オペレーショナル・リスク管理高度化への挑戦
──最先端の実務と規制の全貌

平成21年4月24日　第1刷発行

|  |  |
|---|---|
| 編著者 | 小林　孝明・清水真一郎 |
|  | 西口　健二・森永　　聡 |
| 発行者 | 倉田　勲 |
| 印刷所 | 三松堂印刷株式会社 |

〒160-8520　東京都新宿区南元町19
発 行 所　社団法人　金融財政事情研究会
　編集部　TEL 03(3355)2251　FAX 03(3357)7416
販　　売　株式会社きんざい
　販売受付　TEL 03(3358)2891　FAX 03(3358)0037
　　　　　　URL http://www.kinzai.jp/

・本書の内容の一部あるいは全部を無断で複写・複製・転訳載すること、および磁気または光記録媒体、コンピュータネットワーク上等へ入力することは、法律で認められた場合を除き、著作者および出版社の権利の侵害となります。
・落丁・乱丁本はお取替えいたします。定価はカバーに表示してあります。

ISBN978-4-322-11401-0

## 好評図書

### コモディティ・デリバティブのすべて
新村直弘[監修]　北方宏之・佐藤隆一・濱　宏章[著]
A5判・上製・364頁・定価3,780円(税込⑤)

### ケーススタディ M&A会計・税務戦略
小谷野公認会計士事務所[編著]
A5判・388頁・定価3,570円(税込⑤)

### 金融サービス業のガバナンス
――規律付けメカニズムの再検討
早稲田大学大学院ファイナンス研究科教授　首藤　惠[監修・著]
財団法人日本証券経済研究所[編]
A5判・上製・360頁・定価3,360円(税込⑤)

### プライムレート革命
――脱「貸し渋り」の金融システム
日本リスク・データ・バンク株式会社　大久保　豊・尾藤　剛[著]
四六判・上製・148頁・定価1,575円(税込⑤)

### EXCELで学ぶファイナンス②
### 証券投資分析【第3版】
住友信託銀行　藤林宏・袖山則宏・矢野学・角谷大輔[著]
A5判・292頁・定価2,940円(税込⑤)